KB128841

특수교육 평가의 이해

· 이론과 실제 ·

| 여승수 · 유은정 공저 |

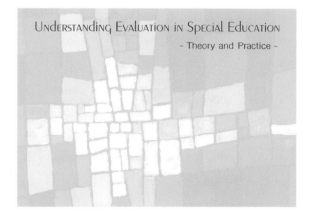

Understanding Evaluation in Special Education
- Theory and Practice -

학지사

장애인 교육에 관심을 갖게 된 후에 본격적으로 특수교육이라는 학문에 들어오게 되면 제법 많은 학생이 자신의 생각과 다른 학문적 성격에 실망(?)하거나 놀라움을 표명하는 경우가 있다. 장애를 가진 사람들에 대한 사랑과 인권의 가치를 소중히 하는 것이 학문의 중심이어야 하고, 그것이 전부여야만 한다고 생각할 수 있지만 실제로 특수교육 관련 전문가를 양성하는 과정에서는 이러한 사상적 가치를 소중히 여기면서 다른 한편으로는 좀 더 객관적이고 과학적인 방법으로 장애학생들을 가르쳐야 함을 강조하고 있다. 특수교육 분야에서는 증거기반교수(evidence based practices)와 같은 과학적인 방법의 활용이 강조되면서 이러한 추세는 더욱더 확고해지고 있다.

특수교육을 전공하는 학생들과 관련 분야의 전문가들은 다음과 같은 조언을 한번 정도는 들었을 것이다. "장애학생을 가르치는 특수교사는 따뜻한 가슴과 냉철한 이성을 지녀야 한다." 저자들이 저술한 이 책은 따뜻한 가슴을 가진 특수교육 분야의 예비 전문가들에게 냉철한 이성을 가질 수 있도록 도움을 주고자 계획되었다. 다양한 경험과 방법을 통하여 냉철한 이성을 체득할 수 있지만 특별히 이 책은 특수교육의 평가와 관련된 전문적인 역량을 함양할 수 있도록 집필되었다.

이 책을 계획하고 집필하는 과정에서 가장 큰 고민은 특수교육 평가의 이론과 실제를 균형감 있게 배분하는 것이었다. 지나치게 이론에 초점을 맞춘다면 특수교육의 현장감을 제대로 전달하기 어렵기 때문에 독자들이 쉽게 흥미를 잃을 수도 있다고 생각하였다. 반면, 이론보다는 교육의 실제에만 주된 초점을 맞춘다면 평가와 관련된 전문성을 함양하는 데 도움이 되지 않을 수 있다. 이 책을 집필한 저자들은 두 가지 모두를 놓칠 수 없었기 때문에 중요한 이론의 강조와 함께 이러한 이론들이 학교현장의 평가활동에서 어떻게 적용될 수 있는지를 쉽게 설명하고자 노력하였다. 하지만 저자들의 의도와 독자들의 반응이 항상 일치하지 않을 수 있음을 익히 알고 있으며, 저자들의 바람과 독자들의 반응 간에 큰 간극이 존재하지 않기를 기대할 뿐이다.

이 책은 크게 두 가지 영역으로 나누어 저술되었다. 첫 번째 영역은 평가를 이해하기 위한 기본적인 이론에 대한 설명을 제공하고 있으며, 두 번째 영역은 검사의 실제와 관련된 설명을 제공하고 있다. 평가에 관한 이론은 후반부에 설명할 검사의 실제를 이해하기 위한 기본소양에 해당한다. 전반부에 설명한 핵심 이론의 내용을 잘 이해하고 습득했다면 후반부에 소개한 다양한 검사를 이해하고 실행하는 데 도움을 얻을 것으로 기대된다. 이 책의 두 번째 영역에서는 가장 최근에 저술한 평가도구 전문서적의 장점을 살리기 위하여 근래에 개발되거나 업데이트된 검사도구들의 최신 정보를 독자에게 제공하려고 노력하였다. 바라건대, 이 책을 읽는 모든 독자는 특수교육의 시작에서부터 끝까지 수행되는 모든 평가의 과정을 이해하고 실제 교육현장에서 필요한 전문성을 발휘할 수 있기를 바란다.

끝으로, 이 책이 나오기까지 보이지 않는 수고와 격려를 보내 준 저자들의 가족에게 감사함을 전하고 싶다. 책을 집필하는 과정은 어쩌면 이율배반적인 과정으로 집필에 집중할수록 가족과 함께하는 시간이 줄어드는 현실을 직면해야만 했다. 다시 한 번 사랑하는 가족에게 감사함을 전하며, 이 책을 출판할 수 있도록 도움을 주신 학지사 편집부 직원들께도 감사함을 전하고 싶다.

2019년 부산 해운대에서
저자 일동

제**12**장 학업 영역 검사 ● 297

제**13**장 사회 · 정서적 영역 발달 검사 ● 321

제1부

특수교육 평가의
이론적 배경

제**1**장

특수교육과 평가

학습목표

◆ 특수교육과 평가의 관계를 설명할 수 있다.
◆ 특수교육 평가의 목적들을 설명할 수 있다.
◆ 특수교육 평가에서 사용되는 주요 핵심용어의 특성과 차이점을 설명할 수 있다.
◆ 공정한 특수교육 평가를 실행하기 위한 고려사항들을 설명할 수 있다.
◆ 장애 특성을 반영한 검사의 조정 및 수정사항을 자세히 설명할 수 있다.
◆ 특수교육 평가의 최근 동향을 설명할 수 있다.

이 장의 중요성

특수교육 서비스를 제공하는 전 과정 속에서 평가와 관련된 활동들은 매우 중요한 역할을 담당하고 있다. 예를 들어, 특수교육 의뢰 전 단계에서 평가는 특수교육에 의뢰될 학생을 선정하는 데 필요한 정보를 제공할 수 있다. 또한 특수교육에 의뢰된 학생이 실제로 장애를 갖고 있는지 여부를 결정하기 위해서 관련 정보를 수집하는 평가의 절차가 수행되어야 한다. 특수교육대상자로 선정된 이후의 단계에서도 평가는 진전도 모니터링과 같은 방법으로 교수전략의 효과성을 가늠하기 위한 목적으로 사용된다. 이처럼 평가는 특수교육에서 매우 중요한 의사결정 시 필요한 중요 정보를 제공할 수 있기 때문에 특수교사 혹은 관련 분야의 전문가들은 평가와 관련된 전문성을 반드시 함양할 필요가 있다. 이 장에서는 특수교육과 평가에 관한 기초적인 개념들을 설명하고자 하는 목적을 갖고 있다.

1. 특수교육과 평가의 관계

특수교육이란 특수한 교육적 요구를 가진 학생들에게 개별화된 특수한 교육적 지원을 최적의 교육환경에서 제공하는 교육으로 정의할 수 있다. 특수교육은 일반교육과 구분될 수 있는 독특한 특수성을 지닌 교육영역이며, 특별히 특수한 교육적 요구와 특수한 교수전략 및 지원의 측면에서 일반교육과 구별되는 특수성을 지니고 있다. 따라서 실질적인 특수교육의 성패 여부는 특수교육의 특수성을 실제 교육현장에서 어느 정도 정확하게 구현할 수 있는지에 달려 있을 것이다.

특수교육에서 사용되는 평가는 특수교육의 특수성을 추구하기 위한 일련의 과정에서 중요한 역할을 담당한다. 실제로 특수교육의 특수성은 다양한 평가활동이 포함된 교육활동을 통하여 검증될 수 있다. 예를 들어, 특수교육의 경우 일반교육보다 조기 선별의 중요성을 강조하는 특수성을 지니고 있다. 조기 선별의 특수성을 달성하기 위해서는 우선 신뢰도와 타당도가 우수한 조기 선별검사의 실시와 함께 관련된 다양한 정보를 수집하는 평가활동이 수반될 필요가 있다. 또한 최근의 특수교육 분야에서는 연구결과에 기반을 둔 중재전략의 활용을 강조하는 특수성이 부각되고 있다. 각 영역별로 연구결과에 기반을 둔 중재전략이 무엇인지를 확인하고 검증하기 위해서는 엄격한 평가활동이 수반되어야 한다. 이처럼 특수교육의 특수성과 평가활동은 매우 밀접한 관련성을 지니고 있다.

특수교육에서 평가가 중요한 또 다른 이유는 특수교사들이 수행하는 의사결정 과정에서 찾아볼 수 있다. 특수교사는 실제 교육현장에서 수많은 어려운 질문에 직면하게 되며, 그러한 순간마다 합리적인 의사결정을 통해서 최선의 결과를 도출해야만 한다. 예를 들면, 특수교사와 관련 전문가들은 다음과 같은 교육현황에 관한 질문들에 직면할 수 있다.

- 민호의 지능은 지적장애로 판정받을 만큼 낮은 지능인가?
- 수빈이의 행동은 주의력 결핍행동으로 볼 수 있는가?
- 진수에게 완전통합교육을 제공하는 것이 현재 상황에서 최선의 교육서비스 인가?
- 경호는 수학교과에서 추가적인 교육적 지원이 필요한가?

앞에서 제시된 질문들은 비교적 간단한 문장으로 서술되었지만, 질문에 해당하는 답변을 찾는 과정은 질문의 진술만큼 간단치는 않다. 예를 들어, 지적장애 여부를 판단하기 위해서 우선적으로 정확한 지능을 측정해야만 올바른 의사결정에 도달할 수 있다. 하지만 인간의 지능을 측정한다는 것은 생각만큼 쉬운 과제는 아니다. 우선 지능을 측정하기에 앞서 지능이란 무엇인가에 대해서 논의를 해야 하는데, 지능은 학자마다, 시대마다 서로 다른 정의로 설명되고 있다. 지능에 대한 정의가 다양한 만큼 지능검사도 다양하게 제작되고 있다. 설령 운이 좋아서 수많은 지능검사 중에서 최선의 지능검사를 개발하고 사용했다 하더라도 지능검사의 결과를 해석하기 위해서는 표준화 점수, 변환점수 등과 같이 평가에 대한 기초적인 지식과 전문성이 요구된다. 이처럼 제기된 질문에 대한 답변을 찾아가는 과정은 평가와 관련된 의사결정의 연속이며, 질문의 답변은 교사가 지닌 평가의 전문성 정도에 따라 달라질 수 있다.

결론적으로, 특수교육과 평가의 관계는 자전거와 자전거의 바퀴로 비유하여 설명할 수 있다. 특수교육을 자전거로 비유한다면 평가는 자전거의 바퀴와 같은 역할을 담당한다. 바람 빠진 자전거의 페달을 힘껏 밟아도 쉽게 나아갈 수 없는 것처럼, 특수교육의 각 단계별로 필요한 평가활동이 원활히 수행되어야만 특수교육에서 설정한 최종 목적지에 도달할 수 있을 것이다.

2. 특수교육 평가의 목적

특수교육에서는 다양한 목적을 달성하기 위하여 여러 종류의 검사 및 평가를 활용하고 있다. 다음은 주요한 평가의 목적만을 정리한 내용이다(구체적인 설명은 제3장 참조).

1) 선별

선별이란 일반교육 이외의 추가적인 교육적 지원이 필요한 학생은 누구인지를 확인하기 위하여 자료를 수집하는 과정으로 설명할 수 있다. 선별은 특수교육의 첫 번째 평가 단계에 해당하는 교육적 활동으로, 특수교육대상자로 의심될 수 있는 학생들은 선별 단계를 통하여 선발된다. 하지만 선별 단계에서 확인된 모든 학생이 반드시 특수교육대상자가 되는 것은 아니며, 추가적인 진단과 전문가들의 의견을 종합적으로 고려하여 최종적으로 특수교육대상자로 선정된다. 선별 단계에서는 교사의 선별 체크리스트, 중간 · 기말고사, 수행평가 등의 평가활동을 사용한다.

2) 특수교육대상자의 적격성 진단

특수교육대상자로 선정하고자 할 때에도 다양한 유형의 평가활동이 필요할 수 있다. 예를 들어, 학생의 특성에 적합한 다양한 유형의 표준화 검사들과 비형식 검사에 해당하는 교사의 관찰결과 등의 정보를 수집하고 요약한 후에 학생의 특성이 장애 영역별 판별 준거에 적합한지를 교육평가 전문가팀의 논의를 통하여 최종적으로 결정하게 된다. 특수교육대상자를 선정하는 과정은 평가활동 그 자체로 인식해도 될 만큼 평가활동은 매우 중요한 역할을 담당하고 있다.

3) 교육 배치 결정

특수교육대상자로 선정된 학생들에게는 최선의 교육적 배치에 대한 결정도 제공해야 한다. 최선의 교육적 배치에 대한 결정은 평가활동에서 추가로 수집한 다양한 정보를 종합적으로 고려하여 특수교육 전문가 위원회의 논의를 통하여 최종적으로 이루어진다. 이때 학생의 장애 특성, 학생의 개인 배경정보(예: 거주지 위치), 학부모의 면담결과 등의 정보를 종합적으로 고려해야 한다.

4) 개별화교육계획 작성

특수교육대상자로 선정된 학생들에게 필요한 개별화교육계획(Individualized

Education Plan: IEP)을 작성하고자 할 때에도 평가활동을 수행해야 한다. 예를 들어, 학생 개인의 학업 및 장애 특성을 파악한 진단검사 결과, 학생 개인과의 면담 자료, 이전의 교육성과물에 대한 자료 등을 종합적으로 고려하여 학생 개인에게 필요한 최적의 교육서비스를 개별화교육계획으로 작성해야 한다.

5) 중재전략의 계획

특수교육대상자 학생에게 필요한 중재전략을 수립하고자 할 때에도 평가활동을 수행해야 한다. 예를 들어, 무엇을 가르쳐야 하는지에 대한 결정을 하고자 할 때에는 교과영역별로 실시된 표준화 검사의 결과, 교사의 관찰 및 인터뷰 등의 정보를 참조할 수 있다. 또한 중재전략의 효과성을 보고한 연구결과와 학생의 특성을 평가한 결과를 종합적으로 고려하여 학생에게 적합한 중재전략을 선택할 수 있다.

6) 중재전략의 효과성

다양한 유형의 평가활동을 활용하여 특수교육 서비스로 제공되는 중재전략의 효과성을 검증할 수 있다. 특수교육대상자에게 단순히 특수교육 서비스를 제공하는 것만으로는 충분치 않으며, 학생에게 실제로 도움이 될 수 있는 효과적인 중재전략을 제공해야 한다. 따라서 특수교육에서는 학생의 진전도를 모니터링할 수 있는 교육과정중심측정(Curriculum-Based Measurement: CBM)과 같은 검사방법을 사용하여 교사가 사용하는 중재전략의 효과성을 평가하고 있다.

3. 특수교육 평가에서 사용되는 주요 용어

평가를 수행하거나 개념을 설명할 때 총괄평가(evaluation), 평가(assessment), 측정(measurement)과 같이 유사한 의미를 지닌 용어들을 자주 혼용하여 사용하고 있다. 일상생활에서도 이러한 용어들을 동일한 의미로 자주 혼용하여 사용하고 있으며, 그러한 용어의 혼용은 큰 문제가 되지 않을 수 있다. 하지만 특수교육의 평가에서는 각각의 용어를 명확히 구분하여 사용할 필요가 있다. 따라서 특수교육에 종사하는 모든 전문가는 각각의 용어에 대한 개념의 이해와 함께 용어 간의 구별된 차이점을 명확히 인지할 필요가 있다.

1) 측정

측정(measurement)이란 사물 혹은 대상자의 특성을 수치화된 지표로 나타내는 방법으로 정의할 수 있다. 예를 들어, 책상의 길이를 재거나 학생들의 키를 재는 행동은 측정과 관련되어 있다. 또한 학생들의 수학능력을 점수로 표현하는 방법도 측정에 해당한다. 이처럼 측정을 수행하면 대상의 특성을 숫자로 표현할 수 있기 때문에 대상의 특성을 좀 더 명확히 파악할 수 있는 장점을 기대할 수 있다. 예를 들어, 두 학생 간의 읽기능력을 비교할 때 첫 번째 학생이 두 번째 학생보다 '조금 뛰어난' 읽기능력을 갖고 있다고 설명한다면, 듣는 청자 입장에서는 '조금 뛰어난' 읽기능력에 어느 정도의 차이가 존재하는지를 명확히 가늠하기가 어렵다. 대신 읽기검사에서 획득한 점수의 차이, 즉 측정의 결과로 수치화한 정보로 비교한다면 좀 더 명확한 차이를 쉽게 인식할 수 있을 것이다(예: 90점과 75점을 비교). 교육학 분야에서 측정을 통해서 얻을 수 있는 대표적인 수치화된 지표로는 원점수(raw score), 백분위(percentile rank) 점수, 표준점수(standard score) 등이 있다(각 개념에 대한 자세한 내용은 제5장 참조). 측정을 통해서 습득한 수치화된 정보는 향후에 설명할 평가의 단계에서 활용할 수 있는 타당한 근거자료로 활용할 수 있다.

2) 평가

평가(assessment)란 용어는 수많은 문헌에서 다양한 정의로 설명되고 있다. 일부 학자들은 교육적 의사결정에서 필요한 정보를 수집하고 기록하여 정보의 의미를 최종적으로 해석하는 총체적인 과정으로 정의하고 있다(Cohen & Spenciner, 2007). 또한 일부 학자들은 학생들의 진전도를 결정할 수 있는 신뢰할 수 있고 타당한 정보를 수집하는 시스템으로 평가의 의미를 정의하고 있다(Mohan, 2016). 이 책에서는 중요한 의사결정을 위하여 의미 있는 정보를 수집하는 일련의 과정으로 평가의 용어를 정의하고자 한다.

평가의 단계에서는 다양한 방법을 사용하여 정보를 수집할 수 있다. 예를 들어, 표준화 검사나 시험과 같은 형식적인 방법을 사용할 수도 있으며, 행동관찰, 인터뷰와 같이 비형식적인 방법을 사용할 수 있다. 그렇기 때문에 학교현장에서 실시하는 중간 및 기말고사 점수 혹은 기초학력 검사의 점수 등은 평가 단계에서 형식적 방법으로 수집되는 정보에 해당한다. 마찬가지로 담임교사가 작성하는 학생들의 행동관찰 기록은 비형식적인 방법으로 수집되는 평가 단계의 정보에 해당한다. 결국 평가 단계에서는 특정한 측정방법에만 국한하지 않으며, 오히려 다양한 검사방법을 사용하여 정보를 수집할 수 있는 기회를 제공하고 있다. 그렇기 때문에 교실 안에서 교사가 학생을 가르치고 획득한 모든 다양한 유형의 정보들을 평가의 활동에서 활용할 수 있다.

3) 총괄평가

총괄평가(evaluation)란 평가의 단계를 통해서 수집된 다양한 정보를 의미 있게 구조화하는 종합적인 과정으로 정의할 수 있다. 평가의 단계를 통해서 습득한 다양한 정보 중에는 대상을 이해하기 위해서 필요한 중요한 정보도 포함되어 있을 수 있지만 중요치 않은 부수적인 정보도 함께 포함될 수 있다. 따라서 최선의 의사결정을 수행하기 위해서는 먼저 넘쳐나는 수많은 정보 중에서 옥석을 가려서 양질의 중요한 정보만을 선택할 필요가 있으며, 일부 정보의 경우에는 재가공하거나 추가 분석을 수행할 필요가 있다. 이처럼 다양한 정보를 의미 있게 재구조화하는 모든 과정은 총괄평가와 관련되어 있다.

결론적으로, 우리는 학생의 행동을 수치화하는 측정을 실시하고, 학습의 결과물을 수집하는 평가를 수행하며, 중요한 의사결정을 수행하기 위한 목적으로 총괄평가를 사용하게 된다. 세 가지 용어는 공통된 특성을 공유하고 있지만 서로 다른 특성을 갖고 있기도 하다. 이러한 용어 간의 관계성을 시각적으로 표현하면 [그림 1-1]과 같다.

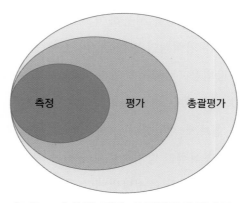

[그림 1-1] 측정, 평가, 총괄평가의 관계도

출처: Hosp, Hosp, & Howell (2016).

4. 공정한 특수교육 평가를 위한 고려사항

학교 혹은 특수교사가 특수교육대상자를 포함한 모든 학생에게 공정하고 비차별적인 평가를 제공하기 위해서는 다음과 같은 사항들은 고려할 필요가 있다(Cohen & Spenciner, 2007; Salvia, Ysseldyke, & Witmer, 2007).

• 특정한 목적에 적합한 검사를 사용해야 한다. 다른 의미로, 검사의 타당도에 문제가 없어야 한다. 예를 들어, 검사자가 선별을 위한 목적으로 검사를 실시하고자 한다면, 선별을 목적으로 개발된 검사를 사용해야 한다. 또한 수학교과의 학업성취를 측정하고자 하는 목표를 갖고 있다면, 수학교과를 측정하는

검사도구를 사용해야 하며, 지능검사와 같이 측정 목적과 불일치하는 검사도구를 사용해서는 안 된다.

- 검사를 실시하는 전문가들은 해당 검사를 수행하기 전에 일정한 교육을 반드시 이수해야 한다. 검사 실시자는 검사 요강에 제시된 방법으로 검사를 실시해야 하며 검사점수의 채점 및 해석도 검사 요강에 제시된 방법을 반드시 준수할 필요가 있다.

- 특정한 인종 및 문화적 배경으로 인하여 불이익을 받을 수 있는 검사인지 여부를 사전에 확인할 필요가 있다. 예를 들어, 모국어가 한국어가 아닌 다문화 학생들의 지능을 측정하기 위하여 한국 사회와 문화를 배경으로 개발된 지능검사를 사용할 경우 편파된 검사의 결과를 예상할 수 있다.

- 단일 준거 혹은 단일 검사만을 고려하여 학생에게 필요한 교육적 지원과 장애 유형을 결정해서는 안 된다. 예를 들어, 한 번의 지능검사 결과만으로 해당 학생에게 필요한 교육적 지원을 결정한다면 잘못된 판단을 범할 확률이 높다. 따라서 다양한 준거와 다양한 정보를 종합적으로 고려하여 신중한 의사결정을 수행할 필요가 있다.

- 평가와 관련된 중요한 안건들(예: 장애의 판정 및 적합한 교육적 지원의 여부)을 결정할 때는 교사 개인이 범할 수 있는 실수나 편견을 최소화하기 위하여 다양한 분야의 전문가들이 공동으로 참여해야 한다. 예를 들어, 다학문적 팀접근(multidisciplinary team approach) 전략과 같이 다양한 전문가가 팀을 구성하게 된다면, 평가와 관련된 의사결정 시 다양한 전문성을 반영할 수 있는 장점을 기대할 수 있다.

- 장애가 의심되는 모든 영역을 빠뜨리지 않고 검사를 수행해야 한다. 예를 들어, 시각장애로 특수교육에 의뢰된 학생이라도 인지적인 영역과 사회성 영역에서도 장애가 의심된다면 해당 영역을 측정할 수 있는 검사들을 추가로 실시하여 추가 장애 유무를 확인할 필요가 있다.

- 측정학적으로 적합한 검사도구를 사용할 필요가 있다. 검사도구가 측정학적으로 적합하다는 것은 검사도구의 신뢰도와 타당도가 안정적이라는 의미로

해석될 수 있다. 신뢰도가 확보되지 않을 경우 우리는 검사결과의 일관성에 의구심을 가질 수 있으며, 타당도가 확보되지 않았다면 실제로 측정하고자 하는 영역을 제대로 측정하고 있는지에 대한 의구심을 가질 수 있다. 특히 특수교육대상자의 적격성 여부와 같이 중요한 책무성이 수반되는 의사결정에서는 반드시 측정학적으로 적합한 검사도구를 사용할 필요가 있다.

5. 장애 특성을 반영한 검사 조정 및 수정

특수교육대상자 학생들이 검사에 참여하기 위해서는 비장애학생과 달리 추가적인 검사의 조정(accommodation)과 수정(modification)이 필요할 수 있다. 검사 조정이란 특수교육대상자의 특성을 반영하여 검사를 실시하는 방법을 변경하는 것이다. 검사 조정을 실행하는 주된 목적은 검사 실행 조건에 있어서 비장애학생과 장애학생 간의 차이를 최소화하기 위함이다. 그렇기 때문에 좀 더 쉬운 검사문항을 제공한다거나 불공정으로 인하여 기대되는 추가적인 이득을 장애학생에게 제공하는 것은 검사 조정의 주된 목적과 부합되지 않는다. 대신 검사 조정에서는 검사 자체를 변경하지 않으면서 검사를 실행하는 방법(예: 의사소통장애가 있는 학생의 경우 손으로 정답을 가리키기)을 변경하게 된다. 검사 조정으로 기대할 수 있는 궁극적인 장점은 장애로 검사에 참여할 수 없었던 특수교육대상자 학생들에게 더 많은 검사 참여의 기회를 제공할 수 있다는 점이다(Thompson, Morse, & Thurlow, 2002).

검사 수정은 검사 조정과 유사한 개념이지만 명확한 차이점을 갖고 있는 용어이다. 가장 주된 차이점은 검사 조정과 달리 검사 수정에서는 검사 자체를 변경하게 된다는 점이다. 구체적으로 검사의 전체 난이도, 검사문항의 내용, 평가기준에서 수정이 가능하다. 예를 들어, 지적장애를 지닌 학생에게 좀 더 쉬운 수학문항으로 난이도를 변경했다면 이러한 행위는 검사 수정에 해당한다. 검사 조정과 검사 수정의 구체적인 예시는 〈표 1-1〉에서 추가로 제공하고 있다.

〈표 1-1〉 검사 조정과 검사 수정의 예시

유형	조정의 예	수정의 예
제시방법	• 집단으로 검사를 실시하기보다는 개별적으로 검사를 실시한다. • 학생에게 컴퓨터 기반으로 개발된 검사지를 제공한다. • 활자체가 큰 검사지를 제공한다. • 시각장애 학생들에게 점자로 번역된 검사지를 제공한다.	−
검사 실시 장소	• 시험에 방해가 될 수 있는 요인들이 없는 장소에서 검사를 실시한다. • 학생의 장애에 적합한 책상과 의자를 제공하여 검사를 실시한다. • 약시 혹은 시각장애 학생에게 필요한 조명을 제공한 후에 검사를 실시한다.	−
반응 유형	• 교사는 학생이 손으로 명시한 문항의 답변을 대신 표기해 줄 수 있다. • 필요할 경우 학생은 의사소통 도구를 사용하여 검사에 참여할 수 있다. • 제한된 검사시간을 늘려 주거나 변경할 수 있다.	• 수학교과의 계산 문제를 풀 경우 계산기를 사용하도록 허락할 수 있다. • 완벽한 문장을 요구하는 문항을 수정하여 핵심 단어만 응답하도록 허용할 수 있다. • 쓰기검사에서 철자를 점검할 수 있는 소프트웨어나 전자사전을 사용하도록 허용할 수 있다.
검사 내용	• 검사의 페이지당 포함된 문항의 수를 줄일 수 있다. 단 학생은 모든 검사문항에 답변해야 한다. • 외국인 학생을 위하여 사전을 사용하도록 허락할 수 있다.	• 전체 검사문항의 수를 줄일 수 있다.
검사지 유형	• 검사문항의 글자는 확대할 수 있다.	• 검사의 지시문에서 핵심 단어는 특정한 색깔로 표시하거나 강조할 수 있다. • 검사문항을 좀 더 쉽게 이해할 수 있도록 재진술한다. • 시각장애 학생의 경우 사진이나 그림은 글로 대체하여 정보를 제공할 수 있다.

출처: Cohen & Spenciner (1998).

교사가 학생들의 검사 조정 및 수정 방안을 계획할 때에는 사전에 장애학생들이 갖고 있는 독특한 학습 특성을 파악할 필요가 있다. 검사 조정 및 수정방법은 학습자의 특성에 따라 달라질 수 있기 때문에 교사는 사전에 학습자가 지닌 특성을 우선적으로 확인해야 한다. 학습 특성 유형별로 제공할 수 있는 구체적인 검사 조정 및 수정 방안의 예시는 다음과 같다(Spinelli, 2012).

- 낮은 이해력을 가진 경우
  - 지시문에 대한 설명을 구두와 지문으로 모두 제공하고, 전달된 내용을 완전히 이해했는지를 명확히 점검하기
  - 문항에 응답하는 방법의 예시를 모델링으로 학생에게 제공하기
  - 답변을 못한 문항을 다시 한 번 점검할 수 있도록 안내하기
  - 수학검사 문항에서 문제해결과정이 중요한 평가일 경우에는 계산기를 사용할 수 있도록 허용하기
  - 읽기장애를 가진 학생의 경우 검사문항을 구두로 읽어 주기
  - 문항에 대한 학생의 응답을 테이프로 녹음할 수 있도록 허용하기
- 청각에 어려움이 있는 경우
  - 가능하다면 구두로 응답하는 검사를 사용하지 않기
  - 매우 조용한 장소에서 검사를 치를 수 있도록 하기
  - 받아쓰기와 같이 구두로 수행되는 검사를 수행해야 한다면, 최대한 천천히 단어를 읽어 줘야 하며, 각각의 단어를 명확하게 구분 지어 읽어 주기
- 시각에 어려움이 있는 경우
  - 문항에 대한 설명을 구두와 지문으로 모두 제공하고, 전달된 내용을 완전히 이해했는지를 명확히 점검하기
  - 시각에 방해가 되는 요소(예: 창문의 빛)와 멀리 떨어진 장소에서 검사를 볼 수 있도록 준비하기
  - 글자 크기를 확대한 검사지를 제공하기
  - 명확하고, 읽기 쉬우면서, 깔끔한 글씨체로 검사지를 개발하기

- 순조롭게 검사를 잘 수행하고 있는지를 지속적으로 점검하기
- 시험을 보는 도중에 시험지를 제출하는 학생들(불필요한 소음을 유발하는 학생들)이 없도록 규율을 정하기
- 문항에 대한 응답을 구두로 하거나 응답을 녹음할 수 있도록 허용하기
- 문항에 대한 응답을 작성할 수 있는 충분한 지면의 공간을 제공하기
- 주관식 문항일 경우 답변을 작성할 수 있는 공간을 밑줄로 표시(예: 답변 _____)하여 쉽게 위치를 찾을 수 있도록 도움을 제공하기

• 신체에 어려움이 있을 경우
  - 문항에 대한 응답을 구두 혹은 타이핑으로 할 수 있도록 허용하기
  - 검사시간을 연장하기
  - 특정한 보조공학기기를 사용할 수 있도록 허용하기
  - 책상, 조명과 같은 검사 조건을 조정하기

• 검사에 대한 두려움을 가지고 있을 경우
  - 검사를 시작하기 전에 긴장을 풀 수 있는 활동을 제공하기
  - 검사문항을 배치할 때 가장 쉬운 문항을 먼저 배치하여 학생들이 성공에 대한 경험을 가질 수 있도록 도움을 주기
  - 시험을 보는 동안 학생을 다그치거나 압박하지 않기
  - 시험을 보는 동안에 학생에게 긍정적인 자극(예: 격려)을 제공하기
  - 검사를 수행하는 연습을 충분히 제공하기
  - 학생에게 편안하고 친숙한 유형의 검사를 사용하기

• 주의력 결핍의 어려움을 가지고 있을 경우
  - 개별 혹은 소규모 집단으로 검사를 실시하기
  - 방해요인이 없는 시험 장소에서 검사를 실시하기
  - 약물을 복용한 후 1시간 반이 넘지 않는 범위에서 검사를 수행하기
  - 여러 번의 휴식시간을 제공하기
  - 검사시간을 연장하기
  - 전체 검사문항을 작은 하위영역으로 구분하여 영역별로 검사를 실시하기

- 여러 날 동안 검사를 실시할 수 있도록 허용하기
- 파티션이나 독서실 의자를 사용하여 검사를 실시하기

6. 특수교육 평가의 최근 동향

지난 수십 년 동안 특수교육의 평가분야에서는 수많은 변화가 이뤄졌으며, 그중 주목할 만한 핵심적인 사항들을 정리해 보면 다음과 같다.

첫째, 예전의 특수교육 평가에서는 주로 장애의 진단과 특수교육의 결과와 관련된 평가활동에 초점을 맞추고 있었지만, 최근에는 교육의 과정으로서의 평가활동에 주된 초점을 맞추고 있다. 전통적으로 특수교육의 평가는 주로 장애를 진단하고 교육이 끝난 이후의 결과를 측정하는 활동에 주된 초점을 맞추고 있었다. 하지만 최근의 경우 교육의 질에 높은 관심을 갖게 되면서 교육의 과정으로서 활용될 수 있는 평가방법에 높은 관심을 갖게 되었다. 즉, 특수교육의 평가는 교육의 과정과 분리되기보다는 교수(teaching)의 도구로서 고려할 필요가 있음을 강조하는 추세이다. 이러한 이유로 특수교육 분야에서도 수행평가나 형성평가와 같은 평가전략의 중요성이 더욱 부각되고 있다.

둘째, 특수교육에서는 증거기반교수(evidence based practice)의 활용이 대두되면서 평가와 관련된 활동의 중요성이 지속적으로 부각되고 있다. 증거기반교수란 과학적으로 효과성이 검증된 교수전략을 말하며, 여기서 언급된 '과학적'이란 평가활동을 포함한 엄격한 연구절차를 수행하는 활동을 의미한다. 과학적인 연구결과를 얻기 위해서는 우선 신뢰도와 타당도가 확보된 객관적인 데이터를 수집해야만 하기 때문에 교수전략에 대한 평가결과는 증거기반교수에서 매우 중요한 요소에 해당한다.

셋째, 특수교육에서 활용하고 있는 평가는 역동적이면서 특정한 목적을 달성하기 위한 지속적인 일련의 과정으로 수행되어야 함을 강조하고 있다. 단편적인 정보를 수집하는 일회성 교육활동으로 평가를 수행하기보다는 교육과 평가의 큰 흐름 속에서 지속적으로 서로 피드백을 주고받을 수 있는 역동적인 평가의 역할이 강조되고 있다.

넷째, 특수교육에서 중요한 의사결정 시 필요한 중요 판단 근거로서 평가의 결과를 활용하고 있다. 예전의 경우 장애 진단과 같이 평가결과는 그 자체로 의미가 있었지만 지금의 경우 더 많은 의사과정 속에 평가결과들이 활용되고 있다. 중재전략의 효과성을 검증하는 경우, 특수교육 서비스의 지속 제공 여부를 결정하는 경우, 특수교육 배치에 대한 적합성을 평가하는 경우와 같은 중요한 의사결정을 수행할 때 필요한 객관적인 자료를 수집하기 위한 목적으로 다양한 평가활동을 활용하고 있다.

다섯째, 특수교육의 범주 및 대상자가 지속적으로 증가하고 있기 때문에 다양한 장애 영역을 평가할 수 있는 넓은 스펙트럼을 가진 평가방법을 지속적으로 개발하고 보급해야 할 필요성이 부각되고 있다. 예를 들어, 최근 사회적 의사소통장애가 사회 이슈로 부각되고 있는데, 이러한 장애 영역은 새로운 장애 영역으로 기존의 의사소통장애와는 기질적으로 다른 특성을 갖고 있다. 따라서 기존의 장애 진단 규정과 평가방법만으로는 장애 유무를 정확히 진단하기 어렵기 때문에 지속적인 관련 평가방법이 개발될 필요가 있다.

여섯째, 일반교육과 마찬가지로 특수교육에도 공교육의 책무성을 점차 강조하는 추세에 있다. 따라서 국가적으로 공교육의 책무성을 검증하고자 하는 요구가 지속적으로 증가하고 있으며, 이러한 요구와 함께 좀 더 정교한 책무성 평가전략이 개발되고 있다. 대표적인 책무성 평가전략은 고부담 검사(high-stakes tests), 국가수준 학업성취도 검사와 같은 검사를 실시하는 것이며, 이러한 검사의 결과는 학교 간 성취도 평가 및 졸업사정의 판단자료로 활용할 수 있다.

마지막으로, 최근의 특수교육에서는 진전도(progress)를 모니터링할 수 있는 평가전략의 중요성을 강조하고 있다. 예전의 전통적인 특수교육에서는 단일 검사 혹은 사전-사후 검사의 결과를 이용하여 학업성취의 결과를 평가하였지만 최근의 경우 지속적인 시간의 연속성에서 변화하는 학업 및 행동을 측정하고자 하는 요구가 지속적으로 증가하고 있다. 이러한 이유로 교육과정중심측정(CBM)과 같은 진전도 모니터링 평가전략을 특수교육현장에서 활발히 활용하고 있다.

주요 핵심용어

- 특수교육
- 측정
- 평가
- 총괄평가
- 평가의 목적
- 선별
- 평가의 공정성
- 평가 조정
- 평가 수정
- 특수교육 평가의 최신 경향

제**2**장

특수교육 평가방법의 종류

학습목표

◆ 형식적 평가의 개념을 설명할 수 있다.
◆ 형식적 평가와 비형식적 평가의 장단점을 설명할 수 있다.
◆ 비형식적 평가의 개념을 설명할 수 있다.
◆ 규준 참조 검사와 준거 참조 검사 간의 차이와 특성을 비교하여 설명할 수 있다.
◆ 형식적 평가와 비형식적 평가의 차이점을 설명할 수 있다.
◆ 관찰의 정의를 설명할 수 있다.
◆ 관찰의 종류를 설명할 수 있다.
◆ 체계적인 관찰과 비체계적인 관찰의 차이를 설명할 수 있다.
◆ 체계적인 관찰을 수행하는 절차를 설명할 수 있다.
◆ 체계적인 관찰 수행 시 중요한 네 가지 요인을 설명할 수 있다.

이 장의 중요성

특수교육에서는 평가 대상자인 특수아동의 특성과 평가의 사용 목적에 따라 다양한 평가방법을 사용할 수 있다. 그렇기 때문에 특수교사들은 다양한 유형과 목적에 적합한 평가방법을 이해할 필요가 있다. 특별히 특수교육에서 사용하는 평가방법은 형식적 평가(규준 참조 검사)와 비형식 평가(준거 참조 검사)의 큰 범주로 구분 지어 그 차이점과 특성을 이해할 필요가 있다. 따라서 이 장에서는 형식적 평가와 비형식적 평가의 관점에서 평가방법의 종류를 설명하며, 특별히 형식적 평가보다는 비형식적 평가에 더 많은 초점을 맞추고 있다.

1. 형식적 평가

1) 형식적 평가의 정의 및 특성

형식적 평가는 표준화된 검사도구를 사용하여 개인의 성취를 특정한 전체 집단의 성취와 비교하기 위한 목적으로 사용된다. 이러한 이유로 인하여 형식적 평가에 포함되는 검사들은 일반적으로 표준화 검사(standardized tests)와 규준 참조 검사(norm-referenced tests)의 특성을 갖고 있다. 표준화 검사란 사전에 정해진 엄격한 검사절차 및 규정을 지닌 검사를 의미한다. 예를 들어, 표준화 검사에서 제공하는 검사 매뉴얼에는 구체적인 검사 실시방법과 검사점수의 해석방법 등이 상세하게 설명되어 있다. 표준화 검사를 실시하는 검사자는 정해진 절차와 규정을 엄격히 준수하여 검사를 수행해야만 하며, 만약 이러한 규정과 절차가 준수되지 못할 경우에는 산출된 검사점수의 신뢰도와 타당도에 문제가 발생할 수 있다.

규준 참조 검사란 개인이 획득한 점수를 규준(norm)에 해당하는 특정한 전체 집단과 비교하기 위한 목적으로 사용되는 검사를 의미한다. 즉, 개인이 획득한 절대적인 점수 그 자체만으로는 큰 의미가 없으며, 대신 개인의 점수를 집단 전체점수와 비교할 때에만 의미 있는 검사점수로 해석이 가능하다. 예를 들어, 규준 참조 검사로 개발된 읽기검사에서 민수는 56점의 점수를 받았다고 가정해 보자. 민수가 획득한 56점은 우수한 읽기능력으로 평가할 수 있을까? 아니면 읽기 부진을 의심할 정도로 낮은 점수에 해당할까? 규준 집단에 대한 검사점수의 정보가 없다면 해당 질문에 대한 답변은 불가능하다. 이처럼 규준 참조 검사에서는 특정한 집단을 의미하는 규준 집단이 매우 중요하기 때문에 검사의 목적과 특성에 맞는 타당한 규준 집단을 사전에 설정하는 것이 중요하다.

형식적 평가는 표준화된 검사방법과 규준의 특성을 지니고 있기 때문에 다음과 같은 중요한 목적으로 특수교육 분야에서 활용될 수 있다.

- 특수교육대상자를 선정하는 의사결정
- 특정 장애 범주를 결정
- 특수교육의 효과성 여부를 결정
- 특수교육 서비스의 수준을 결정
- 특수아동 학부모 및 학생에게 객관적인 성취 정보를 제공
- 공교육으로 제공되는 특수교육의 책무성을 검증

• 학생의 강점과 약점을 측정

2) 형식적 평가의 장단점

특수교육 분야에서 형식적 평가가 지닌 장점을 종합적으로 정리하면 다음과 같다.

첫째, 형식적 평가는 측정학적으로 적합한, 즉 신뢰도와 타당도가 확보된 정보를 제공할 수 있는 장점을 갖고 있다. 비형식적 평가에 해당하는 검사(예: 인터뷰, 교사가 제작한 기말고사)와 달리 대부분의 형식적 평가에 해당하는 검사는 안정적인 수준의 신뢰도와 타당도를 검증할 수 있는 객관적인 근거를 제공할 수 있다.

둘째, 이처럼 형식적 평가는 신뢰도와 타당도가 확보된 검사결과를 산출할 수 있기 때문에 특수교육대상자 선정과 장애 영역 판별과 같이 특수교육에서 수행하는 중요한 의사결정에서 필요한 객관적인 정보를 제공할 수 있는 장점을 갖고 있다. 예를 들어, 표준화된 읽기검사에서 하위 3%에 해당하는 점수를 받았다면 읽기장애를 판별하기 위한 중요한 근거로 활용될 수 있을 것이다. 또한 표준화된 사회적 적응행동검사에 낮은 점수를 얻었다면 그러한 점수는 적응행동 및 지적장애 영역의 진단평가 자료로 활용될 수 있다.

셋째, 형식적 평가에 해당하는 검사의 결과들은 수치화된 양적 데이터로 보고할 수 있다. 형식적 평가에 해당하는 대부분의 검사는 양적인 지표로 결과를 제공하고 있기 때문에 명확한 결과해석이 가능하며 다양한 양적 지표(예: 백분위 점수, 표준점수, 환산점수)로 변환이 가능한 장점을 지니고 있다.

넷째, 특정한 집단과 비교하여 개인의 성취수준을 정확히 비교할 수 있는 장점을 갖고 있다. 형식적 평가에 포함된 규준 참조 검사와 같이 검사 개발의 목적이 개인의 점수를 전체 집단에 해당하는 규준과 비교를 하기 위함이었기 때문에 이러한 정보를 얻고자 한다면 교사는 형식적 평가에 해당하는 검사를 사용할 필요가 있다.

앞에서 언급된 장점에도 불구하고 형식적 평가에 속한 검사들은 다음과 같은 제한점들을 예상할 수 있기 때문에 검사를 사용하는 교사들은 이러한 점을 숙지하여 적합한 목적으로 검사도구를 사용해야 하며, 올바르게 검사결과를 해석할 필요가 있다.

첫째, 형식적 평가의 경우 전반적인 교과영역을 평가하기 위한 목적으로 문항을 개발하였기 때문에 교사가 현재 가르치는 교육과정의 내용과 완벽히 일치되기 어려운 제한점이 있다. 그렇기 때문에 특수교사가 일정 기간 동안 집중적으로 지도한 특정한 교육내용을 평가하기 위한 목적으로 형식적 평가를 사용하는 것은 충분치 않을 수 있다. 이러한 문제를 보완하기 위해서 교사는 형식적 평가와 함께 비형식 평가에 해당하는 수행평가와 같은 검사를 추가로 개발하여 보완할 필요가 있을 것이다.

둘째, 전반적으로 형식적 평가는 학생 성취의 진전도를 측정하는 데 제한점을 지니고 있다. 개인의 변화를 나타내는 진전도는 특수교육에서 매우 중요한 측정목표에 해당하지만, 대부분의 형식적 평가(특히 준거 참조 검사)의 검사도구들은 진전도를 측정하기에는 적합한 특성(예: 반복 측정, 변화에 민감한 측정학적 적합성)을 갖고 있지 않다.

셋째, 상당수의 형식적 평가에 해당하는 검사는 검사의 응답 유형으로 사지선다형과 같은 객관식 문항을 사용하고 있다. 이러한 유형의 응답은 객관성을 확보할 수 있는 장점과 함께 문항의 채점방법이 간편한 장점을 갖고 있지만 본질적으로 다음과 같은 제한점이 내포되어 있다. 먼저 주관식 문항과는 달리 객관식 문항은 일정한 정답 확률이 존재하기 때문에 일명 '찍기'와 같은 선택으로 정답을 맞출 수 있는 문제점이 발생한다. 또한 객관식 문항은 실제 해당 교과영역에서 요구하는 학습능력을 직접적으로 측정하지 못하는 문제점이 있다. 예를 들어, 수학의 경우 진정한 수학능력이란 올바른 문제해결 과정을 통하여 정답에 도달하는 능력이겠지만 객관식 문항을 포함하고 있는 수학검사는 주어진 선택지에서 한 가지만을 선택하도록 피험자에게 요구할 수 있다. 이러한 이유로 인하여 직접적인 수학능력을 평가하는 데는 한계점을 지니고 있다. 마찬가지로 읽기능력의 경우 글을 정확히 잘 읽고 읽은 내용을 이해하고 있는지를 측정하는 것이 직접적인 읽기능력을 측정하는 방법이지만 문항의 응답 유형을 사지선다형으로 개발한다면 이러한 읽기능력을 직접적으로 관찰하기 어려운 문제점이 발생할 수 있다.

넷째, 형식적 평가의 경우 해당 학년 혹은 연령의 학생들이 성취했을 것으로 가정되는 교육과정의 내용을 주로 평가하기 때문에 교수전략을 수립하고 수정해야 하는 특수교사에게 유용한 정보를 제공하는 데 한계점을 갖고 있다. 예를 들어, 규준 참조 검사인 2학년 수학 성취도 검사에서 하위 20%에 해당한다는 검사결과를 얻을 수 있지만 이러한 정보만으로 어떠한 내용을 어떠한 방법으로 지도해야 되는지를 판단하기는 어렵다.

다섯째, 형식적 평가의 경우 개인의 점수를 전체 집단과 비교할 수 있는 장점을 지니고 있지만 특정한 문화적 배경과 개인 배경을 지닌 학생의 성취 정도를 비교하는 데는 한계점을 지니고 있다. 일반적으로 규준 참조 검사에서 사용하는 규준의 경우 이러한 개인의 배경을 모두 고려하지 않고 있기 때문에 특정한 배경을 지닌 개인의 점수는 비교가 불가능할 수 있다.

2. 비형식적 평가

1) 비형식적 평가의 정의 및 특성

비형식적 평가는 형식적 평가와 구별된 특성을 지닌다. 형식적 평가의 중요한 특성이었던 표준화된 검사방법을 반드시 사용하지 않아도 된다는 점과 함께 가장 큰 차이점은 개인의 점수를 특정한 집단과 비교하기 위한 주된 목적을 갖고 있지 않다는 점이다. 대신 비형식적 평가는 특정한 교육적 목적에 도달했는지 여부를 확인하기 위한 목적으로 사용된다. 이러한 특성을 지닌 비형식적 평가의 대표적인 검사는 준거 참조 검사(criterion-referenced tests)이다.

준거 참조 검사란 이미 정해진 성취기준에 어느 정도 도달했는지 여부를 검증하기 위한 목적으로 사용되는 검사를 말한다. 교육현장에서는 교육과정에서 제시된 교육내용을 학생들이 충실히 이해하고 있는지 여부를 확인하고자 할 때 준거 참조 검사를 사용하고 있다. 동일한 교과의 학업성취를 평가한다고 가정할 때, 규준 참조 검사는 집단과 비교하여 상대적인 위치에 초점을 맞추고 있는 반면에 준거 참조 검사는 절대적인 준거에 해당하는 교육과정의 성취기준의 달성 여부에 초점을 맞추고 있다. 따라서 전체 집단에서 개인 간 차이에 초점을 맞추고 있는 규준 참조 검사와 달리 준거 참조 검사는 절대적인 기준에 근거한 학생 개인별 성취 정도를 평가하고자 하는 주된 목적을 갖고 있다. 〈표 2-1〉에서는 규준 참조 검사와 준거 참조 검사의 차이점을 설명하고 있다.

〈표 2-1〉 규준 참조 검사와 준거 참조 검사의 비교

내용 \ 종류	규준 참조 검사	준거 참조 검사
평가 대상	규준 집단과 개인의 성취를 비교함	특정 영역에서의 개인의 성취 정도를 평가함
평가 준거	규준 집단에 따라 성취의 결과는 변경될 수 있음	이미 확립된 평가 준거를 사용함
평가의 내용	일반적인 교육내용에 초점을 맞춤	특정한 교육내용에 초점을 맞춤
평가문항의 특성	개인 간의 차이를 극대화할 수 있는 문항을 개발함	개인의 연속적인 성취를 측정할 수 있는 문항을 개발함
특수교육에서의 활용 목적	주로 장애 진단을 위한 목적으로 사용함	주로 교수전략을 계획하거나 수정하기 위한 목적으로 사용함

2) 비형식적 평가의 장단점

특수교육 분야에서 사용되고 있는 비형식적 평가의 중요한 장점을 정리해 보면 다음과 같다.

첫째, 비형식적 평가에 해당하는 검사들은 유연한 검사절차를 갖고 있다. 형식적 평가에 포함된 검사들은 엄격한 검사절차를 준수하여 검사를 진행해야 하지만 비형식적 평가에 해당하는 검사들은 학교 및 학생의 상황을 고려하여 검사절차를 조정할 수 있는 장점을 기대할 수 있다.

둘째, 교사가 가르치는 교육과정의 내용과 평가내용 간의 높은 일치도를 기대할 수 있다. 비형식 평가에 해당하는 검사들은 주로 학생을 지도하는 담임교사에 의해서 개발되기 때문에 교사가 지도하는 교육과정에 근거하여 검사의 내용과 문항을 개발할 수 있는 장점을 갖고 있다.

셋째, 비형식적 평가는 일반적인 교육환경에서도 손쉽게 사용할 수 있는 장점을 지니고 있다. 형식적 평가의 경우 표준화된 검사절차를 준수해야 하기 때문에 물리적으로 분리된 공간에서 평가를 수행해야 하지만 관찰 및 형성평가와 같은 비형식 평가는 교육과 평가가 통합되는 교육현장에서 평가를 수행할 수 있다. 따라서 비형식적 평가는 주로 일상적인 교실환경에서 특별한 제약 없이 사용할 수 있으며, 이러한 평가활동을 통하여 실제 교육활동과 관련된 실질적인 정보를 수집할 수 있는 장점을 기대할 수 있다.

넷째, 비형식적 평가는 교육의 결과보다는 주로 교육의 과정에 초점을 맞추고 있기 때문에 교수전략의 수정 및 교체와 중요한 정보를 교사에게 제공할 수 있다. 즉, 이러한 평가결과는 특수아동에게 적합한 중재전략을 개발하고 선택하는 데 유용하게 활용될 수 있다.

비형식적 평가는 앞에서 언급된 독특한 장점을 지닌 평가방법이지만 다음과 같은 단점도 있을 수 있다. 구체적으로 살펴보면 다음과 같다.

첫째, 비형식적 평가가 지닌 가장 큰 약점 중 한 가지는 일정한 수준 이상의 신뢰도와 타당도를 확보하기 어려운 점이다. 비형식적 평가는 일반적으로 학교현장에서 학생들을 지도하는 교사들에 의해서 개발되어 사용하기 때문에 현실적으로 형식적 평가에 해당하는 표준화 검사와 달리 엄격한 신뢰도와 타당도의 증거를 확보하기가 어려운 제한점을 갖고 있다. 따라서 학교현장에서 비형식적 평가를 사용할 때에는 채점자 간 신뢰도나 안면 타당도와 같은 정보를 수집하여 신뢰도와 타당도를 검증하기 위한 노력을 기울일 필요가 있다.

둘째, 비형식적 평가에서는 신뢰도와 타당도를 확보하기 어렵기 때문에 특수교육의 적격성 여부와 장애 등급 결정과 같이 중요한 의사결정 시 중요한 판단의 근거로 활용되기보다는 참고자료로 활용되는 것이 타당하다. 즉, 비형식적 평가의 결과만으로 특수교육대상자를 결정하거나 장애 여부를 결정해서는 안 될 것이다.

셋째, 비형식적 평가의 질은 검사를 개발하는 교사의 평가 전문성에 영향을 받을 수 있다. 검사를 개발하는 교사가 검사 개발에 관한 충분한 경험과 지식을 갖고 있다면 양질의 우수한 비형식 평가를 개발할 것으로 기대할 수 있지만, 그렇지 않을 경우에는 비형식적 평가의 질에 부정적인 영향을 미칠 수 있다. 따라서 이러한 문제점을 보완하기 위해서는 검사 개발 단계부터 평가 전문가와 함께 지속적인 협업을 수행할 필요가 있다.

넷째, 비형식적 평가를 통하여 개인 간의 차이를 파악할 수 있는 유용한 정보를 획득하기는 어려울 것이다. 표준화된 검사 실행의 어려움과 함께 안정적인 신뢰도와 타당도를 확보하기 어렵기 때문에 타인에 대한 비교에 초점을 맞추기보다는 특정한 교육목표의 도달 여부와 같은 목적을 갖고 활용해야 한다.

3. 특수교육에서의 형식적 평가와 비형식적 평가의 활용

앞서 설명한 것처럼 두 가지 유형의 평가방법에서 가장 큰 차이점은 평가의 목적에 있을 것이다. 특정한 학년 혹은 연령을 기준으로 학생의 성취수준을 다른 학생들과 비교하는 목적을 가지는 평가방법이 형식적 평가라면, 비형식적 평가에서는 타인과의 비교에 초점을 맞추기보다는 개인의 성취를 평가하는 것을 목적으로 하고 있다. 이처럼 형식적 평가와 비형식적 평가는 서로 다른 목적과 함께 개별적인 특성을 지니기 때문에 특수교육에 종사하는 특수교사와 관련 전문가들은 자신에게 직면한 교육환경과 아동의 특성에 적합한 평가방법을 선택할 수 있는 역량을 갖출 필요가 있다. 두 가지 유형의 평가방법은 서로의 장단점을 갖고 있으며 이러한 특성은 서로의 단점을 보완할 수 있기 때문에 실제 특수교육현장에서는 한 가지 유형의 평가방법만을 고수하기보다는 두 가지 유형의 평가방법을 적절하게 조합하여 사용하는 것이 바람직한 평가전략일 것이다. 궁극적으로는 이러한 평가의 결과들은 특수교사의 더 나은 의사결정과 판단을 위한 타당한 근거자료로 활용되어야만 할 것이다.

끝으로 두 가지 유형의 평가방법을 이해하면서 주의해야 할 점은 앞서 설명한 장단점과 특성이 모든 조건과 방법에서 완벽하게 일치되지 않는다는 점이다. 예를 들어, 관찰과 같은 비형식적 평가방법에서는 낮은 신뢰도와 타당도가 예상될 수 있지만, 체계적인 방법과 구조화된 관찰방법을 사용한다면 우수한 신뢰도와 타당도를 확보할 수도 있다. 따라서 앞에서 언급된 두 가지 유형의 특성과 장단점은 전반적인 경향을 이해하기 위한 목적으로 활용되어야 할 것이다.

4. 비형식적 평가방법

이 장을 제외한 나머지 장에서는 주로 형식적 평가방법에 초점을 맞추어 많은 설명을 할애하고 있다. 따라서 이 장에서는 비형식적 평가방법에 속하는 대표적인 평가방법을 설명하고자 한다.

1) 특수교육 분야에서의 관찰

관찰은 가장 대표적인 비형식적 평가방법에 해당하며, 매일매일의 반복되는 학교 상황에서 특수교사가 가장 빈번히 활용하는 평가방법이기도 하다. 또한 관찰은 특수교육에서 수행되는 모든 평가과정에서 활용되어야만 하는 중요한 평가전략이기도 하다. 관찰은 특수교육의 평가과정에서 다음과 같은 다양한 질문에 대한 답변을 찾는 데 도움이 될 정보를 제공할 수 있다(Cohen & Spenciner, 2007).

- 선별 단계
  - 장애를 가질 수 있는 가능성이 있는가?
- 특수교육대상자 적격성 여부 결정 단계
  - 학생은 장애를 갖고 있는가?

-학생이 가지고 있는 장애는 무엇인가?

-학생의 장애는 특수교육의 준거를 충족하는가?

-학생의 강점과 약점은 무엇인가?

- 교수전략 설계 단계

-학생이 수행할 수 없는 과제는 무엇인가?

-학생이 이해하지 못하는 영역은 무엇인가?

-적합한 수준의 교수전략은 무엇인가?

-보조 공학기를 고려해야만 하는가?

- 진전도 모니터링 단계

-교수전략의 진전도 수준은 어떠한가?

-교수전략의 전과 후에 학생이 알고 있는 학습의 내용은 무엇인가?

-학생이 사용하는 전략과 개념은 무엇인가?

-교수전략의 효과성은 어떠한가?

- 종합 평가를 수행하는 단계

-학생은 개별화교육계획(IEP)에 제시된 목적을 달성하였는가?

-학생에게 제공된 교수전략 프로그램은 성공적이었는가?

-학생은 적합한 진전도를 나타내었는가?

2) 관찰의 종류

일반적으로 관찰은 비체계적인 평가의 특성을 갖고 있지만, 구조화된 틀을 적용한다면 체계적인 평가의 도구로 활용이 가능하다. 따라서 이 장에서는 관찰을 비체계적인 관찰과 체계적인 관찰(구조화된 관찰)로 구분하여 설명하고자 한다.

(1) 비체계적 관찰

비체계적 관찰은 체크리스트와 평가척도와 같이 정해진 형식이나 절차를 적용하지 않고 학생의 행동을 자유롭게 기록하는 방법을 의미한다. 비체계적인 관찰의 경우 모든 행동이 관찰의 대상이 될 수 있으며, 교사가 원할 경우 무엇이든 기록할 수 있는 특성을 지니고 있다. 이와 달리 관찰 목적에 집중하기 위하여 수학교과 혹은 문제행동과 같이 일부 영역만을 한정 지어서 학생의 행동을 관찰하고 기록할 수도 있다.

　비체계적 관찰은 일반적으로 학생의 행동에 대한 열린 결말을 가정하고 있다. 관찰을 수행하는 특수교사의 경우 관찰결과를 사전에 결론을 내리거나 추정해서는 안 되며 다양한 가능성이 존재할 수 있다는 점을 가정한 후에 관찰을 수행할 필요가 있다. 따라서 관찰자인 특수교사는 외현적으로 나타난 행동만을 객관적으로 관찰하여 기록하는 것이 중요하며, 행동에서 유추된 교사의 판단이나 해석을 포함한 기록은 최소화할 필요가 있다. 또한 부정적인 행동만을 관찰하기보다는 긍정적인 행동도 관찰하여 학생의 현재 수준에서 지니고 있는 장점을 파악하기 위한 목적으로 관찰을 수행할 필요가 있을 것이다.

　비체계적 관찰을 수행할 때에는 주로 비언어적 행동(예: 얼굴 표정, 목소리 톤 등)에 초점을 맞출 필요가 있다. 비언어적인 행동은 피험자가 의식적으로 통제하지 않은 행동일 수 있기 때문에 관찰자는 비교적 덜 왜곡된 메시지를 파악할 수 있다. 또한 비언어적인 행동의 메시지와 언어의 메시지가 상충되는 상황일 때 관찰자는 비언어적인 행동에서 더욱 신뢰할 수 있는 정보를 얻을 수도 있다. 예를 들어, 특수교사는 2학년 수학교과서에 제시된 문항을 풀고 있는 민수가 당황해하면서 머리를 긁적이고 있는 상황을 관찰하게 되었다. 해당 교사가 "혹시 수학문제 푸는 데 어려움은 없니?"라고 민수에게 물어본다면, 민수는 "아니요, 저 혼자서 풀 수 있어요. 쉬운 걸요."라고 응답할 수 있다. 이처럼 행동과 언어의 메시지가 상충될 때 언어보다는 외현적으로 표현되는 비언어적 행동의 메시지가 덜 왜곡된 정보를 제공할 수 있다. 따라서 비형식적 관찰을 하고자 할 때 교사는 학생의 얼굴 표정, 몸짓, 시선 등을 주의 깊게 관찰할 필요가 있다. 그 이외에 관찰 시 고려할 사항을 정리하면 〈표 2-2〉와 같다.

◀☑〈표 2-2〉관찰 시 고려할 요인들

- 학생의 나이, 성별, 장애 유형
- 관찰을 진행하는 상황
- 관찰을 진행하는 시기(날, 월, 계절)
- 관찰의 대상, 기간, 장소
- 관찰의 길이
- 장애의 범위(장애의 영역)
- 장애의 심각성(장애의 정도)
- 기간(문제행동이 일어나는 시간)
- 빈도(문제행동이 발생하는 빈도)
- 행동의 결과(문제가 다른 사람에게 미치는 영향)
- 돌출행동의 발생
- 사전에 계획되지 않은 학교 일정

출처: Spinelli (2012).

비체계적 관찰은 특정한 틀에 얽매이지 않으면서 자유롭게 학생의 행동을 관찰할 수 있는 장점이 있지만, 관찰자의 주관적 평가기준과 성향으로 인하여 관찰결과를 심각하게 왜곡시킬 수 있다. 〈표 2-3〉에서는 관찰자가 관찰의 결과를 해석하는 데 있어서 범할 수 있는 대표적 오류의 예시를 제공하고 있다.

◀☑〈표 2-3〉비체계적 관찰의 오류 발생 원인

원인	설명
관대함 혹은 너그러움	관찰 대상인 학생 개인에게 엄격하지 못하고 지나친 인정을 베푸는 성향
초두 효과	학생의 첫인상이 이후의 관찰결과에 영향을 미침
최신 효과	가장 최근에 수행된 관찰결과가 이후의 관찰결과에 영향을 미침
후광 효과	비언어적 행위가 다른 영역에도 영향을 미칠 수 있음(수학교과에서 낮은 자신감을 보이는 학생을 국어교과에서도 낮은 자신감을 갖고 있는 것으로 잘못 평가함)
편파적 표집	신뢰성을 가질 만큼의 충분한 관찰을 수행하지 않음
관찰자 편향	관찰하는 교사의 선입관이 관찰결과에 영향을 미침

호손 효과	교사가 관찰을 실행하면 불안해하거나 긴장하는 학생들이 있음(교사의 관찰 유무에 따라 행동의 차이가 나타남)
학생반응의 왜곡	학생들이 거짓으로 반응할 수 있는 문제

출처: McMillan (2013).

(2) 체계적 관찰

체계적 관찰은 구조화되고 체계적인 절차로 관찰하는 방법으로 정의할 수 있다. 비형식적인 관찰과 달리 행동을 관찰하는 구조화된 틀을 이용하여 행동에 관한 정보를 수집할 수 있는 장점이 있다. 특히 신뢰도와 타당도의 증거를 확보할 수 있는 장점을 기대할 수 있다. 이처럼 관찰의 결과가 신뢰할 수 있고 타당하기 위해서는 우선 다음과 같은 네 가지 유형의 요인에 초점을 맞추어 행동을 관찰하고 체계적으로 정보를 수집해야 한다(Salvia et al., 2007).

- 지속시간: 행동이 발생하여 끝나는 시간의 기간을 유의 깊게 관찰할 필요가 있다. 지속시간을 측정하는 방법에는 평균 지속시간을 산출하는 방법과 총합 지속시간을 산출하는 방법이 있다. 평균 지속시간은 발생한 행동의 지속시간을 평균으로 산출하는 방법을 의미한다. 예를 들어, 1시간 동안 총 5번의 소리지르기 행동을 나타냈고, 5번의 지속시간은 각각 2분, 3분, 3분, 3분, 4분이었다면, 이때의 평균 지속시간은 3분이 된다[(2+3+3+3+4)/5=3분]. 같은 예에서 총합 지속시간은 모든 지속시간을 더하여 산출하며, 동일한 산출공식으로 앞의 예시에서 통합 지속시간을 산출하면 총 15분이 된다(2+3+3+3+4=15분). 총합 지속시간의 결과는 행동의 발생비율로 변형될 수 있는데, 산출 공식은 관찰한 총 시간의 합에서 문제행동이 발생한 시간의 비율을 산출하는 것으로, 이 앞의 예에서는 0.24의 비율값으로 산출할 수 있다(15/60=0.24).
- 대기시간: 대기시간이란 지시를 내리고 행동이 시작되는 사이의 시간을 의미한다. 예를 들어, 수업시간에 잡담을 하고 있는 학생에게 교사가 수업에 집중

해야 한다고 지시했다면, 이때의 대기시간은 교사가 지시를 내렸을 때부터 시작하여 실제 학생이 행동을 수행한 시간의 간격으로 산출된다. 만약 지시를 내리고 3분 만에 행동으로 옮겼다면 이때의 대기시간은 3분이 될 수 있다.

- 빈도: 일반적으로 문제행동을 관찰하고자 할 때 중요한 관심사 중 한 가지는 행동이 발생한 횟수, 즉 빈도이다. 얼마나 자주 문제행동이 발생하는지를 알기 위해서는 빈도를 산출할 필요가 있다. 하지만 너무 자주 발생하는 행동(예: 머리 흔들기, 손 떨기)이나 오랜 시간 동안 지속되는 행동(예: 미술시간에 그리기 활동에 참여하는 시간)을 측정하고자 할 때는 빈도를 측정하는 방법이 적합하지 않을 수 있다.

- 심도: 심도(amplitude)란 문제행동의 경중 정도를 평가할 수 있는 척도를 의미한다. 소리나 물건의 밀도와 같은 경우에는 관련된 측정도구를 사용하여 정확하게 측정이 가능하지만, 그에 비해 인간의 행동과 관련된 심도는 정확히 측정하기가 매우 어렵다. 대신 심도를 나타내는 척도를 개발하여 사용한다면 어느 정도 객관적인 측정이 가능할 수 있다. 예를 들어, 물어뜯는 행동의 범위를 아주 세게 물어뜯기, 세게 물어뜯기, 살짝 물어뜯기와 같이 나누어, 경중의 정도를 나타내는 척도를 사용한다면 좀 더 객관적으로 행동의 경중 정도를 심도로 측정할 수 있다.

앞에서 언급한 네 가지 요인의 고려와 함께 다음과 같은 다섯 가지 단계를 고려하여 체계적인 관찰을 수행할 수 있다(Salvia et al., 2007).

- 목표가 되는 행동을 정의하기: 관찰이 가능하면서 측정이 가능하도록(예: 지속시간이나 빈도) 목표행동을 명확히 정의할 필요가 있다. 측정이 가능하지 않으면 외현적으로 관찰이 불가능할 수 있기 때문에 관찰을 시작하기에 앞서 측정 가능한 목표행동을 명확히 정의할 필요가 있다.

- 배경조건 결정하기: 목표로 설정된 행동을 관찰하고자 할 때 다음과 같은 세 가지 유형의 배경조건을 고려해야 한다. 첫 번째 배경조건은 목표행동이 일

어나는 조건의 배경조건(예: 수업시간에 집중을 못하는 행동)이고, 두 번째는 유사한 배경조건(예: 쉬는 시간에 집중을 못하는 행동)이며, 마지막으로 관련성이 낮은 배경조건(예: 집에서 집중을 못하는 행동)이다.

• 관찰 계획 설정하기: 관찰 계획을 수립하고자 할 때에는 다음의 두 가지 사항을 결정할 필요가 있다. 먼저 어느 정도의 시간 동안 관찰을 수행할 것인가를 결정해야 한다. 학교 상황과 학생의 특성을 고려하여 적절한 관찰시간을 결정할 필요가 있다. 두 번째 결정사항은 관찰방법과 관련되어 있다. 관찰방법은 연속적 방법과 비연속적 방법으로 구분할 수 있으며, 교사는 두 가지 유형의 관찰방법 중 한 가지를 선택할 필요가 있다. 발생하는 행동의 빈도에 따라 관찰방법은 결정할 수 있는데, 만약 빈도가 낮은 행동이라면 연속적 관찰이 유용할 수 있으며, 빈도가 높은 행동이라면 비연속적 관찰방법이 활용될 수 있다.

• 행동 기록절차 개발하기: 행동을 기록하는 방법은 관찰 수행 이전에 개발되어야 한다. 일반적으로 [그림 2-1]과 같은 관찰 기록지를 개발하여 학생의 행동을 간략히 기록할 수 있다.

• 관찰방법 결정하기: 관찰방법에는 관찰자가 직접적으로 수행하는 관찰과 전자기기를 이용한 관찰로 분류할 수 있다. 만약 가능하다면 전자기기(예: 캠코더 혹은 스마트폰으로 동영상 촬영)를 사용하는 것을 권장하며, 그러한 여건이 되지 않는다면 직접 관찰자가 행동을 관찰할 수 있다. 관찰자가 직접 관찰을 수행할 경우에는 반드시 관찰방법과 관련된 충분한 교육을 이수할 필요가 있다.

관찰 기록지

관찰자: 김우주 선생님
날   짜: 2018년 6월 26일
학교명:
학   년:
반:
관찰을 수행한 시간: 10시 30분부터 11시 20분까지
관찰 간격: 3분
교육활동: 국어 수업시간
관찰 기록 방법: 1. 착석을 하지 않고 자리에 일어남
　　　　　　　　2. 착석을 했지만 수업에 집중하지 않음
　　　　　　　　3. 착석을 하고 수업에 집중함
관찰 대상학생 명단: 학생 1(김원호), 학생 2(최부민), 학생 3(김동우)

	학생 1	학생 2	학생 3
1			
2			
3			
4			
5			

[그림 2-1] 관찰 기록지의 예시

　　체계적인 관찰의 대표적인 사례는 체크리스트를 사용하여 행동을 평가하는 방법이다. 체크리스트는 비교적 간단하면서 쉽게 평가할 수 있는 특성을 지니고 있는 평정척도로서, 관찰한 행동의 빈도를 '예' 혹은 '아니요'의 응답과 정도를 나타내는 척도(예: 전혀 그렇지 않다, 대체로 그렇지 않다, 보통이다, 대체로 그렇다, 매우 그렇다)를 사용하여 기록한다. 다음은 읽기 영역과 행동 영역에서 사용될 수 있는 체

크리스트의 예시이며, 이러한 방법을 사용하여 체계적인 관찰을 학교현장에서 수행할 수 있다.

〈표 2-4〉 읽기능력 평가 체크리스트

문항	전혀 그렇지 않다	대체로 그렇지 않다	보통 이다	대체로 그렇다	매우 그렇다
	1	2	3	4	5
음운 인식					
1. 낱말, 구절, 혹은 문장을 즉시 따라 말하는 데 어려움이 있다.					
2. 같은 소리로 시작하거나 끝나는 말을 찾아 말하는 데 어려움이 있다. (예: '가'로 시작하는 말은? 가방, 가위, 가구, 가수 등. '리'로 끝나는 말은? 개나리, 미나리 등)					
3. 비슷한 말소리를 구별하는 데 어려움이 있다. (예: [ㅂ]과 [ㅍ], [ㄱ]와 [ㄲ] 등의 소리가 다르다는 것을 알지 못함)					
4. 낱자와 소리와의 관계를 모른다. (예: 'ㄱ'의 소리가 [ㄱ]임을 'ㅂ'의 소리가 [ㅂ]임을 모름)					
해독 및 단어 재인					
5. 글자와 소리가 다른(음운 변동이 일어나는) 단어를 읽는 데 어려움이 있다. (예: '높은'을 [노픈]으로 발음하지 못하거나 [높][은]으로 발음함. 혹은 '숟가락'을 [숟까락]으로 발음하지 못하거나 [숟][가][락]으로 발음함)					
6. 자주 접하지 않은 단어나 새로운 단어를 읽는 데 어려움이 있다. (예: '통행' '금융' 등을 읽지 못함)					
7. 비단어(의미가 없는 단어)를 읽는 데 어려움이 있다. (예: '퉁곽' '뚬뚬한' 등을 읽지 못함)					
8. 다음절(4음절 이상)로 이루어진 복잡한 단어를 읽는 데 어려움이 있다. (예: '동방예의지국' '물푸레나무' 등을 제대로 발음하지 못함)					

출처: 강옥려, 여승수, 우정한, 양민화(2017).

〈표 2-5〉 교사용 유아 정서행동 진단도구

번호	내용	전혀 그렇지 않다	그렇지 않다	보통 이다	약간 그렇다	매우 그렇다
1	과제의 정확성을 상관하지 않고 서둘러 대충 해 버린다.	①	②	③	④	⑤
2	교실 안에서 생활 중에 다른 활동들, 다른 유아들, 새로운 교구나 환경 등의 자극에 의해 쉽게 주의가 산만해진다.	①	②	③	④	⑤
3	다른 유아가 말하고 있을 때 집중하지 못하고 잘 듣지 않는다.	①	②	③	④	⑤
4	다른 사람이 말하는 것을 일부밖에 못 듣고 상대방과 시선을 서로 마주칠 수 있어야만 잘 들을 수 있다.	①	②	③	④	⑤
5	바로 앞에서 하는 중요한 소리(교사의 지시나, 방송)에 거의 집중하지 못한다.	①	②	③	④	⑤
6	주의 깊게 들어야 할 수 있는 활동이나 지시사항을 잘 듣지 못하고 듣더라도 잘 따르지 못한다.	①	②	③	④	⑤
7	소리 나는 곳 가까이에 있어야 집중을 더 잘 한다. (예: 교사와 가까운 자리)	①	②	③	④	⑤
8	단기 기억의 요령이 없어 순서를 건너뛰거나, 단계를 따라 하는 과제를 수행하지 못한다. (예: 책을 건너뛰고 읽기, 물건의 위치를 잃어버리거나 물건 자체를 잘 잃어버린다.)	①	②	③	④	⑤
9	하루일과 속에서 반복적으로 일과표의 순서를 기억하지 못한다. (예: 순서 없이 뒤죽박죽으로 일하거나 정해진 순서나 시간을 따르지 못하고 먼저 해 버린다.)	①	②	③	④	⑤
10	이야기 나누기 시간에 교사의 말에 시간 집중이 어렵고, 주제에 대한 흥미나 관심을 보이지 않는다.	①	②	③	④	⑤
11	발달에 맞는 과제를 스스로 하지 못하고 도움을 받아야 할 수 있다.	①	②	③	④	⑤
12	정해진 약속이나 규칙을 잘 따르지 못한다.	①	②	③	④	⑤
13	교사나 성인의 지시를 따르지 못한다.	①	②	③	④	⑤
14	활동이나 게임을 할 때 자신의 순서가 돌아올 때까지 참지 못한다. (예: 자신의 순서가 아닌데 다른 유아의 차례에 마구 대답을 하거나 규칙을 따르지 않고 먼저 행동한다. 함께 활동하는 시간에 과제를 계속 하지 못하고 또래와 같은 책상에 있을 때 잘 지내지 못한다.)	①	②	③	④	⑤

출처: 배선희(2015).

주요 핵심용어

- 형식적 평가
- 표준화 검사
- 비형식적 평가
- 규준
- 규준 참조 검사

- 준거 참조 검사
- 비체계적 관찰
- 체계적 관찰
- 지속기간
- 대기시간

- 빈도
- 심도
- 관찰 기록지
- 체크리스트

제**3**장

특수교육의 평가 절차와 진전도 모니터링 방법

학습목표

◆ 특수교육의 평가 절차를 설명할 수 있다.
◆ 선별 단계의 평가방법을 설명할 수 있다.
◆ 진단 단계의 평가방법을 설명할 수 있다.
◆ 진단검사와 선별검사의 차이를 설명할 수 있다.
◆ 중재전략 계획 단계의 평가방법을 설명할 수 있다.
◆ 진전도 모니터링 평가방법을 설명할 수 있다.
◆ 프로그램 총괄평가 방법을 설명할 수 있다.
◆ 전반적인 성취 검사(GOM), 기술 중심 검사(SBM), 숙달도 검사(MM)의 개념과 차이점을 설명할
  수 있다.
◆ 진전도 모니터링 검사방법을 실행하는 절차를 설명할 수 있다.

이 장의 중요성

　특수교육을 일련의 평가활동으로 구성된 교육활동으로 정의할 수 있을 만큼 평가는 특수교육에서 매우 중요한 역할을 담당하고 있다. 예를 들어, 특수교육대상자를 선별 및 진단하고, 적합한 교육 프로그램을 계획하는 과정에서는 모두 평가활동을 통하여 관련된 정보를 수집하게 된다. 또한 학생들의 학습능력을 측정하고자 할 때에도 학업성취도와 같은 평가전략을 사용하게 된다. 이처럼 평가는 특수교육의 전 과정에서 핵심적인 역할을 담당하고 있으며, 매 단계별 목적에 적합한 평가활동을 수행할 필요가 있기 때문에 특수교육에 종사하는 특수교사 및 관련 전문가들은 평가와 관련된 전문 역량을 반드시 함양할 필요가 있다. 이 장에서는 특수교육의 주요 단계별 평가전략을 설명하고 있으며, 특별히 진전도 모니터링 평가전략에 대해서 자세히 설명하고 있다.

1. 특수교육의 평가 절차

특수교육에서 수행되는 중요한 평가활동은 [그림 3-1]의 흐름도에서 확인할 수

있듯이 대략적으로 선별, 특수교육 진단, 중재전략 계획, 진전도 모니터링, 프로그램 총괄평가와 같은 5단계의 순서로 수행될 수 있다. 각각의 단계는 서로 다른 목적과 특성을 갖고 있기 때문에 단계별로 특성을 이해할 필요가 있다.

[그림 3-1] 특수교육 평가의 절차 흐름도

2. 단계별 평가전략

1) 선별

(1) 선별의 의미

중요 질문 진단평가 단계로 의뢰할 학생은 누구인가? 장애를 가질 수 있는 위험군의 학생은 누구인가?

선별(screening)이란 단어는 일상생활에서 자주 사용되는 용어로, '가려서 따로 나눔'이라는 사전적 의미를 갖고 있다. 물건이나 과일 등을 분류할 때 우리는 선별이라는 용어를 일상적으로 사용한다. 하지만 특수교육에서는 좀 더 구체적인 의미로 선별이라는 용어를 사용하고 있다. 특수교육에서 '선별'은 특수교육대상자로 의뢰될 수 있는 잠재적인 장애 위험군 학생들을 선정하는 절차로 설명할 수 있다. 즉, 장애 진단평가가 필요한 학생인지 여부를 결정하기 위하여 필요한 관련 자료를 수집하고 분석하는 절차를 선별로 정의할 수 있다. 선별 단계에서 선정된 위험군의 학생들은 진단 단계로 의뢰되어 좀 더 정밀한 검사를 받게 되며, 이러한 종합적인 평가의 결과를 바탕으로 최종적으로 특수교육대상자의 적격성 여부를 결정하게 된다. 이처럼 선별은 특수교육의 첫 관문에 해당하기 때문에 향후 특수교육대상자로 진단될 수 있는 학생들을 놓치지 않고 최대한 정확히 선별할 필요가 있다.

선별 단계의 평가가 특별히 중요한 이유는 조기 중재(early intervention)의 중요성으로 설명될 수 있다. 모든 장애 영역을 불문하고 성공적인 특수교육의 전략 중 한 가지는 조기 중재를 제공하는 것이다. 심각한 장애의 문제가 외현적으로 발현되기 이전에 필요한 교육적 지원(예: 조기 중재전략)을 제공한다면 장애를 예방하거나 장애의 문제를 상당 부분 감소시킬 수 있을 것이다. 이러한 조기 중재를 수행하기 위해서는 우선적으로 선별 단계에서 적합한 평가활동이 수반되어야 한다. 즉, 조기 중재를 통한 성공적인 특수교육의 결실을 기대하기 위해서는 먼저 선별 단계에서 적합한 평가활동을 수행해야 한다.

(2) 선별을 위한 평가방법

선별 단계에서 필요한 정보는 단일 정보만으로 충분치 않으며, 학생과 관련된 다양한 정보를 수집할 필요가 있다. 선별 단계에서는 비형식적 평가(informal assessment)방법과 형식적 평가(formal assessment)방법을 모두 사용할 수 있지만, 주로 비형식적 평가방법(제2장 참조)에 의존하여 선별과 관련된 정보를 수집하게 된다. 선별 단계에서 다음과 같은 세 가지 활동을 수행한다면 비형식적 평가와 관련된 다양한 학생의 정보를 수집할 수 있다(Hosp, Hosp, Howell, & Allison, 2014).

- 학생의 결과물과 그동안의 기록을 검토하기(reviewing)
- 학생, 교사, 동료, 부모 혹은 기타 다른 관련자를 인터뷰하기(interviewing)
- 중재전략을 제공하는 동안 학생을 관찰하기(observing)

또한 〈표 3-1〉과 같은 정보 점검표를 사용한다면 선별 단계와 관련된 추가 정보를 수집하는 데 실질적인 도움을 얻을 수 있다.

〈표 3-1〉 선별 단계에서 수집 가능한 정보 확인 점검표

정보의 출처	검토되지 않은 이유
□ 생활기록부(cumulative folder)	
□ 보편적 선별자료(universal screening)	
□ 진전도 모니터링 자료	
□ 학기말/과목검사점수(예: 국가수준 학업 성취도 검사)	
□ 건강, 시력, 청각에 관한 결과	
□ 성적표	
□ 학습결과물(work sample)	
□ 현재 혹은 이전 담임과의 인터뷰 결과	
□ 부모와 학생에 관한 인터뷰 결과	
□ 교실관찰	
□ 중재전략의 계획과 결과 보고서	
□ 외부 보고서(의사, 심리학자, 물리치료사 등)	

출처: Hosp et al. (2014).

선별 단계에서는 이러한 비형식적 평가방법과 함께 형식적 평가방법도 병행하여 사용할 수 있다. 선별을 위한 목적으로 사용되는 형식적 평가들(예: 표준화 검사)은 특별히 선별의 목적에 부합하는 특성을 지녀야 하는데, 구체적인 선별검사의 특성을 요약해 보면 다음과 같다.

- 짧은 검사시간
- 간편한 검사 실시
- 집단검사 유형
- 적은 비용
- 측정학적 적합성(안정적인 신뢰도와 타당도)

 일반적으로 선별검사는 전체 학생 혹은 전교생을 대상으로 실시하기 때문에 학생 1명당 소요되는 검사시간이 짧아야 한다. 또한 검사자와 학생이 일대일로 검사에 참여하는 개별검사의 유형보다는 집단검사의 유형이 선별검사의 목적에 적합하다. 마찬가지로 검사 실시방법이 간편해야만 다수의 학생을 대상으로 검사를 용이하게 실시할 수 있다. 또한 학생 1명당 소요되는 검사 비용이 높아서는 안 될 것이다. 선별을 위한 목적으로 검사를 사용한다 하더라도 여전히 검사의 신뢰도와 타당도가 우수해야 한다는 전제조건을 충족시켜야 한다. 이러한 선별의 목적으로 사용될 수 있는 교과영역의 대표적인 표준화 검사로는 교육과정중심측정(CBM)이 있으며, 이 검사에 대해서는 이 장의 후반부에 좀 더 자세히 설명하고 있다. 이 외에도 국내의 경우, 신생아 청각 선별검사(Neonatal Hearing Screening Program), 한국판 영유아 자폐 선별검사(Korean Modified-Checklist of Autism in Toddlers), 한국어판 영유아 언어 및 의사소통 선별검사(Korean Snapshot: K-SNAP), 한국 영유아 발달선별검사(Korean-Developmental Screening Test: K-DST) 등은 선별을 위한 목적으로 사용할 수 있다.

 선별을 위한 목적으로 사용되는 형식적 평가방법은 측정하고자 하는 영역의 범위에서도 구별된 특성을 지니고 있다. 일반적으로 선별 표준화 검사들은 일부 영역만을 세밀하게 측정하기보다는 전반적인 영역을 폭넓게 측정할 수 있는 특성을 갖고 있다. 예를 들어, 정서행동장애 영역의 선별검사라면 일부 영역만을 세밀하게 평가하기보다는 전반적인 정서행동 영역을 폭넓게 평가할 수 있어야 한다. 마찬가지로 읽기 영역의 표준화 선별검사를 사용한다면 해당 검사는 세부적인 읽기 하위영역을 면밀히 측정할 수 있는 검사보다는 읽기의 모든 영역(예: 읽기 이해, 읽기 유창성, 단어 재인 등)을 전반적으로 평가할 수 있는 특성을 지니고 있어야 한다. 선별검사가 이와 같은 특성을 지니고 있어야 하는 이유는 선별의 목적과 관련되어 있다. 선별 단계에서는 특수교육대상자로 의뢰할 학생들을 선정하는 것이 주된 목적이기 때문에 전반적인 영역에서의 결손 여부만을 확인하는 것만으로 충분하며, 세부적인 하위영역에서의 결손 여부는 진단 단계에서 세밀하게 평가하게 된다.

> **추가 읽기 자료** 보편적 선별검사란?
>
> 보편적 선별(universal screeening)이란 개념은 아직까지 국내에서 활발한 논의나 관련 연구가 진행되지 않고 있기 때문에 한국의 연구자나 교육자들은 생소한 개념으로 인식할 수 있다. 하지만 외국의 경우, 특히 미국에서는 이미 익숙한 개념으로 교육현장에서 활발히 활용하고 있다. 미국의 NRC(National Research Council)에서 발표된 보고서에 따르면 학업 및 행동에 위험성을 가진 아이들을 조기에 선별하기 위해서 각급 학교는 보편적 선별방법을 사용하도록 권고하고 있다(Cross & Donovan, 2002). 이처럼 국가 차원에서 보편적 선별검사를 장려하고 학교현장에서 적용토록 권고하는 이유는 장애 위험군 학생을 보편적 검사를 사용하여 조기에 선발하기 위함이다.
>
> 보편적 선별검사의 용어에서 특별히 '보편적(universal)'이라는 형용사를 포함한 이유는 장애가 의심되는 학생뿐만 아니라 비장애학생도 검사의 대상으로 포함하고 있는 검사방법이기 때문이다. 즉, 선별의 대상은 장애 유무와 상관없이 학교에 재학 중인 모든 학급의 학생 혹은 전 학년의 학생들이 될 수 있다. 예를 들어, 학급을 대상으로 검사를 실시한다면 모든 학생이 보편적 선별검사에 참여하게 되며, 학교를 대상으로 실시될 경우 전교생의 학생들이 모두 보편적 선별검사에 참여하게 된다. 이와 같이 학생의 장애 유무와 상관없이 선별의 절차에 모든 학생을 포함할 수 있기 때문에 현재 장애가 심하게 발현되지 않더라도 향후 장애를 가질 수 있는 학생들을 조기에 선별할 수 있는 장점을 갖고 있다.

출처: 여승수(2018).

2) 특수교육 진단

(1) 특수교육 진단의 의미

중요 질문 특수교육대상자로 결정할 수 있는가? 특수교육대상자로 선정된 학생은 어떠한 장애를 갖고 있는가?

진단이란 어떠한 현상이나 문제를 자세히 판단하는 행위로 정의할 수 있다. 특히 의학 분야에서 질병을 검증하는 의미로 진단의 용어를 사용하고 있는데, 특수교육 평가에서도 그와 비슷한 의미로 진단의 용어를 사용하고 있다. 특수교육 평가에서 진단을 수행하는 중요한 목적 중 한 가지는 선별 단계에서 의뢰된 학생의 특수교육대상자 적격성 여부를 최종적으로 결정하는 것이다. 즉, 「장애인 등에 대한 특수교육법」에서 제안하고 있는 장애의 준거에 부합한 특성을 갖고 있는지 여부를 진단평가 단계에서 결정하게 된다. 또한 진단 단계에서는 장애 유무와 함께 장애의 종류도 결정해야 한다. 특수교육대상자로 선정하였다면 구체적으로 어떠한 장애를 갖고 있는지를 함께 결정할 필요가 있다.

(2) 특수교육 진단을 위한 평가방법

진단 단계에서도 형식적 평가방법과 비형식적 평가방법을 포함한 다양한 방법들로 관련된 정보를 수집할 수 있지만 일반적으로 형식적 평가방법을 더욱 중요한 평가방법으로 활용해야 한다. 선별 단계의 평가와 달리 형식적 평가방법을 진단의 단계에서 중요하게 여기는 이유는 진단 단계에서 수행하는 의사결정의 수준과도 관련되어 있다. 앞서 설명한 것처럼 진단 단계에서는 특수교육대상자의 유무와 장애의 종류와 같은 중요한 의사결정이 이뤄지기 때문에 높은 수준의 신뢰도와 타당도를 갖춘 자료를 수집할 필요가 있다. 일반적으로 형식적 평가에 해당하는 규준 참조 검사의 경우 안정적인 신뢰도와 타당도를 갖고 있는 장점이 있기 때문에 진단 단계에서는 형식적 평가방법으로 산출한 충분한 정보를 수집할 필요가 있다.

진단 단계에서 사용하는 평가방법은 선별 단계에서 사용되는 평가방법과 달리 매우 세밀한 하위영역을 측정할 수 있어야 한다. 선별 단계에서는 검사결과를 통해서 "읽기 영역에 문제가 있는 것으로 추정된다."라는 정도의 정보를 얻는 것만으로도 충분하지만 진단 단계에서 수행되는 검사의 결과는 "읽기 영역 중에서 특별히 어휘와 짧은 글 이해에서 상대적으로 낮은 점수를 나타냈다."처럼 좀 더 구체적인 정보를 제공해야 한다. 즉, 특수교육대상자로 선정된 학생의 영역별 강점과 약점을 확인할 수 있어야 하며, 이러한 정보는 해당 학생의 중재전략을 수립하기 위한 목적으로도 활용될 수 있다.

〈표 3-2〉 선별검사와 진단검사의 비교

구분	선별검사	진단검사
검사 목적	특수교육대상자로 의뢰될 수 있는 위험군 학생을 선별	특수교육대상자 적격성 여부를 결정, 구체적인 장애 유형을 확인
검사 대상	전체 집단 혹은 장애 위험군으로 선별될 수 있는 집단	선별 단계에서 의뢰된 개별 학생
검사 제작	상업용 표준화 검사도구와 교사에 의해서 제작된 검사 사용 가능	신뢰도와 타당도가 확보되지 않은 교사 제작 검사도구는 적합하지 않으며, 상업용 표준화 검사를 주로 사용함
검사 실시 시간	1~3분의 짧은 시간	30분 이상의 긴 검사시간
검사 비용	적은 검사 비용 소요	고가의 검사 비용 소요
검사 실시방법	간편한 검사방법으로 검사를 수행	검사 실시방법이 복잡하기 때문에 검사 매뉴얼을 충분히 숙지한 후 검사 실시
검사의 신뢰도와 타당도	신뢰도와 타당도가 우수함	신뢰도와 타당도가 우수함

진단 단계의 평가활동은 특별히 다학문적 전문가 집단(multidisciplinary team)과 같은 진단평가위원회를 구성하여 운영되어야 한다. 위원회의 위원들은 다양한 분야의 전문가들로 구성될 수 있으며, 위원들은 서로 협력하여 평가와 관련된 정보를 수집하고 분석해야 한다. 위원회에서는 논의를 통하여 평가 단계에서 필요한 적합한 평가방법을 결정하고 추가 검사의 필요성 여부도 결정할 수 있다.

3) 중재전략 계획

(1) 중재전략 계획의 의미

중요 질문 학생에게 필요한 중재전략은 무엇인가?

중재전략을 계획하는 단계는 학생의 개별화교육계획(IEP)을 개발하는 과정에서 포함되어야 하는 필수적인 구성요인에 해당한다. 개별화교육계획에서는 먼저 학생들의 현재 학업 및 행동 영역의 현재 수준을 파악하고, 장단기 목적을 설정한 후에 설정된 목적에 도달할 수 있는 중재전략을 계획한다. 이러한 중요한 사항들은 교사 개인의 판단만으로 결정해서는 안 되며, 반드시 보호자, 특수교사, 일반교사, 진로 및 직업교육 담당자, 이 외의 다른 분야의 전문가들이 참여하는 개별화교육 지원팀을 구성하여 결정해야 한다.

진단 단계를 통하여 특수교육대상자를 선정한 이후에 제기되어야 할 중요한 질문은 "학생에게 필요한 중재전략은 무엇인가?"이다. 특수교육대상자로 선정되었기 때문에 학교와 교사는 해당 특수교육대상자 학생에게 필요한 특수교육적 지원을 제공할 의무를 갖게 된다. 특수교육대상자에게 필요한 중재전략을 수립하기 위해서는 관련 정보를 충분히 수집해야 하며, 필요한 경우에는 추가 검사를 실시하여 관련 정보를 확인해야 한다.

중재전략을 계획하기 위하여 수행하는 평가는 다음과 같은 두 가지 주된 목적을 갖고 있다. 첫 번째 목적은 학생의 현재 학습 수행수준을 정확히 측정하는 것이며, 두 번째 목적은 학생의 현재 수준을 고려하여 제공할 중재전략의 종류와 수준을 결정하는 것이다. 즉, 교사는 중재전략을 계획하기에 앞서 우선 해당 영역의 현재 학습 수행수준을 파악해야 하며, 이러한 평가결과를 바탕으로 적합한 중재전략의 종류와 수준을 선택해야 한다. 예를 들어, 수학 학습장애로 선정된 초등학교 3학년 선우에게 필요한 중재전략을 결정하기 위해서는 먼저 수학교과의 현재 수준을 면밀히 평가할 필요가 있다. 검사결과, 현재 초등학교 1학년 수준의 수학능력을 갖고 있는 것으로 판명되었다면, 선우에게 제공할 중재전략은 초등학교 1학년 수학교육과정의 내용을 포함하고 있어야 한다. 마찬가지로 정서행동장애로 선정된 민지에게 적합한 중재전략을 설계하기 위해서는 먼저 현재 발현되고 있는 정서행동의 문제를 명확히 정의할 필요가 있다. 만약 민지가 교사와의 대인 관계에서 주된 어려움을 나타내고 있다면, 교사는 교사와 학생 간의 관계를 증진시킬 중재전략을 선택해야 한다.

(2) 중재전략 계획을 위한 평가방법

앞서 언급한 것처럼 중재전략의 계획은 일반적으로 개별화교육지원팀에서 담당하고 있기 때문에 평가와 관련된 모든 활동도 개별화교육지원팀의 논의를 통하여 결정되어야 한다. 중재전략을 계획하는 단계에서는 다양한 유형의 평가방법(형식적 평가와 비형식적 평가를 포함)을 사용하여 정보를 수집할 수 있다. 예를 들어, 형식적 평가방법에 해당하는 규준 참조 검사를 사용하거나, 비형식적 평가방법에 해당하는 교사의 관찰이나 체크리스트 등의 방법을 사용할 수 있다. 즉, 학생의 장애 특성과 개인적인 요구에 따라서 다양한 유형의 평가방법을 사용할 수 있으며, 이러한 평가방법을 이용하여 학생의 현재 수준과 필요한 교육적 지원이 무엇인지를 결정할 수 있다.

4) 진전도 모니터링

중요 질문 학생에게 제공한 중재전략은 효과적인가? 혹은 학생의 진전도는 향상되고 있는가?

이전의 중재전략 계획 단계를 통하여 선정한 중재전략들은 실제로 해당 특수교육대상자에게 효과적인 유용한 교육적 지원으로 판명될 수도 있지만, 일부 학생의 경우 개별화교육계획에서 확정된 중재전략을 제공받더라도 여전히 장애의 문제가 개선되지 않을 수 있다. 예를 들어, 읽기장애를 갖고 있는 병호라는 학생에게 시지각능력을 향상시키는 새로운 중재전략을 오랜 기간 제공하더라도 읽기능력은 향상되지 않을 수 있다. 오히려 병호에게는 다른 중재전략 접근방법(예: 음운인식 혹은 어휘력 향상 전략)이 더욱 효과적일 수 있다. 이처럼 중재전략의 계획 단계를 거치면서 신중하게 선택한 중재전략이라 하더라도 중재전략의 효과성에 대해 매번 100% 확신을 갖기는 현실적으로 어렵다. 실제로 연구결과에 기반을 둔 중재전략을 제공하더라도 모든 특수교육대상자에게 동일한 교육적 효과를 기대하기는 어려울 것이다. 그렇기 때문에 중재전략의 효과성 정도는 매번 학생의 반응을 관찰하여 평가할 수밖에 없다. 진전도 모니터링은 '학생에게 제공되는 중재전략이 효과적인가?'라는 질문에 답변을 하기 위한 목적으로 사용될 수 있는 대표적인 평가전략에 해당한다.

  진전도 모니터링이란 진전도의 변화 정도를 지속적으로 관찰하고 측정하는 평가방법을 말한다. 여기서 '진전도'란 시간에 따른 변화를 의미하며 기울기(slope) 혹은 변화율(행동의 변화 정도/시간의 증가분)로 정의된다. '모니터링'이란 지속적인 관찰을 의미한다. 따라서 행동의 변화를 지속적으로 관찰하는 측정방법을 진전도 모니터링 평가방법이라고 설명할 수 있다. 특수교육에서 진전도 모니터링 방법을 사용하는 중요한 이유는 앞서 설명한 것처럼 중재전략의 효과성 정도를 지속적으로 점검하기 위함이다. 만약 학생에게 제공된 중재전략이 실제로 효과적이라면 진전도는 시간이 지남에 따라 지속적인 우상향의 상승추세를 나타낼 것이다. 만약 문제행동의 감소가 중요한 교육의 목표이고 중재전략이 효과적이었다면, 지속적으로 감소하는 진전도를 확인할 수 있다. 이처럼 진전도 모니터링에서는 진전도의 값이 중요한데, 진전도는 두 가지 의미로 해석될 수 있다. 먼저 첫 번째 의미의 진전도는 학생의 변화를 나타내는 척도로 해석될 수 있다. 두 번째 의미는 교사가 제공한 교육의 효과성을 나타내는 척도로 진전도를 해석하는 것이다. 결국 진전도 모니터링을 수행하여 산출된 정보들은 학생의 성취결과이면서 동시에 교사가 사용한 중재전략의 효과성 정도를 나타내는 정보로 해석할 수 있다. 진전도 모니터링을 측정하는 검사방법은 특수교육에서 매우 중요하기 때문에 이후에 좀 더 자세히 설명할 것이다.

5) 프로그램 총괄평가

(1) 프로그램 총괄평가의 의미

중요 질문 개별화교육계획의 목적을 달성하였나? 제공된 중재전략은 결과적으로 효과적이었나?

  총괄평가란 실제 자료에 근거하여 평가 대상에 대한 가치(value)를 판단하는 과정으로 정의할 수 있다. 마찬가지로 특수교육에서의 프로그램 총괄평가란 학생들에게 제공된 교육서비스에 대한 가치를 평가하는 과정으로 설명할 수 있을 것이다. 프로그램 총괄평가에서는 특수교육대상자에게 제공한 모든 교육적 지원의 내용을 평가하게 된다. 개별화교육계획에 포함된 교육서비스를 제공한 후에 한 학기 혹은 한 학년 동안 진행된 모든 교육의 성과를 프로그램 총괄평가를 통하여 평가하게 된다. 이러한 평가의 결과는 학생 및 학부모에게 교육의 성과와 피드백을 제공하기 위한 목적으로 활용되며, 공교육으로 제공되는 특수교육의 책무성을 평가하기 위한 목적으로 활용될 수 있다.

프로그램 총괄평가를 수행하면 학생과 프로그램의 관점에서 중요한 의사결정을 내려야 한다. 먼저 학생의 성취를 평가한 후에 여전히 특수교육대상자로 진단해야 하는지에 대한 판단이 필요하다. 학생의 성취를 총괄적으로 평가한 후에 특수교육대상자의 적격성 조건에 부합하지 않는다면 학생은 일반교육의 서비스로 돌아갈 수 있을 것이다. 하지만 여전히 장애의 문제가 개선되지 않았다면 중재전략의 계획 단계(3단계)로 다시 돌아가서 필요한 교육적 지원을 다시 검토하고 계획해야 할 것이다.

학생의 평가와 함께 제공된 특수교육 프로그램에 대해서도 총괄적인 평가가 이뤄져야 한다. 만약 총괄평가의 활동으로 수집한 정보를 바탕으로 프로그램의 효과성이 검증되었다면 특별한 수정은 필요하지 않을 것이다. 하지만 전반적으로 프로그램의 효과가 우수하지 않은 것으로 평가된다면 프로그램에 대한 수정 및 보완 작업이 추가로 요구될 수 있다.

(2) 프로그램 총괄평가 방법

프로그램 총괄평가 방법은 학생과 프로그램으로 구분 지어 고찰해 볼 필요가 있다. 먼저 학생 관점에서 수행되는 총괄평가는 학생 개인의 입장에서 제공된 중재전략이 성공적이었는지를 평가하고자 하는 주된 목적을 갖고 있다. 개별화교육지원팀은 개별화교육계획서에 작성된 교육의 목적을 확인하고 한 학기 혹은 한 학년 동안 수집된 다양한 평가자료를 바탕으로 교육의 목적에 도달했는지 여부를 결정한다. 이 단계에서는 다양한 양적 자료와 질적 자료를 검토할 수 있는데, 예를 들어 교실에 산출된 다양한 성취결과물, 교사의 관찰결과, 형성평가 결과, 학업성취도 검사결과, 중간·기말고사 점수, 진전도 모니터링 검사결과 등을 평가의 정보로 활용할 수 있다. 좀 더 이상적인 총괄평가 방법은 분기별 혹은 학기별로 총괄평가를 자주 실시하여 학생들의 성취 정도를 지속적으로 모니터링하여 평가하는 것이다.

프로그램의 효과성을 평가하기 위한 자료도 다양한 방법으로 수집할 수 있다. 먼저 학부모에게 프로그램 만족도를 묻는 체크리스트를 제공하거나 직접 학부모를 인터뷰할 수도 있다. 또한 장애아동을 직접 인터뷰하여 프로그램 참여에 대한 소감과 관련된 정보를 얻을 수 있다. 프로그램에 참여한 교사들의 인터뷰 결과도 중요한 평가의 자료로 활용될 수 있다. 이러한 다양한 방법으로 수집된 정보는 프로그램을 수정하거나 보완하고자 할 때 활용될 수 있다.

3. 진전도 모니터링을 위한 평가방법

지난 수십 년 동안 특수교육 분야에서 수행된 평가활동은 주로 선별과 진단에 초점을 맞추고 있었다. 최근에서야 특수교육 서비스의 질에 대한 관심이 높아지면서 진전도 모니터링과 관련된 평가활동에 주목하고 있지만 아직도 소외된 평가 영역이며 많은 발전과 개선이 필요한 영역에 해당한다. 진전도 모니터링 검사방법은 사용하는 목적과 교과의 특성에 따라 전반적인 성취 검사(General Outcome Measure: GOM), 기술 중심 검사(Skill-Based Measure: SBM), 숙달도 검사(Mastery Measure: MM)로 구분할 수 있다(Hosp et al., 2016). 세 가지 검사방법에 대한 세부적인 설명과 비교는 다음과 같다.

1) 전반적인 성취 검사(GOM)

GOM은 교육과정중심측정(CBM)과 동의어로 사용되는 용어로, 명칭에서 유추할 수 있듯이 전반적인 성취 정도를 모니터링할 수 있는 검사방법이다. '전반적인 성취'란 한 교과영역을 대표할 수 있는 기술 혹은 능력으로 정의할 수 있다. 전반적인 성취의 개념은 교육현장뿐만 아니라 특수교육 관련 연구분야에서도 거의 언급되지 않은 생소한 개념이기 때문에 예를 들어 개념을 좀 더 설명하고자 한다. [그림 3-2]에서처럼 읽기 영역은 여러 하위영역(예: 음운 인식, 어휘 발달, 문자 해독, 독해력)으로 구성되며, 하위영역 중 유창성은 읽기 전체 영역을 대표하는 전반적인 성취에 해당한다. 기존의 연구결과에 따르면, 읽기의 하위영역에서 정상적인 발달이 이뤄져야만 읽기능력을 대표할 수 있는 유창성이 정상적으로 발달할 수 있다(Fuchs, Fuchs, Hosp, & Jenkins, 2001). 만약 하위영역 중 한 영역에서 심각한 결함이 존재한다면 유창성은 정상적으로 발달할 수 없으며, 결국 전반적인 읽기능력에서의 지체된 문제가 발생할 수 있다.

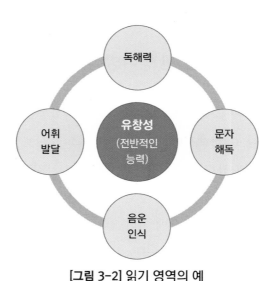

[그림 3-2] 읽기 영역의 예

읽기 영역에서처럼 GOM에서는 한 교과영역의 하위 세부영역에 초점을 맞추기보다는 전반적인 교과의 능력에 초점을 맞추고 있는 특성을 갖고 있기 때문에 다음과 같은 장점을 기대할 수 있다.

- 전반적인 읽기교과능력을 측정할 수 있다.
- 실시해야 할 소검사의 수가 적다.
- 장기적인 교육의 목표를 설정할 수 있다.

GOM의 첫 번째 장점은 전반적인 능력을 측정할 수 있는 특성에서 찾아볼 수 있다. 특수교육대상자를 가르치는 특수교사의 경우 세부 하위영역의 능력과 함께 교과영역에 대한 전반적인 능력을 평가해야 할 때(예: 선별 단계에서의 평가)가 있다. 이러한 평가의 목적을 갖고 있을 때 GOM을 최적의 검사방법으로 사용할 수 있다. 두 번째 장점은 실시해야 할 소검사의 수가 적다는 점이다. 즉, 교사에게 평가수행에 관한 업무를 최소화할 수 있는 장점을 기대할 수 있다. 앞서 언급한 읽기교과의 예처럼 단 한 번의 검사(유창성 영역만 측정)만으로 전체 읽기능력을 평가할 수 있는 효율성을 갖고 있다. 하지만 기존의 전통적인 학업성취 검사의 경우 세부 하위영역의 검사를 모두 수행한 후에 그 결과를 합산해야만 전반적인 능력을 평가할 수 있다. 마지막으로 GOM은 장기목표의 설정과 달성 여부를 평가하기 위한 목적으로 활용될 수 있다. 일반적으로 특수교육에서 사용되는 개별화교육계획은 1학기 혹은 1년 동안 달성해야 할 교육의 목적을 설정하게 된다. 이러한 경우 GOM을 사용한다면 장기목표의 달성 여부를 평가하기 위한 목적으로 활용할 수 있다. 이러한 장점을 갖고 있는 GOM은 다음과 같은 단점을 갖고 있기도 하다.

- 하위영역의 결함을 확인하지 못한다.
- 일부 교과영역에서만 전반적인 성취를 가정할 수 있다.

GOM은 전반적인 성취를 측정하는 장점을 갖고 있지만 이러한 특성을 단점으로도 해석할 수 있다. 민호라는 학생이 전반적으로 낮은 읽기능력을 갖고 있을 경우 교사는 읽기의 하위영역 중에서 어떠한 영역에서 심한 지체가 나타나고 있는지를 확인하고 싶을 수가 있다. GOM은 전반적인 성취만을 측정하기 때문에 낮은 성취가 확인되었을 경우 하위영역 중 어떠한 영역에서 문제가 있는지에 관한 정보를 제공하기가 어렵다.

또한 전반적인 성취를 나타낼 수 있는 대표적인 지표를 모든 교과에서 개발할 수 없는 제한점을 갖고 있다. 읽기교과의 경우 유창성을 전반적인 성취를 나타내는 대표 지표로 활용할 수 있지만 수학교과나 과학교과의 경우 해당 교과영역을 대표할 수 있는 특정 지표를 개발하는 것이 불가능할 수도 있다. 전반적인 성취로 가정할 수 있는 대표적인 지표를 개발하기 어려운 교과의 경우에는 다음에 설명할 기술 중심 검사를 사용하여 진전도 모니터링을 수행할 수 있다.

2) 기술 중심 검사(SBM)

수학교과나 과학교과의 경우, 읽기교과에서 사용되었던 전반적인 성취를 한 가지의 지표(읽기의 경우 유창성)로 측정이 불가능한 교과의 특성을 지니고 있다. 이러한 교과의 경우 SBM 유형의 검사를 사용한다면 GOM이 갖고 있는 장점을 공유할 수 있다.

예를 들어, 수학교과의 교육과정은 학년별로 다수의 단원으로 구성되어 있다. 〈표 3-3〉처럼 초등학교 1학년 1학기 수학교과서의 경우 총 6개의 단원으로 구성되어 있다. 따라서 전반적인 성취를 측정하기 위해서는 6개 단원의 내용을 모두 고르게 평가할 필요가 있다. SBM은 수학교과처럼 구별된 여러 단원의 내용으로 구성된 교과에서 사용이 가능한 검사방법이다.

〈표 3-3〉 초등학교 1학년 1학기 수학교과서 단원명

1. 100까지의 수	2. 여러 가지 모양
3. 덧셈과 뺄셈 (1)	4. 시계 보기
5. 덧셈과 뺄셈 (2)	6. 규칙 찾기

[그림 3-3]은 초등학교 1학년 수학교과서를 기반으로 개발된 SBM의 예시 문항들이다. 예시 문항에서 알 수 있듯이 SBM은 개별 단원별로 대표할 수 있는 문항

들을 한 검사지에 모두 포함하여 검사지를 구성한다. 즉, 1학기 혹은 1~2학기 동안 배울 단원의 대표 문항들을 개발하여 한 검사지 안에 모두 포함되도록 검사지를 구성하게 된다.

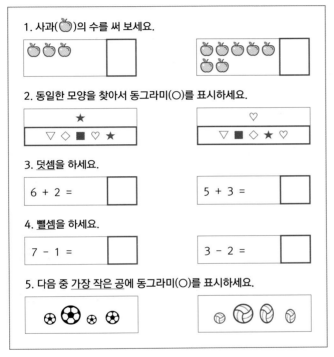

[그림 3-3] SBM으로 개발된 검사문항 예시(초등학교 1학년 수학교과서)

수학교과처럼 교과의 내용을 대표할 수 있는 지표를 개발하기 어려운 교과의 경우 SBM 유형으로 모니터링 검사를 개발할 수 있으며, 이러한 검사의 유형은 앞서 설명한 GOM과 동일한 장점과 함께 다음과 같은 추가적인 장점을 기대할 수 있다.

• 전반적인 교과능력을 측정할 수 있다.
• 실시해야 할 소검사의 수가 적다.
• 장기적인 교육의 목표를 설정할 수 있다.
• 단원별 분석적 평가가 가능하다.

앞에서 언급한 네 가지 장점 중 마지막 항목은 SBM만이 갖고 있는 특별한 장점에 해당한다. 단원별 분석적 평가란 교육과정에 포함된 단원별 성취목표를 구분하여 평가하는 것을 말한다. 예를 들어, 앞서 언급한 수학 1학년 검사지를 사용할 경우 단원별로 장점과 약점을 파악할 수 있는 정보를 얻을 수 있다. 만약 민호라는 학생이 4단원인 '시계 보기'에서만 낮은 점수를 획득하고 있다면, 이러한 자료는 민호를 위한 중재전략의 계획을 수립하는 데 유용하게 활용될 수 있다. 즉, 시계 보기에 초점을 맞춘 중재전략을 제공한다면 수학교과에서 향상된 진전도를 기대할 수 있을 것이다. SBM은 앞에서 언급한 장점과 함께 다음과 같은 단점을 갖고 있다.

- 모든 교과에 적용이 가능하지 않다(수학, 사회, 과학, 국사).
- 교육과정상 배우지 않은 문항을 풀어야 한다.

먼저 SBM과 같이 분석적 평가가 가능한 교과는 수학, 사회, 과학, 국사 등에 한정되어 있다. 따라서 교과별 특성을 고려하여 SBM에 적합한 교과에서만 검사를 개발할 필요가 있다. SBM의 또 다른 단점은 교육과정의 순서상 아직 배우지 않은 단원의 문항을 풀어야 한다는 점이다. 3월 혹은 학기 초에 처음 SBM을 실시할 경우 대다수의 문항은 학생들이 아직 배우지 않은 교육과정과 관련되어 있다. 따라서 검사 초기에 학생들은 대부분의 검사문항에 어려움을 나타낼 수 있다. 하지만 이러한 단점은 수학교과와 같이 교과의 대표적인 단일 지표를 선정하기 어려운 검사에서는 전반적인 성취를 평가하기 위하여 필연적으로 나타나는 현상으로 이해할 필요가 있다. 따라서 교사는 SBM과 같은 검사를 실시할 경우 배우지 않은 내용이 검사문항에 포함될 수 있다는 부분을 사전에 안내하여 학생들이 당황하지 않도록 지도할 필요가 있다.

3) 숙달도 검사(MM)

MM은 GOM과 SBM과 같이 진전도를 모니터링하는 평가방법으로 사용할 수 있는 공통점이 있지만 평가의 목적에서 구별된 차이점을 갖고 있다. 앞서 설명한 것처럼 GOM과 SBM은 교과의 전반적인 성취를 측정하기 위한 목적으로 사용한다. 하지만 MM은 전반적인 성취가 아닌 세부적인 하위영역의 진진도를 측정하기 위한 목적으로 사용한다. 예를 들어, 수학교과를 이용하여 SBM과 MM의 차이점을 설명하면 좀 더 쉽게 이해할 수 있다. 앞서 설명한 것처럼 SBM에 포함된 문항들은 1학기 혹은 1년 동안의 교과영역의 내용을 아우르는 문항들이 고르게 분포되어 있는 반면에, MM은 한 가지 단원 혹은 기술만을 평가할 수 있는 문항으로 구성되어 있다. 따라서 초등학교 1학년 수학교과의 단원을 고려하여 MM을 개발한다면 최소한 단원 수에 버금가는 6개 유형의 검사를 각각 개발해야 한다. 즉, 1단원 MM에서는 1단원과 관련된 문항들만 포함되어야 한다. 마찬가지로 나머지 단원의 MM에서는 해당 단원의 내용과 관련된 문항들만을 포함하고 있다. 이러한 특성으로 MM은 다음과 같은 교육 상황에서 적합한 평가방법이다.

- 교사가 특정한 학습기술 영역만을 가르치고 있는 상황
- 특정한 영역만을 측정하는 검사가 필요한 교육 상황
- 독립된 기술을 개별적으로 가르친 후에 해당 내용을 모니터링할 필요가 있는 교육 상황

앞에서 언급한 교육 상황에서 MM은 최적의 모니터링 평가방법으로 사용될 수 있다. 하지만 이러한 MM의 특성 때문에 다음과 같은 단점을 예상할 수 있다.

- 평가영역이 협소하다.
- 전반적인 성취를 평가하지 못한다.
- 측정 절벽(measurement shift) 현상이 나타난다.

- 검사 수가 증가한다.
- 장기 교육 목표로 사용이 어렵다.

　먼저 MM은 협소한 평가영역만을 측정하고 있고 있기 때문에 교과의 전반적인 성취 정도가 어느 정도인지를 평가할 수 없는 단점을 갖고 있다. 예를 들어, 수학교과의 경우 한 영역의 MM에서 높은 진전도를 보였다 하더라도 1학기 혹은 1년간의 교육과정에서 성취기준에 도달했는지 여부는 판단할 수 없다. 또한 이러한 특성으로 MM은 다음과 같은 측정 절벽의 현상을 나타내는 문제점을 갖고 있다.

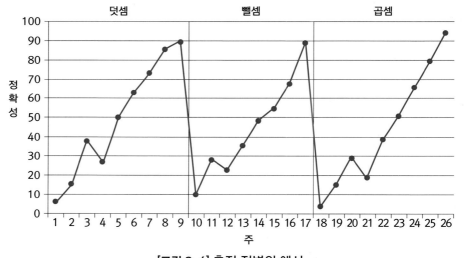

[그림 3-4] 측정 절벽의 예시

출처: Hosp et al. (2016).

　[그림 3-4]처럼 MM을 사용할 경우 한 가지 기술을 습득한 후 새로운 기술을 습득하게 되면 점수는 다시 낮아지는 측정 절벽의 현상이 나타난다. 따라서 해당 교과영역의 전반적인 성취 정도를 시각적으로 평가하기 어려운 단점이 있다.

　MM의 또 다른 단점은 다수의 검사를 사용해야 한다는 점이다. GOM이나 SBM의 경우 한 가지 유형의 검사로 1학기 혹은 1년 동안 반복적으로 사용할 수 있지만 MM은 교육과정의 내용에 따라 개별검사를 영역별로 각각 개발해야 한다. 예

를 들어, 사칙연산에 관한 진전도를 모니터링한다면, 기본적으로 네 가지 검사(덧
셈, 뺄셈, 곱셈, 나눗셈)를 개별적으로 개발해야 한다. 만약 앞에서 언급한 초등학교
1학년 수학교육과정에 기반을 둔 MM을 제작한다면 수십 개의 검사를 개발해야
하는 부담을 가질 수 있다. 또한 검사를 개발하면 신뢰도와 타당도를 검증해야 하
는데, 검사의 수가 증가하면 이러한 검증과정 또한 교사에게 큰 부담을 줄 수 있다.

마지막으로 MM은 세부 영역만 측정하고 있기 때문에 장기적인 목표를 수립하
기 위한 목적으로 적합한 검사도구가 아닐 수 있다. 대신 단기 목적 혹은 주(week)
별 목적을 설정하고자 할 때 MM의 검사결과를 적용할 수 있다.

〈표 3-4〉 진전도 모니터링 평가방법 비교

구분	전반적인 성취 검사(GOM)	기술 중심 검사(SBM)	숙달도 검사(MM)
사용 목적	• 선별 • 기초수준검사 • 진전도 모니터링	• 선별 • 기초수준검사 • 진전도 모니터링	• 진단적 평가 • 특정한 수준을 검사 • 주된 관심의 교과영역을 찾기 위함 • 다양한 반응의 유형과 다른 수준의 능력에 초점을 맞춤
구조	• 전반적인/역동적인 과제를 사용 • 개별 기술들은 분리되지 않음 • 장기간의 목표에 초점 • 공통적인 학급과제를 포함할 수 있음	• 여러 가지 목표에서 도출된 다양한 유형의 문항으로 구성 • 1년 동안 사용될 교육과정에서 학습할 기술을 선택함 • 개별 기술들은 분리될 수 있음	• 짧은 기간의 교수목표나 한 가지의 특별한 기술만 측정할 수 있음 • 각각의 기술 영역에서 문항을 표집함 • 문항은 기술이나 수행수준을 고려하여 개발됨 • 일부 기술은 독립적으로 조사될 수 있음

장점	• 기대치를 제공함 • 기술 수준에 대한 전반적인 경향치를 제공함 • 모니터링에 적합함 • 측정 절벽 문제가 발생하지 않음 • 유지와 일반화 정도를 보여 줌	• 기술 수준에 대한 전반적인 경향치를 제공함 • 모니터링을 위한 유용성 • 유지의 정도를 보여 줌 • 측정 절벽이 발생하지 않음	• GOM이나 SBM에서 확인된 문제를 세밀하게 다시 확인하기 위한 목적으로 사용할 때 유용함 • 하위 기술이 결손되었을 때 점검하기 위한 목적으로 유용함
단점	• 진단적인 정보를 거의 제공하지 못함 • 세부 기술 영역에 관한 정보를 제공하지 못함 • 학생의 수행수준보다 높거나 낮은 문항이 포함될 확률이 높음 • 일부 교과영역은 그 교과영역을 대표할 수 있는 간편한 측정 대표치를 갖고 있지 않음	• 특정한 교과에서만 사용이 가능함 • 배우지 않은 문항을 풀어야 하는 제한점 • 학생의 수행수준보다 높거나 낮은 문항이 포함될 확률이 높음	• 평가영역이 협소함 • 큰 그림을 제공하지 못함(일반화나 활용에 관한 정보) • 측정 절벽의 문제가 발생함 • 검사의 수가 증가함

출처: Hosp et al. (2016).

4. 진전도 모니터링 실행 절차

교과 특성과 목적에 적합한 진전도 모니터링 검사를 선택했다면 그다음 단계는 실제로 교육현장에서 진전도 모니터링을 활용하는 것이다. 진전도 모니터링은 일반적으로 다음과 같은 네 가지 단계를 통하여 수행할 수 있다. 구체적인 단계에 대한 설명은 다음과 같다([그림 3-5] 참조).

1) 학생의 현재 수준을 파악(평가)하기-기초선 설정

학생의 현행 수준을 파악하기 위하여 기초선 설정 검사를 실시한다. 일반적으로 3회기 검사를 실시하고 3개의 점수 중에서 중간값(median)에 해당하는 점수를 학생의 현행 수준으로 설정한다. 여기서 특별히 평균이 아닌 중간값을 사용하는 이유는 특정한 이상치에 영향을 받지 않는 장점을 갖고 있기 때문이다(제4장 참조).

2) 학생의 장기목표를 설정하기

기초선 설정 검사를 통해서 확인된 학생의 현행 수준을 고려하여 학생이 도달해야 할 최종적인 장기목표를 설정하게 된다. 기존의 연구결과에 따르면 좀 더 도전적인 장기목표를 설정했을 때 성취의 결과가 가장 우수하다고 보고하고 있기 때문에 특수교사는 좀 더 높은 수준의 장기목표를 설정할 필요가 있다. 장기목표는 주(week)별 상승분을 고려하여 산출될 수 있다. 예를 들어, 12주 동안 중재전략을 제공하는 조건에서 현행 수준의 점수가 20점이었으며, 주별 2점 정도의 상승을 예상한다면 최종 장기목표지점의 점수는 20+(12*2)=44점이 된다.

3) 계획된 중재전략을 제공하고 학생의 진전도를 정기적으로 모니터링하기

계획된 중재전략을 학생에게 제공함과 동시에 중재전략의 효과성을 평가하기 위하여 정기적인 진전도 모니터링 평가 절차를 수행하게 된다.

4) 진전도 모니터링의 결과를 바탕으로 중재전략의 효과성을 지속적으로 평가하기

만약 진전도 모니터링의 결과에서 연속적으로 장기목표선을 하회(예: 연속적으로 4개의 데이터가 장기목표선을 하회)하는 결과가 출현한다면 교사는 중재전략을 수정하거나 교체해야 하는 결정이 필요하다. 반대로 진전도 모니터링의 결과가 장기목표선을 지속적으로 상회할 경우에는 장기목표선을 상향 조정할 필요가 있다. 검사결과가 장기목표선을 추종하여 지속적으로 상승한다면 교사는 해당 학생에게 효과적인 중재전략을 제공하고 있는 것으로 평가할 수 있을 것이다.

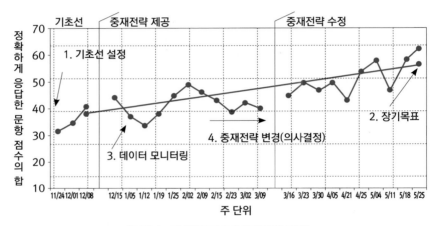

[그림 3-5] 진전도 모니터링의 결과

주요 핵심용어

● 선별	● 프로그램 총괄평가	● 숙달도 검사(MM)
● 진단	● 전반적인 성취 검사(GOM)	● 측정 절벽
● 중재전략 계획	● 전반적인 능력	● 개별화교육지원팀
● 진전도 모니터링	● 기술 중심 검사(SBM)	

제**4**장
기초통계의 이해

학습목표

◆ 측정의 척도 개념을 설명할 수 있다.
◆ 척도 종류의 특성을 설명할 수 있다.
◆ 그래프의 종류를 설명할 수 있다.
◆ 평균값, 중간값, 최빈값을 계산할 수 있다.
◆ 산포도의 측정치를 설명할 수 있다.
◆ 범위, 분산 표준편차를 계산할 수 있다.
◆ 정규분포의 특성을 설명할 수 있다.
◆ 부적 편포 분포와 정적 편포 분포의 차이점과 특성을 설명할 수 있다.
◆ 상관계수의 의미를 설명할 수 있다.

이 장의 중요성

일반인에게 통계학 혹은 통계라는 개념은 어렵고 낯선 분야로 인식될 수 있다. 또한 직관적으로 통계학과 특수교육 분야 간에는 공통된 연관성을 찾기가 어려워 보일 수도 있다. 하지만 지난 수십 년간 특수교육 분야에서는 과학적인 분석방법인 통계학이라는 학문의 지식을 적용하여 진일보한 발전을 만들어 가고 있다. 특별히 특수교육대상자를 평가하고 진단하는 일련의 과정에서 통계학 개념은 실제로 매우 중요한 역할을 담당하고 있다. 그렇기 때문에 특수교사 혹은 관련 분야의 전문가들은 기초적인 통계의 주요 개념들을 반드시 숙지할 필요가 있다. 이 장에서는 주로 평가활동에 필요한 기초적인 통계의 개념을 설명하고 있다.

1. 측정의 척도

1) 측정의 척도 개념

측정이란 특정한 대상을 수량화된 방법으로 표현할 수 있는 규칙을 적용하는 과정으로 설명할 수 있다. 측정에서 사용할 수 있는 개별적인 규칙은 측정 대상에 따라 다양할 수 있는데, 예를 들어 우리는 키를 재기 위해서 'm' 혹은 'cm'의 규칙을 사용하거나 몸무게를 재기 위해서는 'kg'의 척도를 사용하고 있다. 마찬가지로 특수교육 분야에서도 지적장애 학생의 지능을 측정하고자 할 때에는 IQ 점수라는 척도를 사용하며, 시각장애 학생의 시력은 도수라는 특정한 규칙을 사용한다. 이처럼 특정한 대상 혹은 변인을 측정하고자 할 때에는 서로 다른 규칙을 사용할 수 있으며, 이러한 규칙을 측정의 척도(scales of measurement)로 정의하고 있다.

2) 척도의 종류

측정의 척도는 양적 크기(magnitude), 동간 등급(equal intervals), 절대 영점(absolute 0)의 준거에 따라 [그림 4-1]과 〈표 4-1〉과 같이 네 가지(명명척도, 서열척도, 동간척도, 비율척도)의 위계적 단계로 분류할 수 있다. 먼저 '양적 크기'란 측정 대상 간의 상대적인 비교가 가능한지를 평가하는 준거이다. 예를 들어, 사람의 키는 크고 작음을 비교할 수 있는 척도이지만 성별과 같이 일부의 척도는 상대적인 크기의 비교가 불가능한 특성을 갖고 있다. '동간 등급'이란 측정치 간격의 크기가 일정하다는 것을 의미한다. 예를 들어, 우리가 사용하는 줄자에서 4cm와 2cm 간의 차이는 12cm와 10cm 간의 차이와 동일하기 때문에 동간 등급이 유지되고 있다고 평가할 수 있다. 하지만 수학검사에서 80점과 70점의 차이 점수인 10점은 50점과 40점의 차이인 10점과는 동일한 크기로 가정할 수 없으며, 이러한 경우 동간 등급이 유지되지 않는다. 일반적으로 심리학 혹은 교육학 분야에서 주로 사용되는 대부분의 검사는 동간 등급을 갖고 있지 않다. 마지막으로 설명한 '절대 영점'은 0으로 측정되었을 경우 아무것도 존재하지 않음을 의미한다. 예를 들어, 키가 0이라면 우리는 키의 길이가 존재하지 않는 것으로 해석할 수 있다. 이러한 척도의 경우 절대 영점을 갖고 있다고 가정할 수 있다. 하지만 수학시험에서 0점을 받았다고 해서 0점을 받은 학생의 수학능력을 완전히 존재하지 않는 0으로 가정할 수 있을까? 비록 해당 시험에서는 0점을 받았다 하더라도 피험자의 수학능력을 0이라고 가정할 수는 없으며, 이러한 경우에는 절대 영점의 가정이 충족되지 않는다. 이처럼 양적 크기, 동간 등급, 절대 영점은 개별 척도의 특성을 파악하고 분류하는 데 중요한 판단의 근거로 활용될 수 있다.

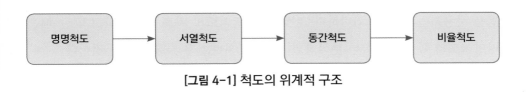

[그림 4-1] 척도의 위계적 구조

〈표 4-1〉 측정의 척도별 주요 특성

척도의 종류	양적 크기	동간 등급	절대 영점	가능한 통계분석방법
명명척도	없음	없음	없음	최빈도
서열척도	있음	없음	없음	최빈도, 중앙값, 백분율
동간척도	있음	있음	없음	최빈도, 중앙값, 백분율, 평균, 표준편차, 상관계수
비율척도	있음	있음	있음	최빈도, 중앙값, 백분율, 평균, 표준편차, 상관계수, 비율

(1) 명명척도

명명척도(nominal scale)란 특정한 대상 혹은 변인을 구분하기 위하여 임의로 서로 다른 이름을 지정하는 목적으로 사용할 수 있는 척도를 말한다. 따라서 명명척도는 측정하려는 대상을 유목화하는 목적과 함께 측정 대상이 질적인 정보만을 가지고 있을 경우에만 사용이 가능한 척도이다. 이러한 명명척도들은 〈표 4-1〉에서 확인할 수 있는 것처럼 양적 크기, 동간 등급, 절대 영점의 준거를 모두 충족시키지 못한다. 예를 들어, 연구자는 연구에서 여성을 0으로 표현하고 남성을 1로 표현할 수 있다. 이때 이러한 숫자로 두 집단을 표현한 이유는 두 집단을 분류하기 위함이 있기 때문에 0과 1의 숫자를 크고 작음의 일반적인 수의 개념으로 해석해서는 안 된다. 남성이 여성보다 우월하여 1로 표현한 것은 아니며(크기), 남성이 1만큼 여성보다 큰 수량을 갖고 있는 것도 아니다(동간 등급). 또한 여성을 0으로 표현하더라도 그 대상은 여전히 존재하고 있다(절대 영점). 또 다른 명명척도의 예로는 반 번호, 학생번호, 지역번호 등이 해당한다.

분석방법: 명명척도의 자료는 빈도를 측정하는 분석방법만을 적용할 수 있다. 빈도가 높고 낮다는 정도의 분석만 가능하며, 빈도 이외의 다른 양적 통계분석 방법을 사용하는 것은 무의미하다. 따라서 명명척도의 자료를 분석하고자 할 때는 명명척도의 특성에 적합한 분석방법(예: 빈도, 최빈값)을 사용해야 할 것이다.

(2) 서열척도

서열척도(ordinal scale)란 〈표 4-1〉에서 확인할 수 있는 것처럼 절대 영점과 동간 등급을 갖고 있지 않지만 크기의 비교가 가능한 척도를 말한다. 예를 들어, 전체 반 학생들을 지능점수 순으로 1번부터 나열한 순위의 척도는 서열척도에 해당한다. 1번 순위에 해당하는 학생은 2번 학생보다 높은 지능점수를 갖고 있는 것은 사실(크기)이지만, 1번 학생이 2번 학생보다 1만큼의 높은 지능을 갖고 있는 것은 아니다(동간 등급). 또한 설사 학생에게 0번이라고 숫자를 부여해도 지능이 없다고 가정(절대 영점)할 수 없다.

분석방법: 서열척도로 측정된 자료는 중앙값 혹은 백분율로 분석되어야 하며, 원칙적으로 사칙연산과 평균, 표준편차 등을 산출할 수 없다. 하지만 일부 학자들은 오랜 세월 동안 서열척도 자료의 자료분석 방법에 관한 논쟁을 지속하고 있다. 실제로 대부분의 심리검사 혹은 교육학 분야에서 사용되는 검사들은 서열척도를 사용하고 있기 때문에 평균이나 표준편차 등의 통계적인 분석을 적용하기 어렵다. 하지만 그럼에도 이미 수많은 교육학 혹은 심리학연구에서는 검사결과의 평균과 표준편차를 사용하고 있다. 다양한 논의가 진행되어 왔지만 한 가지 주된 이유는 일부 자료(예: 시험성적)의 경우 서열척도와 동간척도의 중간 성격을 갖고 있는 것으로 가정하기 때문이다. 검사결과의 경우 어느 정도의 동간성이 유지되고 있다고 가정할 수 있기 때문에 일부 학자들은 이러한 통계적인 분석방법을 적용할 수 있음을 주장하고 있다. 다만 서열척도에 해당하는 자료를 이용하여 평균과 표준편차를 분석하고자 할 때, 여전히 척도 간 동간성이 유지되지 않는 점을 고려

하여 결과를 조심스럽게 해석할 필요가 있다.

(3) 동간척도

동간척도(interval scale)란 〈표 4-1〉에서 확인할 수 있는 것처럼 크기와 동간 등급의 준거를 충족하지만 절대 영점을 갖고 있지 않는 척도를 말한다. 온도를 나타내는 척도는 동간척도의 대표적인 예에 해당한다. 예를 들어, 20도는 10도보다 더운 날씨이며(크기), 20도와 10도의 차이는 30도와 20도의 차이와 동일하다(동간 등급). 하지만 0도라고 해서 온도가 존재하지 않는다고 가정할 수는 없다. 0도는 우리가 임의로 약속한 일정한 수준의 온도에 불과하다. 따라서 동간척도는 절대 영점을 갖고 있지 않는 특성을 지니고 있다.

분석방법: 절대 영점을 갖고 있지 않은 척도의 자료일 경우 비율 계산은 무의미하지만, 평균값, 표준편차, 상관계수 등의 분석방법은 적용이 가능하다.

(4) 비율척도

비율척도란 〈표 4-1〉과 [그림 4-1]에서 확인할 수 있는 것처럼 크기, 동간 등급, 절대 영점의 준거를 모두 충족시키는 최상위 수준의 척도를 말한다. 예를 들어, 몸무게의 척도로 사용되는 kg은 대표적인 비율척도에 해당한다. 50kg과 30kg보다 무거우며(크기), 50kg과 30kg의 차이는 100kg과 80kg의 차이와 동일하며(동간 등급), 무게가 0kg이라면 무게는 존재하지 않는다(절대 영점). 즉, 절대 영점을 갖고 있는 척도이다. 몸무게 척도 외에도 키, 가격, 속도 등도 비율척도에 해당한다.

분석방법: 비율척도는 위계적으로 가장 높은 위치에 있는 척도로, 평균값, 표준편차, 상관계수, 비율 등을 사용할 수 있다.

3) 측정의 척도와 검사결과의 교육적 의미

검사를 사용할 특수교사들이 검사의 점수가 의미하는 바가 무엇인지를 확인하기 위해서 먼저 척도의 차이에 따른 특성과 차이점을 정확히 이해할 필요가 있다.

척도에 대한 정확한 이해가 부족하다면 시간과 노력을 기울여서 실시한 검사결과를 잘못 해석하는 우를 범하기 쉽다. 일반적으로 심리학 혹은 교육학에서 사용되는 대부분의 검사점수는 서열척도에 해당한다. 즉, 절대 영점을 갖고 있지 않으며, 척도 간 동일한 등급을 유지하지 않는다. 따라서 심리검사에서 특수아동들이 0점을 받은 경우에도 검사결과를 절대 영점으로 가정하여 해석하는 잘못을 범해서는 안 될 것이다. 또한 지능검사에서 지능이 150인 학생과 130인 학생의 차이는 지능이 70인 학생과 50인 학생 간의 지능 차이와 동일하다는 잘못된 해석을 해서는 안 될 것이다.

4) 측정의 척도와 자료 분석방법

측정의 척도 혹은 측정의 분석 수준을 명확히 구분해야 하는 중요한 또 다른 이유는 척도의 종류에 따라 자료분석 방법이 달라질 수 있기 때문이다. 예를 들어, 명명척도나 서열척도는 동간 등급을 갖고 있지 않기 때문에 비모수통계(nonparametric statistics) 분석방법으로 자료를 분석해야 하며, 동간 등급이 유지될 수 있는 동간척도와 비율척도의 경우 모수통계(parametric statistics) 분석방법이 사용된다. 비모수통계와 모수통계에 관한 구체적인 설명이 필요한 독자들은 관련 전문 통계 서적을 참고하길 바란다. 앞서 설명한 것처럼 척도의 종류 혹은 수준은 분석방법과 밀접한 관련이 있기 때문에 검사를 사용하는 교사 혹은 평가 관련 전문가들은 자신이 사용하고 있는 검사의 점수가 어느 척도에 해당하는지를 사전에 인지할 필요가 있다.

2. 검사점수의 분포

수집한 검사점수를 요약하거나 개별점수 값을 확인하고자 할 때에는 표 형식을 이용하여 관련된 정보를 정리할 수 있다. 즉, 각각의 개별자료를 제공해야만 하는 상황이라면 표 형식으로 자료를 제공하는 것이 적합할 수 있다. 반면에, 자료의 경향성, 전체 범위(range), 이상치 혹은 빈도 등을 시각적으로 확인하고자 할 때에는 그래프의 형태인 분포(distribution)를 이용하는 것이 유용하다. 〈표 4-2〉는 수학검사에서 산출된 점수와 빈도의 값을 표의 형태로 제공하고 있다. 이와 같이 표의 형태로 검사의 점수를 나열하면 개별 점수에 대한 빈도와 비율 등을 수치로 확인할 수 있는 장점을 기대할 수 있다. 하지만 전체 검사자료의 전반적인 경향성이나 전체 범위 등을 시각적으로 한눈에 파악하기에는 충분치 않을 수 있다. 이와 달리 〈표 4-2〉에 포함된 동일한 자료를 x와 y축을 갖고 있는 그래프로 표시할 경우 손쉽게 대략적인 점수분포의 특징을 시각적으로 파악할 수 있다. 가장 빈번히 사용되고 있는 그래프의 종류에는 히스토그램, 절선 그래프, 곡선 그래프가 있으며, 구체적인 설명은 다음과 같다.

〈표 4-2〉 점수의 분포표

검사점수	빈도	비율	누적비율
3.00	1	2.0	2.0
6.00	1	2.0	4.0
7.00	1	2.0	6.0
10.00	1	2.0	8.0
11.00	1	2.0	10.0
12.00	1	2.0	12.0
15.00	1	2.0	14.0
16.00	1	2.0	16.0
18.00	1	2.0	18.0
19.00	1	2.0	20.0
20.00	1	2.0	22.0
22.00	1	2.0	24.0
23.00	2	4.0	28.0
25.00	4	8.0	36.0

27.00	1	2.0	38.0
28.00	1	2.0	40.0
29.00	2	4.0	44.0
30.00	2	4.0	48.0
31.00	2	4.0	52.0
32.00	2	4.0	56.0
33.00	2	4.0	60.0
35.00	2	4.0	64.0
36.00	2	4.0	68.0
39.00	1	2.0	70.0
40.00	3	6.0	76.0
41.00	1	2.0	78.0
42.00	1	2.0	80.0
43.00	1	2.0	82.0
44.00	1	2.0	84.0
45.00	1	2.0	86.0
47.00	1	2.0	88.0
48.00	1	2.0	90.0
49.00	1	2.0	92.0
51.00	1	2.0	94.0
52.00	1	2.0	96.0
57.00	1	2.0	98.0
63.00	1	2.0	100.0
총합	50	100.0	100.0

일반적으로 그래프의 x축은 산출된 검사점수의 전체 범위를 나타내며, y축은 특정한 점수를 획득한 피험자의 빈도를 나타낸다. 빈도를 표현하는 방법은 그래프의 종류마다 다양하다. 먼저, [그림 4-2]는 히스토그램(histogram) 그래프의 예에 해당하며, 피험자의 빈도를 막대로 표현할 수 있는 특징이 있다. 따라서 막대

의 길이가 높을수록 빈도가 높은 것으로 해석할 수 있다. 히스토그램 그래프는 주로 범주형 변인(예: '남'과 '여' 혹은 '예'와 '아니요')에서 사용될 경우 더욱 용이하게 사용할 수 있지만 [그림 4-2]처럼 x축을 일정한 구간으로 정의할 경우 연속변인의 자료를 표현하는 방법으로도 여전히 유용하게 사용할 수 있다.

[그림 4-3]은 절선(polygram) 그래프의 예이며, 히스토그램 그래프로 표현한 동일한 자료를 절선 그래프로 표현이 가능하다. 절선 그래프는 히스토그램 그래프에서 제시된 막대의 중간값들을 직선으로 서로 연결하여 그래프를 작성한다. 이러한 특성 때문에 절선 그래프는 히스토그램 그래프보다 좀 더 부드러운 선으로 자료의 형태를 표현할 수 있는 장점이 있다.

마지막으로 [그림 4-4]는 곡선 그래프로 빈도의 결과를 곡선으로 표현하는 특징을 갖고 있다. 따라서 곡선 그래프를 사용할 경우 절선 그래프보다 자료의 빈도를 좀 더 부드러운 곡선으로 표현할 수 있다. 사회현상에서 나타난 자료를 수집하여 곡선 그래프를 그릴 경우 엎어진 종(bell) 모양을 갖는 경우가 빈번하다. 이러한 분포를 특별히 정규분포(normal distribution)로 정의하며, 정규분포는 중요한 개념이기 때문에 이후에 다시 설명할 것이다.

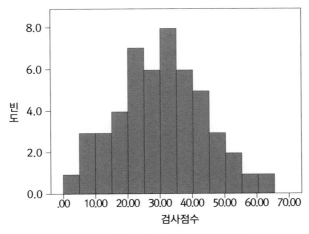

[그림 4-2] 히스토그램 그래프의 예

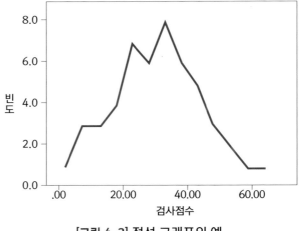

[그림 4-3] 절선 그래프의 예

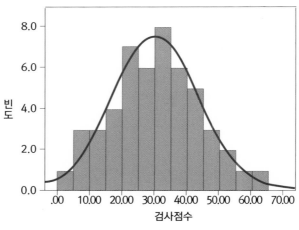

[그림 4-4] 곡선 그래프의 예

3. 집중 경향치

집중 경향치(central tendency)란 전체 자료의 특성을 나타낼 수 있는 대푯값으로 정의할 수 있다. 집중 경향치는 일반적으로 2개 혹은 그 이상의 범주를 가진 자료의 특성을 비교하고자 할 때 매우 유용하게 사용할 수 있다. 예를 들어, 청각장애학교에서 학급별 읽기검사 점수의 차이를 비교하고자 할 때, 반별 집중 경향치를

산출하여 학급별 읽기검사의 점수를 손쉽게 비교할 수 있다(예: 1반의 읽기 평균 점
수는 80점, 2반의 읽기 평균 점수는 85점 등). 평균값, 중간값, 최빈값 등은 가장 빈번
히 사용되는 대표적인 집중 경향치에 해당하며, 각각의 설명과 계산방법은 다음
과 같다.

1) 평균값

평균값(mean)이란 우리가 일상생활에서도 자주 사용하는 수학 공식 중 한 가지
로, 관찰된 모든 값을 합한 후에 전체 사례 수로 나눈 값을 의미한다. 평균이라는
개념은 매우 간단한 개념으로 정의할 수 있으며, 다음과 같은 수학 공식으로 평균
값을 표현할 수 있다.

$$\overline{X} = \frac{\sum X}{N}$$

$$\overline{X} = 평균값$$
$$\sum X = 개별\ 관찰값의\ 전체\ 합$$
$$N = 전체\ 관찰값의\ 수(사례\ 수)$$

〈표 4-3〉 개별 관찰값

6, 7, 8, 8, 9, 10, 11, 8, 10, 12

〈표 4-3〉의 개별 관찰값을 이용하여 평균값을 산출하면 다음과 같다.

$$\overline{X} = \frac{\sum X}{N} = \frac{6+7+8+8+9+10+11+8+10+12=89}{10} = 8.9$$

즉, 〈표 4-3〉의 개별 관찰값 평균은 8.9가 된다.

2) 중간값

중간값(median)이란 전체 관찰값을 크기 순서대로 서열화했을 때 중간 순위의 위치에 해당하는 관찰값을 말한다. 여기서 중간 순위의 위치란 정확히 50%(백분위)의 순위에 해당하는 값을 의미한다. 예를 들어, 앞의 관찰값을 크기 순서대로 재배열하면 다음과 같다.

6, 7, 8, 8, 8, 9, 10, 10 11, 12

앞의 예에서 전체 관찰값의 수가 짝수이기 때문에 50%에 해당하는 관찰값은 8과 9사이의 값이다. 따라서 중간값은 8과 9사이의 값을 2로 나눈 값인 8.5가 된다[(8+9)/2=8.5]. 만약 전체 관찰값의 수가 홀수라면 중간 위치(50%)에 해당하는 값이 그대로 중간값이 된다. 따라서 중간값은 전체 관찰값의 수가 짝수일 때와 홀수일 때 구분하여 서로 다른 계산법을 적용해야 한다.

3) 최빈값

최빈값(mode)이란 전체 관찰값 중에서 가장 빈도가 높은 값을 말한다. 〈표 4-3〉에서 가장 빈도가 높은 값은 3번의 빈도를 나타낸 8이라는 관찰값이다. 따라서 〈표 4-3〉에서 최빈값은 8이 된다. 만약 연속된 2개의 관찰값에서 가장 높은 빈도가 동일하게 나타났다면 2개의 관찰값에서 산출된 평균을 최빈값으로 보고할 수 있다. 예를 들어, 〈표 4-3〉에서 8과 9의 값에서 동일하게 모두 가장 높은 빈도를 나타냈다고 가정한다면, 8.5의 값이 최빈값이 된다. 만약 연속되지 않은 관찰값에서 가장 높은 빈도가 동일하게 나타났다면 어떻게 최빈값을 산출할 수 있을까? 예를 들어, 〈표 4-3〉에서 8과 10의 빈도가 모두 동일하게 가장 높았다라고 가정한다면 두 값을 평균으로 산출하는 것은 의미가 없다. 대신 이러한 상황일 경우 2개의 최빈값을 각각 보고하면 된다.

4) 집중 경향치 간의 비교

앞서 세 가지 유형의 서로 다른 집중 경향치에 대해서 설명하였다. 그렇다면 어떠한 집중 경향치가 자료의 특성을 잘 나타낼 수 있는 최선의 대푯값일까? 각각의 집중 경향치들은 서로 다른 장단점을 갖고 있는 것이 사실이지만 그럼에도 중간값을 가장 우수한 집중 경향치로 평가하고 있다(Hopkins, 1998). 일상적으로 우리가 가장 많이 사용하고 있는 평균값의 경우 이상치(outlier)의 값에 영향을 받는 단점을 갖고 있다. 예를 들어, 3, 3, 3, 21이라는 관찰값이 있을 경우 전체 평균의 값은 21이라는 이상점으로 인하여 3보다 매우 큰 평균값(7.5)이 산출되는 문제점이 나타날 수 있다. 이와 달리 중간값의 경우 이상치의 영향을 받지 않는 장점이 있다. 이러한 이유로 중간값을 평균보다 안정적인 집중 경향치로 평가하고 있다.

4. 산포도의 측정치

집중 경향치는 학생들이 획득한 점수의 분포를 묘사하거나 특징을 설명하는 데 최적의 척도가 아닐 수 있다. 즉, 검사자는 검사결과에서 산출된 평균값(집중 경향치의 값)만을 활용하여 교육적으로 유용한 정보를 획득하기 어려울 수 있다. 예를 들어, 초등학교 1학년 1반 학생들에게 수학검사를 실시한 후 전체 반 평균의 값이 80점이라는 것을 확인하였다. 만약 민호의 수학 점수가 60점이었다면 전체 평균보다는 낮은 점수라는 해석 이외의 다른 해석을 유추하기는 어렵다. 이와 달리 점수들의 분포 형태, 즉 평균으로부터 떨어져 있는 자료의 특성을 고려한다면 좀 더 의미 있는 결과를 해석할 수 있다. 만약 대부분의 학생이 획득한 점수의 값이 70에서 90점 사이에 집중적으로 분포하고 있는 것으로 확인되었다면 민호의 점수는 70보다 낮은 점수이기 때문에 매우 낮은 점수로 추정해 볼 수 있다. 하지만 다른 조건의 상황, 즉 대부분의 학생이 획득한 점수가 60점에서 90점 사이에 집중적으로 분포하고 있다면, 비록 민호의 원점수 값은 평균보다는 낮은 점수이지만 심각하게 낮은 점수는 아닌 것으로 추정해 볼 수 있다. 이와 같은 해석이 가능한 이유는 검사점수의 분포, 즉 평균을 중심으로 자료가 흩어진 정도를 고려했기 때문이다. 만약 단순히 평균값만을 고려했다면 이러한 검사점수의 해석은 불가능했을 것이다. 대푯값을 중심으로 흩어진 정도를 수치화하여 나타내는 것을 산포도(measures of dispersion)라고 정의할 수 있다. 산포도의 지표로는 범위, 분산, 표준편차 등이 있으며, 각각의 세부적인 설명은 다음과 같다.

1) 범위

검사점수의 분포를 나타내는 가장 손쉬운 방법은 검사점수의 범위를 산출하는 것이다. 범위는 다음 공식처럼 가장 높은 점수(최대값)에서 가장 낮은 점수(최소값)를 뺀 값으로 산출된다. 〈표 4-3〉의 예에서 산출된 범위는 12-6=6이 된다. 이처럼 간단한 산출 공식을 갖고 있는 장점이 있지만 반면에 양극단의 값에 영향을 받는 단점을 갖고 있다. 만약 〈표 4-3〉의 예에서 가장 낮은 관찰값이 1이었다면, 범위는 12-1=11로 증가한다. 이처럼 범위는 이상점에 영향을 받는 제한점을 갖고 있다.

$$범위 = 최대값 - 최소값$$

2) 분산

분산(variance)이란 편차 제곱의 평균으로 정의할 수 있다. 여기서 말하는 편차(deviation)란 전체 평균과 개별 관찰값의 차이를 의미한다. 즉, 제곱한 모든 편차의 값을 합한 후에 전체 사례 수로 나눈 값 혹은 제곱한 편차들의 평균을 분산으로 정의하며, 공식으로 간략히 표현하면 다음과 같다.

$$S_x^2 = \frac{\sum(X-\overline{X})^2}{N}$$

$$\overline{X} = \text{평균값}$$

$$\sum(X-\overline{X})^2 = \text{개별 관찰값을 평균으로 뺀 후 제곱한 값들의 총합}$$

$$N = \text{전체 관찰값의 수(사례 수)}$$

분산에서 편차를 제곱하는 이유는 음수와 양수의 편차를 보전하기 위함이다. 편차를 제곱하지 않을 경우 음수의 편차와 양수의 편차가 서로 상쇄되어 개별 편차의 값을 상실하게 되는 문제점이 있다. 이러한 문제점은 편차를 제곱하여 간단하게 해결할 수 있다.

〈표 4-4〉에서는 구체적인 관찰값을 이용하여 분산을 산출하는 일련의 과정을 제공하고 있다.

〈표 4-4〉 분산을 계산한 예시

성명	수학 CBM 점수	$(X_i-\overline{X})$	$(X_i-\overline{X})^2$
이진호	8	1	1
성명준	6	−1	1
이서연	9	2	4
김하늘	5	−2	4
합계	28(평균: 7)	0	10

$$S_x^2 = \frac{\sum(X-\overline{X})^2}{N} = \frac{10}{4} = 2.5$$

〈표 4-4〉에서 수집된 4명의 수학 교육과정중심측정(CBM) 점수는 평균이 7점이었고 분산은 2.5였다. 〈표 4-4〉에서 확인할 수 있듯이 편차를 제곱하지 않을 경우 편차의 총합은 0이 되어 편차의 값이 상쇄될 수 있다. 이와 달리 편차를 제곱하여 산출한 총합은 0이 아닌 10임을 확인할 수 있다. 즉, 편차를 제곱함으로써 점수

의 분포 특성을 보존할 수 있다.

분산의 공식에서 추정할 수 있듯이, 분산의 값은 직관적으로 해석이 어려운 제한점을 갖고 있다. 즉, 앞의 예시에서 산출된 2.5의 분산은 제곱한 편차들의 평균으로 이 값이 무엇을 의미하는지를 직관적으로 설명하기 어렵다. 단지 우리가 추정할 수 있는 것은 평균과 차이가 큰 사례의 수가 증가할수록 분산의 값은 증가하며, 반대의 경우에는 감소할 수 있다는 점이다. 이러한 모호한 결과해석의 문제점을 보완하기 위하여 표준편차라는 공식이 제안되었다.

3) 표준편차

표준편차(standard deviation)란 평균으로부터 흩어진 차이값의 평균치로 정의할 수 있다. 앞서 설명한 것처럼 표준편차는 분산의 모호한 해석의 어려움을 해결할 수 있는 장점을 지니고 있다. 실제로 분산과 표준편차의 공식은 매우 유사한데, 다음의 공식에서 확인할 수 있듯이 모든 공식은 동일하며, 단지 분산의 값에서 양의 제곱근을 취한 값이 표준편차가 된다. 즉, 표준편차는 편차의 제곱으로 모호한 해석의 문제를 제곱근을 취함으로써 해결하고 있다.

$$S_x = \sqrt{\frac{\sum(X-\overline{X})^2}{N}}$$

$\overline{X}$ = 평균값

$\sum(X-\overline{X})^2$ = 개별 관찰값을 평균으로 뺀 후 제곱한 값들의 총합

N = 전체 관찰값의 수(사례 수)

〈표 4-4〉의 예에서 산출된 분산의 값을 사용하여 표준편차를 산출하면 대략 1.58의 값을 얻을 수 있다. 따라서 4명의 학생은 평균인 7점에서 평균적으로 대략 1.58점의 편차를 갖고 있는 것으로 해석할 수 있다. 편차의 값이 클수록 점수의 분포가 넓게 흩어지며, 반대의 경우에서는 분포의 폭이 좁아지는 경향성을 갖고 있다.

4) 산포도 측정치 간의 비교

자료의 흩어짐 정도를 가장 잘 표현할 수 있는 최선의 방법은 표준편차를 사용하는 것이다(Hopkins, 1998). 표준편차는 모든 개별 관찰값을 포함하여 산출된 결과이며, 산출된 결과를 직관적으로 쉽게 해석할 수 있는 장점을 갖고 있다. 표준편차는 또한 다음과 같은 유용한 정보를 제공할 수 있다. 예를 들어, 검사의 분포에서 매우 작은 표준편차가 산출되었다면, 우리는 이러한 정보를 이용하여 피험자 간의 능력은 매우 유사한 것으로 해석할 수 있다. 즉, 동질적인 특성을 지닌 집단으로 추정해 볼 수 있다. 반대로 표준편차가 매우 크게 산출되었다면 점수분포에서 개인 간의 격차가 매우 큰 것으로 해석이 가능하다. 표준편차의 개념은 특별히 표준화 검사의 결과를 해석할 때에도 매우 유용하게 활용된다. 이 부분에 대한 내용은 이후에 소개할 정규분포에서 좀 더 자세히 설명할 것이다.

5. 정규분포

사회과학 분야에서 산출된 자료들은 다양한 유형의 분포로 존재할 수 있지만 그중에서도 정규분포(normal distribution)는 통계학과 교육학, 특히 평가분야에서 가장 많이 사용되고 있는 분포 유형에 해당한다. 정규분포가 다른 유형의 분포와 비교했을 때 특별히 중요한 이유는 우리 주변에서 발생하고 관찰할 수 있는 자료들이 전반적으로 정규분포의 특성을 따르고 있기 때문이다. 예를 들어, 한 학교에 재학 중인 전체 학생들을 대상으로 지능검사를 실시한다면, 지능검사의 분포는 평균을 중심으로 가장 높은 빈도를 나타내게 되지만, 양극단의 점수로 갈수록 빈도는 줄어들게 되며, 이러한 값을 분포로 표시하면 대략 정규분포와 유사한 모양으로 표현된다. 마찬가지로, 학생들의 키를 조사하면 평균을 중심으로 높은 빈도가 나타나지만 극단적으로 큰 키와 작은 키를 갖고 있는 학생의 수는 매우 적을 것이다. 즉, 키의 자료들은 정규분포와 유사한 분포를 형성한다.

정규분포는 실제로는 존재하지 않는 가설적인 분포에 해당한다. [그림 4-2]의 히스토그램 분포는 완벽한 정규분포의 모양은 아니지만 대략적으로 정규분포와 유사한 모양을 나타내고 있다. 즉, 평균을 중심으로 높은 빈도가 나타내며, 평균에서 멀어질수록 빈도의 수가 낮아지는 정규분포의 특성을 공유하고 있다. 만약 [그림 4-2]의 히스토그램 자료에서 빈도의 수를 무한대로 증가시키면, 즉 피험자의 수가 무한대로 증가한다면, [그림 4-2]의 히스토그램은 궁극적으로 완벽한 정규분포의 모양으로 수렴한다. 이처럼 정규분포는 가설적인 분포에 해당하며, 이와 함께 정규분포는 다음과 같은 특징을 지니고 있다.

- 좌우 대칭
- 단봉 분포(봉우리가 1개)
- 부드러운 곡선
- 전체 면적은 1
- 전체 백분율은 100%
- 최빈값, 중앙값, 평균값이 서로 일치함

[그림 4-5]에서 확인할 수 있듯이, 정규분포의 경우 평균을 중심으로 반으로 접을 경우 양 단면의 모양이 정확히 일치하는 좌우대칭의 특징을 갖고 있다. 또한 정규분포는 1개의 봉우리를 갖는 특성이 있다. 일반적으로 평균의 값에 가장 많은 자료가 밀집되어 있기 때문에 평균점수에서 가장 빈도가 높은 단봉 분포의 특징이 있다. 정규분포에서는 부드러운 곡선으로 빈도를 표시하는데, 곡선의 모양이 부드럽다는 의미는 평균에서 멀어질수록 특정한 구간에서 불규칙적으로 빈도가 증감하는 현상이 나타나지 않음을 의미한다.

정규분포의 전체 면적은 1로 가정되며, 전체 면적은 100%의 백분율로 가정된다. 이러한 특성으로 특정한 점수범위에 포함된 사례 수의 비율을 산출할 수 있다.

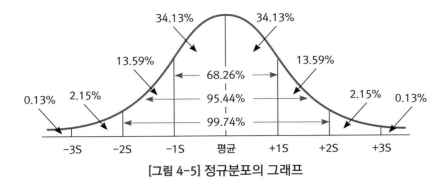

[그림 4-5] 정규분포의 그래프

[그림 4-5]에서 확인할 수 있듯이, 모든 정규분포는 평균을 중심으로 1 표준편차 안에 68.26%의 사례가 포함되어 있다. 마찬가지로 2 표준편차 안에는 더 넓은 빈도인 95.44%의 사례가 포함되어 있는 것으로 가정된다. 따라서 일반적으로 2 표준편차 밖에 포함된 피험자들은 특수교육 분야에 임상적으로 고려되어야 할 대상으로 가정할 수 있다. 예를 들어, 읽기검사를 실시한 후에 −2 표준편차보다 낮은 점수를 획득한 학생들은 전체 학생들과 비교했을 때 유의하게 낮은 읽기능력을 갖고 있는 것으로 추정해 볼 수 있기 때문에, 이러한 범주에 포함된 학생들을 읽기 위험군 집단으로 선별할 수 있다. 반대로 +2 표준편차 이상의 점수를 받은 학생들은 읽기영역에서 뛰어난 능력을 지닌 학생으로 선별할 수 있을 것이다.

정규분포의 또 다른 특성은 평균과 표준편차에 따라 다양한 모양의 분포를 가질 수 있다는 점이다.

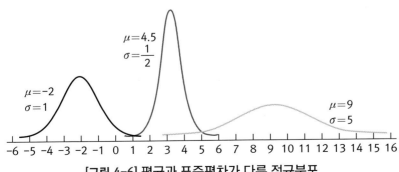

[그림 4-6] 평균과 표준편차가 다른 정규분포

[그림 4-6]에서처럼 실제로 정규분포들은 서로 다른 평균과 표준편차를 가질 수 있다. 즉, 평균값에 따라 분포 중심의 위치가 변경될 수 있으며, 표준편차의 증감에 따라 정규분포의 뾰족함의 정도가 달라질 수 있다. 이처럼 정규분포는 평균과 표준편차에 따라 다양한 모양의 분포를 가질 수 있지만, 특별히 평균이 0이고 표준편차가 1인 정규분포를 교육평가 영역에서 가장 많이 활용하고 있다. 그러한 이유로 평균이 0이고 표준편차가 1인 정규분포를 특별히 표준정규분포(standard normal distribution)로 명명하고 있다. 표준정규분포는 z 분포 혹은 단위정규분포로 불리기도 한다.

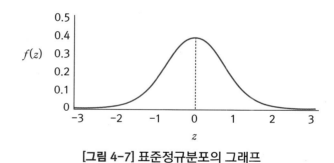

[그림 4-7] 표준정규분포의 그래프

6. 편포 분포

정규분포는 좌우 대칭과 단봉 분포의 특징이 있기 때문에 최빈값, 중앙값, 평균값이 모두 일치하는 특성을 갖고 있다. 하지만 실제 교육현장 혹은 실제 교육 분야의 연구에서 자료를 수집하게 되면 최빈값, 중앙값, 평균값이 모두 일치하지 않는 경우가 빈번하게 발생한다. 이처럼 세 가지 대푯값이 일치하지 않는 특성을 갖고 있을 경우에는 이러한 분포를 특별히 편포(skewed) 분포로 정의한다. 편포 분포는 크게 두 가지로 구분될 수 있다. [그림 4-8]의 (a)와 같이 최빈값, 중앙값, 평균값의 순서로 서열화되는 분포는 우측으로 치우친 비대칭 분포의 모양을 갖게 되며, 이러한 분포를 부적 편포 분포(negatively skewed distribution)로 명명한다. 반

대로 (c)와 같이 평균값, 중앙값, 최빈값 순으로 높은 값을 갖고 있는 분포는 평균
을 중심으로 좌측으로 치우친 모양을 갖게 되며, 이러한 분포는 정적 편포 분포
(positively skewed distribution)라 명명한다.

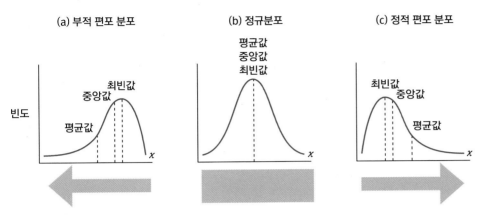

[그림 4-8] 정규분포와 편포 분포의 모양

　편포 분포가 발생하는 주된 이유를 살펴보면, 먼저 적은 표본의 수와 관련되어
있다. 앞서 설명한 것처럼 우리는 무한대의 표본(모집단에 가까운 수)을 갖고 있다
는 가정하에 정규분포를 설명하고 있다. 따라서 분포에 포함된 피험자의 수가 매
우 적은 경우, 즉 표본의 수가 매우 적은 상황에서는 정규분포의 특성과 대략적으
로 일치하는 분포를 기대하기는 매우 어렵다. 이러한 이유로 현실적으로는 정규
분포보다는 편포의 특성을 지닌 분포를 얻을 확률이 매우 높다.

　편포 분포는 검사에 포함된 문항의 난이도와도 관련되어 있다. 예를 들어, 문항
의 난이도가 매우 높은 어려운 검사를 실시하면 일반적으로 정적으로 편포된 점
수의 분포를 얻게 된다. 이러한 검사에서 상당수의 학생은 매우 낮은 점수를 받을
확률이 높으며, 결국 최빈값과 중간값은 평균보다 낮은 값을 갖게 된다. 이러한
정적 편포 분포의 현상을 바닥효과(floor effect) 혹은 기저효과(basement effect)로
명명하기도 한다. 정적 편포 분포의 특성을 가진 검사는 특별히 상위권 학생들 간
의 능력 차이를 변별하기 위한 목적으로 유용하게 사용될 수 있다. 평균을 중심으
로 분포의 오른쪽의 경우 낮은 빈도의 값들이 분포하고 있기 때문에 상위권 학생

들을 서열화하기 위한 목적으로 유용하게 사용될 수 있다. 예를 들어, 영재 선발이나 소수의 뛰어난 재능을 갖고 있는 대상자를 선별하고자 할 때 정적 편포 분포의 특성을 가진 검사를 유용하게 활용할 수 있다.

반대로 문항의 난이도가 매우 낮을 경우, 즉 전반적으로 쉬운 문항으로 검사가 개발될 경우에는 부적 편포 분포를 가진 검사의 결과를 예상할 수 있다. 일반적으로 쉬운 검사에서는 고득점을 받은 학생의 빈도가 매우 높기 때문에 평균보다 높은 최빈도값과 중간값이 산출된다. 이러한 분포의 현상을 평가영역에서는 천장효과(ceiling effect)라고 명명한다. 즉, 높은 위치를 의미하는 천장은 대다수의 학생이 높은 점수를 받은 현상을 묘사하고 있다. 천장효과가 있는 검사들은 특별히 특수교육대상자를 선별하고자 할 때 유용하게 사용될 수 있다. 예를 들어, 학습장애 학생과 비학습장애 학생들을 선발하고자 할 때에는 평균보다 낮은 점수를 받은 학생들의 서열을 좀 더 세밀하게 구별할 수 있는 검사들을 사용할 필요가 있으며, 부적 편포 분포의 특성을 지닌 검사도구는 이러한 목적으로 유용하게 활용될 수 있다.

마지막으로 편포 분포는 검사의 측정 영역과도 관련되어 있다. 자기효능감과 같이 자기보고식의 검사를 학생들에게 실시할 경우 학생들은 1에서 5까지의 수준을 나타내는 응답(매우 그렇지 않다, 그렇지 않다, 보통이다, 그렇다, 매우 그렇다) 문항에서 '그렇다(4점)'와 '매우 그렇다(5점)'에 응답할 확률이 매우 높다. 즉, 응답결과들은 부적 편포 분포의 특성을 가질 수 있다. 마찬가지로 정서행동 평가척도를 해당 아동의 학부모에게 요구할 경우 부모들은 자신의 자녀에 대해서 긍정적인 답변을 할 확률이 매우 높다. 이처럼 검사의 측정 영역에 따라 검사점수의 편포된 분포의 경향성을 어느 정도 추정해 볼 수 있으며, 결과해석 시 이러한 특성을 고려해야 한다.

7. 상관계수

상관(correlation)이란 두 변인 간의 관련성 정도 혹은 두 변인 간의 관계로 설명될 수 있다. 예를 들어, 읽기검사와 쓰기검사의 점수를 제공하고 있는 〈표 4-5〉의 자료에서 읽기점수가 증감할 때 쓰기점수도 동일한 방향으로 증감하는지를 확인하고자 할 때 상관의 개념을 활용하여 두 변인 간의 관련성을 설명할 수 있다.

〈표 4-5〉 읽기점수와 쓰기점수

학생번호	읽기점수	쓰기점수
1	80	90
2	70	60
3	90	80
4	60	70
5	90	60
6	70	70
7	90	90

상관의 개념을 좀 더 구체적으로 설명하면 두 변인 간에 '동시에 변화하는' 정도로 정의할 수 있다. 여기서 특별히 '동시에 변화하는'을 강조하는 이유는 상관의 결과를 반드시 인과관계로만 해석해서는 안 된다는 점을 강조하기 위함이다. 상관은 두 변인이 동시에 변화하는 정도만을 측정하고 있기 때문에 어떠한 변인이 선행적으로 영향을 미쳐서 후속변인에 영향을 미치고 있는 것을 의미하는 인과관계로 단정 지어 해석될 수 없다. 즉, 상관의 결과는 반드시 인과관계를 의미하지 않는다는 점을 명심할 필요가 있다.

상관계수(correlation coefficient)란 상관의 정도를 통계적인 수치로 표현할 수 있는 척도를 말하며, 상관계수는 −1에서 1 사이의 값을 가질 수 있다. 상관계수는 0을 기준으로 1에 가까울수록 높은 정적 상관이 있는 것으로 해석이 가능하며, 반대로 −1에 가까울수록 부적 상관이 높은 것으로 해석할 수 있다. 만약 상관계수의 값이 0이라면 두 변인 간의 관련성은 부재한 것으로 해석할 수 있다. 정적 상관, 부적 상관, 영의 상관의 예는 [그림 4-9]에 제공하고 있다.

[그림 4-9] 상관계수의 유형

상관계수가 특별히 평가영역에서 중요한 이유는 검사도구의 신뢰도와 타당도를 검증하고자 할 때 사용되는 통계 분석방법이기 때문이다. 예를 들어, 검사-재검사 신뢰도(제6장 참조)는 동일한 두 검사점수 간의 상관계수를 산출한다. 〈표 4-6〉은 학령기 아동 언어 검사(LSSC)의 검사-재검사 신뢰도 결과를 제공하고 있다. 일부 소검사의 경우 0.9 이상의 높은 안정성이 나타났지만 '상위개념 이해'와 '구문 이해' 소검사에서는 그보다 낮은 신뢰도를 의미하는 상관계수의 값을 확인할 수 있다.

〈표 4-6〉 LSSC의 검사-재검사 신뢰도 결과

구분		검사		재검사		상관계수
		평균	표준편차	평균	표준편차	
수용 언어	상위개념 이해	19.00	2.902	19.60	3.470	.579
	구문 이해	23.40	2.371	83.30	1.838	.618
	비유문장 이해	12.25	5.531	14.90	6.307	.910
	문법오류 판단	31.40	3.515	30.53	5.114	.902
	단락 듣기 이해	18.85	6.201	20.90	6.189	.890
표현 언어	상위어 표현	11.80	5.337	12.80	4.538	.939
	반의어 표현	14.35	4.368	15.25	3.726	.807
	동의어 표현	7.60	4.849	8.60	5.567	.924
	문법오류 수정	26.25	4.191	26.55	5.083	.902
	복문 산출	18.25	7.217	19.15	6.706	.947
보조	문장 따라 말하기	58.25	11.688	62.65	7.066	.902
전체		192.15	40.786	201.60	41.223	.968

출처: 이윤경, 허현숙, 장승민(2015).

　동형 검사 신뢰도는 한 검사 안에 포함된 동형 검사 점수 간의 상관계수로 산출된
다. 〈표 4-7〉은 국립특수교육원 기초학력검사(KNISE-BAAT) 읽기검사의 동형 검
사 신뢰도 결과를 제공하고 있다. 이 검사는 동형 검사에 해당하는 가형과 나형의
두 가지 검사문항을 제공하고 있기 때문에 동형 검사 신뢰도의 산출이 가능한 특
성을 지니고 있다. 동형 검사 신뢰도를 살펴보면 '짧은글이해' 영역을 제외하고는
상관계수가 높지 않은 것으로 나타났다. 즉, 낮은 신뢰도를 나타내는 낮은 상관계
수의 결과들이 산출되었다. 이처럼 상관계수는 평가영역에서 다양한 유형의 신뢰
도를 검증하기 위한 목적으로 활용되고 있다.

〈표 4-7〉 KNISE-BAAT 읽기검사의 동형 검사 신뢰도 결과

검사유형 / 영역		선수기능	음독능력	독해능력					전체
				낱말이해	문장완성	어휘선택	문장배열	짧은글이해	
가형	M	—	22.92	16.18	8.62	8.70	9.33	16.84	97.60
	SD	—	1.34	3.57	1.54	1.75	1.40	5.64	12.52
나형	M	—	22.76	17.93	9.41	9.15	9.63	21.83	105.71
	SD	—	1.39	2.43	0.97	1.09	0.80	4.52	8.77
신뢰도지수		—	0.49	0.57	0.39	0.46	0.42	0.74	0.82

* 초등학교 4학년부터 선수기능검사에서 제외하여 산출하지 않음.

출처: 박경숙, 김계옥, 송영준, 정동영, 정인숙(2009).

　상관계수는 타당도(제7장 참조)를 검증하기 위한 목적으로도 활용될 수 있다. 예
를 들어, 준거 타당도의 경우 동일한 영역을 측정하는 서로 다른 검사 간의 관련성
을 측정하여 타당도를 검증한다. 〈표 4-8〉에서는 '한국판 학습장애 평가척도'와
'기초학습기능검사' 간의 관련성을 나타내는 상관계수의 정보를 제공하고 있다. 읽
기 I 영역에서 가장 높은 상관계수가 산출되었고, 쓰기 영역에서 가장 낮은 상관계
수가 산출되었다.

📑 〈표 4-8〉 한국판 학습장애 평가척도와 기초학습기능검사 간의 관련성 상관계수

	기초학습기능검사 하위척도				
	정보처리 (Information processing)	셈하기 (Mathematics)	읽기 I (Reading I)	읽기 II (Reading II)	쓰기 (Writing)
학습지수(LQ)	.44*	.56**	.61**	.45*	.40*

* $p < .05$, ** $p < .01$

상관계수는 예측 타당도를 검증하기 위한 목적으로도 활용될 수 있다. 예측 타당도도 준거 타당도와 마찬가지로 두 검사 간의 관련성을 측정하고 있기 때문에 동일하게 상관계수로 예측 타당도의 검증이 가능하다. 이처럼 상관계수는 평가영역에서 검사의 신뢰도와 타당도를 평가하기 위한 목적으로 활용되고 있는 중요한 개념이기 때문에 검사를 사용하는 교사나 관련 전문가들은 상관계수의 개념과 결과해석 방법을 명확히 이해할 필요가 있다.

👥▶👥 주요 핵심용어

● 측정의 척도
● 양적 크기
● 동간 등급
● 절대 영점
● 명명척도
● 서열척도
● 동간척도
● 비율척도
● 점수의 분포

● 히스토그램 그래프
● 절선 그래프
● 곡선 그래프
● 집중 경향치
● 평균
● 중간값
● 최빈값
● 산포도의 측정치
● 범위

● 분산
● 표준편차
● 정규분포
● 표준정규분포
● 정적 편포 분포
● 부적 편포 분포
● 상관계수

제5장

표준화 검사의 점수

학습목표

◆ 생활연령의 개념을 설명하고 생활연령의 값을 산출할 수 있다.
◆ 원점수의 개념을 설명할 수 있다.
◆ 백분율 점수를 설명하고 공식을 이용하여 산출할 수 있다.
◆ 백분위 점수를 설명하고 공식을 이용하여 산출할 수 있다.
◆ 연령 및 학년 동등점수의 개념을 설명할 수 있다.
◆ 표준점수의 개념을 설명하고 공식을 이용하여 산출할 수 있다.
◆ 편차지능지수의 개념을 설명할 수 있다.
◆ 구분척도의 개념을 설명할 수 있다.
◆ 개별 영역의 변환점수를 산출할 수 있다.
◆ 검사기록지를 작성할 수 있다.

이 장의 중요성

특수교사가 학생들을 대상으로 검사를 실시하면 먼저 원자료(raw data) 형태의 검사결과를 얻게 된다. 이러한 원자료의 결과는 검사결과를 의미 있게 해석하는 데 있어서는 한계점을 갖고 있기 때문에 대부분의 표준화 검사는 원점수를 변환하여 사용하는 변환점수를 사용한다. 따라서 검사결과를 정확히 이해하고 올바른 방법으로 해석하기 위해서는 먼저 표준화 검사에서 사용하고 있는 다양한 변환점수의 개념을 명확히 이해할 필요가 있다.

1. 점수의 종류

1) 생활연령

검사의 결과를 정확히 해석하기 위해서 먼저 검사자는 검사를 실시하는 시기의 피험자 나이, 즉 생활연령(Chronological Age: CA)에 관한 정보를 반드시 확인해야 한다. 대부분의 표준화 검사는 다양한 연령대의 학생들에 관한 규준을 제공하고 있기 때문에 검사결과는 피험자의 생활연령을 고려하여 해석될 필요가 있다. 또한 일부 지능검사들의 경우 생활연령과 정신연령(Mental Age: MA)을 이용하여 지능지수[예: (생활연령/정신연령)*100=지능지수]를 산출하기 때문에 피험자의 정확한 생활연령을 확인하는 것은 대부분의 검사에서 필수적인 사항이다.

K-WISC-IV
KOREAN - WECHSLER INTELLIGENCE SCALE
FOR CHILDREN - FOURTH EDITION
곽금주 · 오상우 · 김청택

아 동 이 름 ______________________

검사자 이름 ______________________

아동 연령 계산

	년	월	일
검 사 일			
출 생 일			
검사 시 연령			

[그림 5-1] K-WISC-IV 기록지

한국 웩슬러 아동지능검사 4판(K-WISC-IV)에서처럼 생활연령은 간단한 수식으로 계산이 가능하다. 즉, 출생일에서 검사를 실시하는 날짜를 뺀 연령이 생활연령이 된다.

구분	년	월	일
검사일	2016	4	25
출생일	2013	2	1
검사 시 연령(생활연령)	3	2	24

예를 들어, 검사일이 2016년 4월 25일이고, 학생의 출생일이 2013년 2월 1일이라면, 생활연령은 3년 2월 24일이 된다. 검사마다 다소 차이가 있을 수 있지만 하루 이상의 검사가 실시된다면 일반적으로 검사 첫날을 검사일로 설정하여 생활연령을 산출한다.

만약 검사일이 동일하지만 출생일이 2013년 3월 29일로 다른 학생의 생활연령은 어떻게 산출할 수 있을까?

구분	년	월	일
검사일	2016	4	25
출생일	2013	3	29
검사 시 연령(생활연령)	3	0	26

검사일은 25일이기 때문에 출생일인 29일보다 적은 수의 날짜에 해당한다. 이럴 경우 월에서 한 자릿수 내림을 하여 30일과 25일(검사일)과 합산한 55일에서 29일을 빼기 때문에 생활연령은 3년 0월 26일이 된다.

2) 원점수

원점수(raw score)는 검사를 실시한 후 교사가 획득할 수 있는 첫 번째 유형의 검사자료에 해당한다. 원점수란 학생이 검사에서 정답을 맞춘 문항의 수를 의미한다. 만약 문항당 배점이 다를 경우에는 전체 획득한 배점의 총합이 원점수가 된다. 예를 들어, 20개의 문항으로 구성된 검사에서 15개의 문항(문항당 1점 배점)에서 정답을 답했다면, 원점수는 맞은 문항의 수, 즉 15가 된다. 문항당 배점이 다를 경우에는 문항별 배점을 고려하여 산출된 총 점수가 원점수가 된다. 이처럼 원점수는 검사자가 검사를 실시한 후 첫 번째로 얻게 되는 가장 기초적인 정보에 해당한다.

하지만 대부분의 심리검사에서 산출된 원점수는 그 자체만으로 의미 있는 정보를 제공하지 않는다. 예를 들어, 읽기장애를 갖고 있는 영진이가 표준화된 읽기검사에서 12점을 얻었다면, 우리는 이 검사의 결과를 어떻게 해석할 수 있을까? 여기서 12점은 무엇을 의미하는가? 12점이란 점수만으로 영진이의 읽기능력이 또래 학생들보다 우수한 능력인지 혹은 뒤처진 점수인지를 평가하기는 어렵다. 왜냐하면 문항의 난이도에 따라 학생의 원점수는 쉽게 영향을 받을 수 있기 때문이다. 문항의 난이도가 매우 높다면 12점은 높은 점수일 수도 있지만 문항의 난이도가 매우 쉬웠다면 매우 낮은 점수로 평가받을 수 있다. 따라서 12점이란 원점수를 의미 있게 해석하기 위해서는 추가 조치가 필요하며, 그러한 방법 중 한 가지가 바로 변환점수를 사용하는 것이다.

3) 변환점수

원점수는 다양한 특성을 지닌 변환점수로 전환되어야 하며, 구체적인 개별 변환점수의 설명은 다음과 같다.

(1) 백분율 점수

백분율 점수(percentage score)는 검사의 전체 문항 중에서 정답으로 응답한 문항의 비율을 의미한다. 예를 들어, 100개의 문항 중에서 80개의 문항에서 정답을 맞췄다면 백분율 점수는 80%이 된다. 이처럼 백분율 점수는 원점수를 이용하여 간단히 계산될 수 있는 장점을 갖고 있지만 검사결과를 의미 있게 해석하는 데 있어서는 다음과 같은 한계점을 갖고 있다. 예를 들어, 수빈이가 2개의 서로 다른 수학 검사에서 동일한 80%의 백분율 점수를 받았다고 가정해 보자. 과연 수빈이는 2개의 검사에서 동등한 점수를 얻었다고 해석이 가능할까? 아마도 2개의 서로 다른 검사에서 동등한 점수를 받았다라고 해석하기는 어려울 것이다. 왜냐하면 두 검사 간의 문항 난이도는 완벽히 동일하지 않기 때문이다. 따라서 문항의 난이도가 높았다면 80%의 점수는 높은 점수로 해석될 수 있지만, 반대의 조건에서는 낮은 점수로 해석이 가능하다. 따라서 단순히 백분율 점수의 평균을 산출하였다면, 검사결과를 올바르게 해석하지 않은 것이다. 백분율 점수의 결과는 전체 문항의 수에서 정답을 응답한 비율만으로 한정하여 해석해야 한다. 또한 가끔 백분율 점수를 백분위와 혼동하여 사용하는 경우가 있는데, 두 가지는 서로 다른 개념이기 때문에 구별된 목적으로 사용할 필요가 있다.

(2) 백분위

백분위(percentile rank)란 전체 점수의 분포에서 특정 이하의 원점수를 획득한 피험자의 수를 백분율로 표시하는 것을 의미한다. 예를 들어, 특정 쓰기검사에서 원점수가 30일 때 백분위 값이 20이라면, 전체 피험자 중에서 20%는 30점 이하의 점수를 획득한 것으로 해석할 수 있다. 결국 100명 중 20명의 학생만이 30점 이하를 받았기 때문에 30점을 받은 학생의 점수는 상대적으로 높지 않은 점수에 해당할 것이다. 이처럼 백분위를 사용할 경우 원점수의 결과만으로 얻을 수 없었던 정보, 즉 전체 집단의 분포에서 특정한 점수를 획득한 개인의 상대적인 위치를 파악할 수 있는 장점을 기대할 수 있다.

백분위는 다음과 같은 간단한 공식으로 산출이 가능하다.

$$P_r = \frac{B}{N} \times 100$$

$$P_r = 백분위$$
$$N = 전체 사례 수$$
$$B = 특정 점수 이하를 받은 사례 수$$

앞의 백분위 공식을 수리적으로 설명하면, 결국 백분위란 전체 사례 수에서 특정한 점수 미만을 받은 사례 수의 비율이며, 100을 곱한 이유는 소수점의 값을 제거하여 검사결과를 좀 더 손쉽게 해석할 수 있도록 하기 위함이다.

제4장의 〈표 4-2〉의 예에서 원점수인 20점의 백분위를 구하면 다음과 같다.

$$20점의 백분위(P_r) = \frac{10}{50} \times 100 = 20$$

즉, 전체 학생 수 중에서 20점 미만의 점수를 받은 학생의 비율은 20%에 해당한다. 나머지 80%의 학생들은 20점 이상을 받은 것으로 해석이 가능하다.

백분위는 서열척도에 해당하기 때문에 서열척도와 동일한 제한점을 갖고 있다. 먼저 백분위는 서열에 관한 정보만을 제공하고 있기 때문에 실제 원점수 간의 차이는 가늠하기 어렵다. 즉, 동간 등급이 유지되지 않는다. 예를 들어, 백분위 10과 백분위 20 간에는 10 백분위의 차이가 나타나지만 원점수에서도 동일하게 10점의 차이가 나타나지 않을 수 있다. 또한 백분위의 값을 이용하여 산출평균이나 표준편차를 산출할 수 없다. 백분위는 절대 영점을 갖고 있지 않기 때문에 0이라는 백분위를 산출하더라도 그 결과의 값을 존재하지 않는 특성으로 해석해서는 안 될 것이다.

(3) 연령 및 학년 동등점수

일부 규준 참조 검사의 경우 원점수를 연령 혹은 학년 동등점수(age or grade equivalent scores)로 변환하여 정보를 제공하고 있다. 예를 들어, 읽기 학습장애를 갖고 있는 민호의 읽기점수는 동학년에 소속된 학생들의 점수보다 낮게 나타날 확률이 높다. 이럴 경우 민호의 읽기능력이 어느 학년 수준에 해당하는지를 추정하고 싶을 때 이러한 유형의 동등점수를 활용할 수 있다.

원점수와 비교가 되는 연령 혹은 학년 동등점수는 특정한 연령 혹은 학년의 표본분포에서 획득된 중앙값 혹은 중간값으로 산출된다. 따라서 원점수의 값이 4학년의 동등점수로 나타났다면, 이러한 원점수는 4학년의 일반적인 집단에서 기대할 수 있는 성취결과로 해석될 수 있다. 여전히 4학년의 집단 중에서는 해당 원점수보다 높거나 낮은 점수를 받은 학생이 존재하고 있다는 점을 이해할 필요가 있다.

실제로 기초학습기능검사(박경숙, 윤점룡, 박효정, 1989)에서는 연령 동등점수와 학년 동등점수를 모두 제공하고 있기 때문에 피험자가 습득한 원점수를 두 가지 유형의 동등점수로 변환할 수 있다.

〈표 5-1〉 기초학습기능검사(학년 동등점수)

원점수	정보처리*	셈하기*	읽기I* (문자와 낱말의 제안)	읽기II* (독해력)	쓰기* (철자의 제안)	원점수
50		6.5				50
49		6.3				49
48	6.5	6				48
47	6	5.9				47
46	5.5	5.7	6.5			46
45	5	5.6	6			45
44	4.7	5.5	5.5			44
43	4.3	5.4	5	6		43
42	4	5.2	4.5	5.5	6.5	42
41	3.9	5	4	5	6	41
40	3.7	4.9	3.8	4.5	5.5	40
39	3.5	4.7	3.5	4	5	39
38	3.2	4.6	3.3	3.9	4.7	38
37	3	4.5	3	3.7	4.3	37
36	2.9	4.4	2.9	3.5	4	36
35	2.7	4.2	2.8	3.2	3.8	35
34	2.5	4	2.7	3	3.7	34
33	2.3	3.9	2.6	2.9	3.5	33
32	2	3.8	2.5	2.8	3.3	32
31	1.7	3.7	2.4	2.6	3	31
30	1.6	3.6	2.3	2.5	2.8	30
29	1.5	3.5	2.2	2.4	2.7	29
28	1.2	3.4	2	2.2	2.6	28
27	1	3.3	1.9	2	2.5	27
26	0.5	3.2	1.9	1.9	2.4	26

* 칸의 숫자는 학년을 나타냄.

만약 3학년인 유진이가 기초학습기능검사의 정보처리 소검사에서 47점을 획득했다면, 이 점수는 6학년 수준에 해당하는 점수로 해석이 가능하다. 즉, 정보처리 영역에서 3개 학년 이상의 우수한 능력을 갖고 있는 것으로 해석할 수 있다. 마찬가지로 셈하기 소검사에서 27점의 원점수를 획득했다면, 3.3학년의 수준으로 해석할 수 있다.

연령 혹은 학년 동등점수를 해석하고자 할 때 주의해야 할 점은 검사점수의 비교 대상이 피험자의 모집단이 아니라는 점이다. 대신 피험자가 습득한 점수에 해당하는 연령 혹은 학년의 일반적인 집단과 비교를 하게 된다. 예를 들어, 피험자가 초등학교 2학년에 재학 중이어도 피험자의 점수는 2학년의 모집단이 아닌 4학년의 집단과 비교하게 된다.

또한 연령 혹은 학년 동등점수의 결과만으로는 심각하게 뒤처져 있는지 여부를 판정하기는 어렵다. 만약 9세인 민수가 기초학습기능검사에서 8세 3개월에 해당하는 연령점수를 받았다면, 우리는 민수를 위험군 학생으로 선별할 수 있는가? 연령점수를 바탕으로 위험군 진단과 같은 중요한 의사결정이 가능한가? 결론적으로 말하면 연령 및 학년 동등점수만으로는 이러한 결정이 가능하지 않다. 장애 혹은 위험군 여부를 판단하기 위해서는 기본적으로 정규분포에서 산출된 평균과 표준편차가 가정되어야 하지만 이러한 등가점수는 정규분포의 평균과 표준편차를 가정하고 있지 않다. 따라서 단순한 참고용으로 사용하는 것이 올바른 결과의 해석이며, 장애 여부를 판정하는 과정 속에서 참고자료로만 활용해야 할 것이다.

마지막으로 연령 혹은 학년 동등점수는 서열척도에 해당하는 점을 인지할 필요가 있다. 서열척도이기 때문에 다음과 같은 잘못된 해석을 주의해야 한다. 예를 들어, 8세인 윤지의 연령 동등점수가 7세였으며, 12세 진희의 연령 동등점수가 11세였다면, 우리는 두 학생의 차이가 동등한 한 살 차이라고 해석할 수 있을까? 12세에서의 1년과 8세의 1년의 차이는 동등한 간격으로 가정되지 않기 때문에 두 학생에게 나타난 1년의 차이를 동일한 차이로 해석해서는 안 될 것이다.

(4) 표준점수

개인의 원점수와 전체 평균(동일한 연령 혹은 학년의 평균) 간의 차이를 비교하여 원점수를 변환한 점수를 표준점수(standard scores)라고 한다. 이때 전체 평균값은 평균과 표준편차를 갖고 있는 또래 집단의 분포에서 산출된 값을 말한다. 즉, 표준점수에서는 개인이 획득한 원점수가 또래 전체 평균과 비교하여 어느 정도 높은 값인지 혹은 낮은 값인지를 확인할 수 있다. 이처럼 표준점수의 값은 전체 점수의 분포에서 학생 개인의 점수를 비교할 수 있는 장점을 갖고 있기 때문에 특수교육에서는 집단을 분류하거나 장애의 등급을 결정하는 준거 자료로 주로 활용되고 있다. 예를 들어, 지능검사에서 70~75점 사이의 점수를 지적장애 혹은 비지적장애 집단으로 구분할 수 있는 판단 준거로 활용할 수 있다. 이때 사용된 70~75점 점수는 표준점수에 해당한다. 일반적으로 지능검사의 평균이 100점인 점을 감안한다면, 70~75점은 평균보다 매우 낮은 점수로 해석할 수 있으며, 그 이하의 점수를 받은 학생의 집단을 지적장애 위험군으로 선별할 수 있을 것이다(실제로 지적장애는 단순히 지능점수만으로 진단되지 않음. 자세한 사항은 지적장애 전공서적 참조).

원점수는 다양한 평균과 표준편차를 가진 분포로 변환이 가능하지만, 일반적으로 다음과 같은 특정한 표준점수들을 실제 검사에서 가장 많이 활용하고 있다.

① z 점수

z 점수에서는 [그림 5-2]처럼 원점수를 평균이 0이고 표준편차가 1인 정규분포로 변환한다.

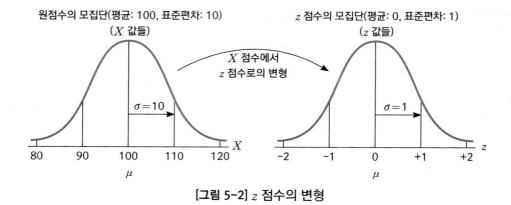

[그림 5-2] z 점수의 변형

원점수를 평균이 0이고 표준편차가 1인 분포의 점수로 변환하는 공식은 다음과 같다.

$$z \text{ 점수} = \frac{\text{원점수} - \text{평균}}{\text{표준편차}}$$

원점수를 z 점수로 변환하는 구체적인 예는 다음과 같다. 만약 전체 평균이 57이고 표준편차가 14인 분포에서 획득한 점수가 57이었다면, 57점에 해당하는 z 점수는 [그림 5-3]처럼 0이 된다. 0이 되는 결과를 앞에서 제시한 공식으로 산출하면 다음과 같다.

$$0(z \text{ 점수}) = \frac{57(\text{원점수}) - 57(\text{평균})}{14(\text{표준편차})}$$

또한 동일한 조건에서 원점수가 43점일 경우 해당하는 z 점수는 -1이 되며, 공식으로 산출하면 다음과 같다([그림 5-3] 참조).

$$-1(z \text{ 점수}) = \frac{43(\text{원점수}) - 57(\text{평균})}{14(\text{표준편차})}$$

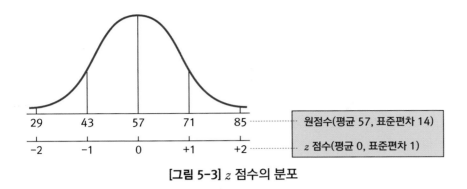

[그림 5-3] z 점수의 분포

이처럼 z 점수와 z 분포의 변환을 사용하면 다양한 평균과 표준편차를 갖고 있는 원점수의 분포를 평균이 0이고 표준편차가 1인 정규분포로 변환이 가능하다. 즉, 모든 원점수의 분포를 평균이 0이고 표준편차가 1인 분포로 정형화할 수 있는 장점을 갖고 있기 때문에 다양한 평균과 표준편차를 갖고 있는 검사점수 간의 절대적인 비교가 가능하다는 특징이 있다.

② T 점수

T 점수에서는 원점수의 분포를 평균이 50이고 표준편차가 10인 정규분포로 변환하게 된다. z 점수에서 원점수를 변환하는 과정은 동일하지만 변형된 분포의 평균과 표준편차의 값에서만 차이가 난다. T 점수로 변환하는 공식은 다음과 같다.

$$T \text{ 점수} = 10z + 50$$

이 공식에서 이해할 수 있듯이, T 점수란 z 점수를 먼저 10으로 곱한 후 50이라는 상수를 더하는 공식으로 산출된다. 즉, z 점수를 10배 증대한 후 일정한 50이라는 수를 더함으로써 소수점의 값과 음수의 값이 산출되지 않는 장점을 갖고 있다. [그림 5-4]의 사례를 이용하여 T 점수를 살펴보면, 43의 원점수는 먼저 z 점수로 전환하면 −1이었으며, 이러한 z 점수 값을 이용하여 산출된 T 점수는 다음과 같다.

$$40(T \text{ 점수}) = 10(-1) + 50$$

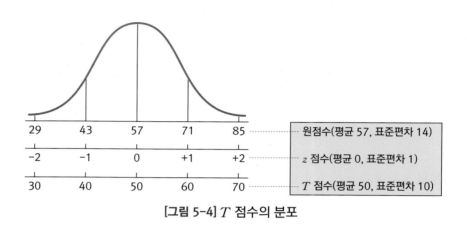

[그림 5-4] T 점수의 분포

평균이 50이고, 표준편차가 10인 분포로 변환하여 사용하는 T 점수보다는 실제 우리나라 검사에서는 주로 평균이 10, 표준편차가 3인 표준점수를 더 많이 사용하고 있다. 실제로 웩슬러 지능검사에서도 이러한 표준점수를 사용하고 있고, 이 같은 이유로 평균이 10이고 표준편차가 3인 표준점수를 특별히 웩슬러 척도 점수(Wechsler scaled score)라고 명명한다.

$$\text{웩슬러 척도 점수} = 3z + 10$$

학령기 아동 언어 검사(LSSC)에서도 원점수는 평균이 10이고 표준편차가 3인 웩슬러 척도 점수로 변환하여 사용하고 있다. 마찬가지로 변환점수가 10 이상이라면 평균 이상의 검사점수로 해석이 가능하며 표준편차 3범위(7~13) 안에는 전체 사례 수의 68.26%가 포함된 것으로 해석이 가능하다.

	수용언어					표현언어				
환산점수	상위개념이해	구문이해	비유문장이해	문법오류판단	단락듣기이해	상위어표현	반의어표현	동의어표현	문법오류수정	복문산출
20	·	·	·	·	·	·	·	·	·	·
19	·	·	·	·	·	·	·	·	·	·
18	·	·	·	·	·	·	·	·	·	·
17	·	·	·	·	·	·	·	·	·	·
16	·	·	·	·	·	·	·	·	·	·
15	·	·	·	·	·	·	·	·	·	·
14	·	·	·	·	·	·	·	·	·	·
13	·	·	·	·	·	·	·	·	·	·
12	·	·	·	·	·	·	·	·	·	·
11	·	·	·	·	·	·	·	·	·	·
10										
9	·	·	·	·	·	·	·	·	·	·
8	·	·	·	·	·	·	·	·	·	·
7	·	·	·	·	·	·	·	·	·	·
6	·	·	·	·	·	·	·	·	·	·
5	·	·	·	·	·	·	·	·	·	·
4	·	·	·	·	·	·	·	·	·	·
3	·	·	·	·	·	·	·	·	·	·
2	·	·	·	·	·	·	·	·	·	·
1	·	·	·	·	·	·	·	·	·	·

[그림 5-5] LSSC 기록지

③ 편차지능지수

우리는 일반적인 상식으로 지능지수의 평균이 100이라는 사실을 잘 알고 있다. 이처럼 지능지수를 100점대 점수로 활용할 수 있는 이유는 평균이 100이고 표준 편차가 15인 분포에 기반한 표준점수를 이용하고 있기 때문이며, 여기서 사용한 지능점수를 특별히 편차지능지수(Deviation IQ)라고 한다. T 점수의 변환에서 적용했던 원리와 동일하게 z 점수를 이용하여 다음과 같은 공식으로 간편하게 편차 지능지수로 변환이 가능하다.

$$편차지능지수 = 15z + 100$$

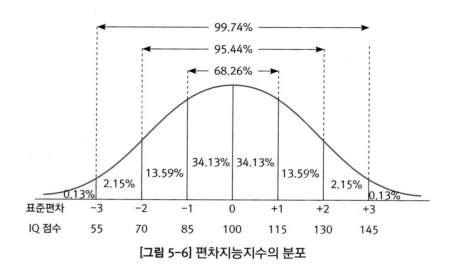

[그림 5-6] 편차지능지수의 분포

일반적으로 [그림 5-6]처럼 평균이 100이고 표준편차가 15인 정규분포를 이용하여 지능지수를 변환하지만 일부 지능검사들(예: 스탠포드 비네 지능검사)은 다른 표준편차(예: 16)를 이용하여 원점수를 변환하기도 한다. 하지만 표준편차의 값만 상이할 뿐 산출하는 공식과 개념은 거의 동일하다.

④ 구분척도

일부 검사의 경우 구분척도를 사용하여 원점수를 정규분포로 변환하기도 한다. 구분척도(stanines는 standard nines을 줄인 표현)란 전체 정규분포의 범위를 총 9개의 범위로 나눈 후 각각의 범위에 1부터 9까지 부여된 숫자를 의미한다. 1과 9에 해당하는 구분척도에만 1.75의 표준편차로 범위가 설정되었으며, 나머지 구분척도에서는 0.5의 표준편차 격차로 범위가 설정되어 있다. 구분척도에 따른 분포의 비율은 4에서 20까지의 다양한 값을 갖고 있다. 구분척도 5에 해당하는 비율은 20으로 가장 큰 비율을 차지하고 있다.

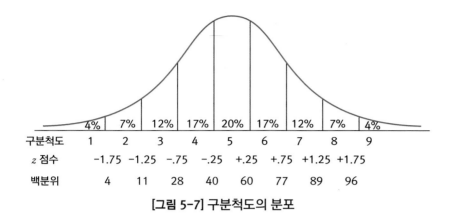

[그림 5-7] 구분척도의 분포

 구분척도가 9라는 의미는 상위 4%에 해당하는 위치로 해석될 수 있다. 반면, 구분척도가 1이라는 의미는 하위 4% 이내에 포함되는 위치라고 해석될 수 있다. 즉, 구분척도가 증가할수록 높은 등급에 해당한다고 해석이 가능하다. 이처럼 구분척도를 사용하면 간편하게 검사점수를 해석할 수 있는 장점을 기대할 수 있다.

 또한 구분척도는 원점수를 이용하여 정규분포로 변환할 수 있기 때문에 원점수의 분포가 편포되어 있다 하더라도 정규분포로 변환할 수 있는 장점을 갖고 있다. 반면에 기존에 소개한 z 점수와 T 점수는 모두 원점수를 z 점수로 먼저 변환한 후에 정규분포로 변환하고 있기 때문에 원점수의 분포 형태는 점수를 변환하더라도 그대로 유지된다.

 구분척도의 주된 단점은 개별 점수를 점수의 범위로 표준화한다는 점이다. 이러한 특성으로 각 경계선에 위치한 점수의 차이를 극대화할 수 있는 문제점이 있다. 예를 들어, 10%에 해당하는 원점수는 구분척도 2에 해당하지만, 12%에 해당하는 원점수는 구분척도 3으로 변환된다. 즉, 2%의 차이로 구분척도가 변환되는 것처럼, 원점수 간의 차이를 지나치게 극대화하는 문제점이 예상된다. 경계선에 근접한 원점수뿐만 아니라 같은 척도에 포함된 원점수끼리도 원점수 간의 차이를 반영하지 못한다. 하지만 이러한 단점은 한편으로 장점으로 고려되기도 한다. 모든 검사점수는 진점수가 아니기 때문에 오차를 포함하고 있다. 따라서 동일한 구분척도 안에 포함된 원점수를 크고 작음의 차이가 있음에도 불구하고 동일한 점수로 해석하는 것은 타당한 방법일 수도 있다.

(5) 개별 소검사 영역의 변환점수

대부분의 표준화 검사는 한 요인에 여러 하위 소검사를 포함하고 있다. 예를 들어, K-WISC-IV의 경우 '언어이해' 요인에는 5개의 개별 소검사, 즉 공통성, 어휘, 이해, 상식, 단어추리 소검사 영역이 포함되어 있다. 따라서 '언어이해' 요인의 검사결과를 해석하기 위해서는 먼저 개별 소검사의 변환점수(K-WISC-IV에서는 '환산점수'라는 용어를 사용함)를 합산할 필요가 있다. 개별 소검사에서 산출된 변환점수(환산점수)의 총합은 다시 평균이 100이고, 표준편차가 15인 전체 변환점수(환산점수)로 전환되어야 한다. K-WISC-IV의 경우 총 5개의 요인을 갖고 있기 때문에 5개의 변환점수(환산점수)를 산출해야 한다. 이처럼 개별 요인에 관한 변환점수(환산점수)를 산출함으로써 각 개인이 갖고 있는 요인별 강점과 약점을 파악할 수 있다.

환산점수 합계를 합산점수로 변환하기				
	환산점수 합계	합산점수	백분위	___% 신뢰구간
언어이해		언어이해지표		
지각추론		지각추론지표		
작업기억		작업기억지표		
처리속도		처리속도지표		
전체 검사 점수		전체 IQ		

[그림 5-8] K-WISC-IV 기록지

[그림 5-9]에서 확인할 수 있듯이, 각 요인별 점수는 변환점수(합산점수)(평균= 100, 표준편차=15)로 변환되었기 때문에 프로파일 기록지에서 요인별로 표시가 가능하다. K-WISC-IV 기록지의 프로파일에서 100점에 굵은 줄이 표시된 이유는 100점이 평균이라는 점을 부각시키기 위함이다. 즉, 100점을 기준으로 높거나 낮은 점수로 해석이 가능하다.

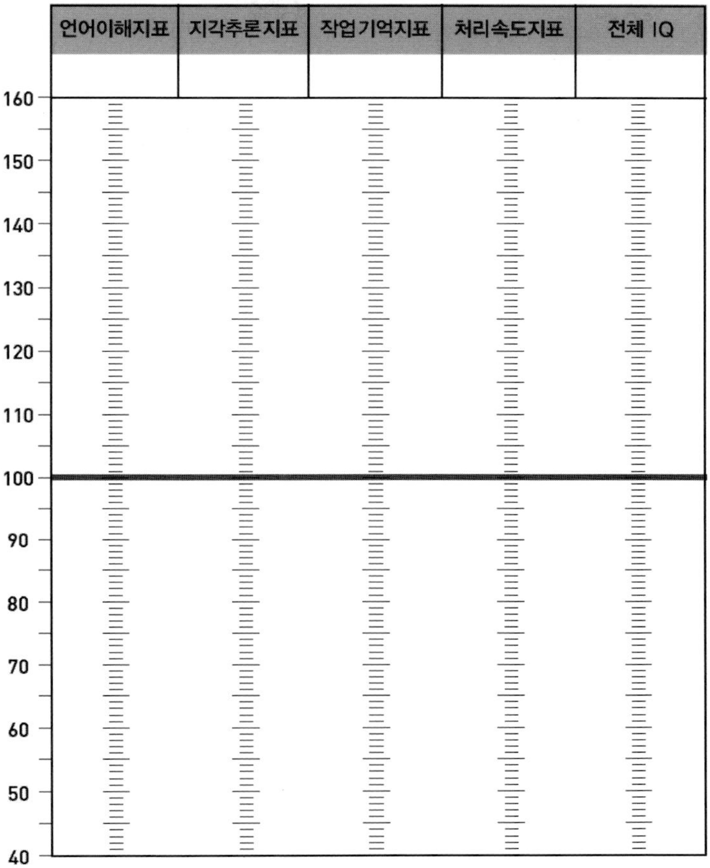
언어이해지표
지각추론지표
작업기억지표
처리속도지표
전체 IQ
160
150
140
130
120
110
100
90
80
70
60
50
40

[그림 5-9] K-WISC-IV 기록지

지역사회적응검사 2판(CISA-2)에서도 마찬가지로 한 요인은 다수의 개별 소검사를 포함하고 있다. 따라서 요인별 검사결과를 해석하기 위해서는 먼저 소검사의 변환점수(환산점수)를 합산하여 영역지수라는 개별 소검사의 환산점수를 산출해야 한다. 예를 들어, 영역지수에 해당하는 '직업생활 영역'의 값을 환산하기 위해서는 '직업기능'과 '대인관계와 예절'의 변환점수(환산점수)를 합산하여 해당 영역지수로 다시 변환하는 과정을 거쳐야 한다.

결론적으로 한 영역에서 다수의 소검사를 갖고 있는 검사의 경우 소검사의 변환점수들의 합을 이용하여 다시 한 번 전체 변환점수를 산출하는 과정을 수행할 필요가 있다.

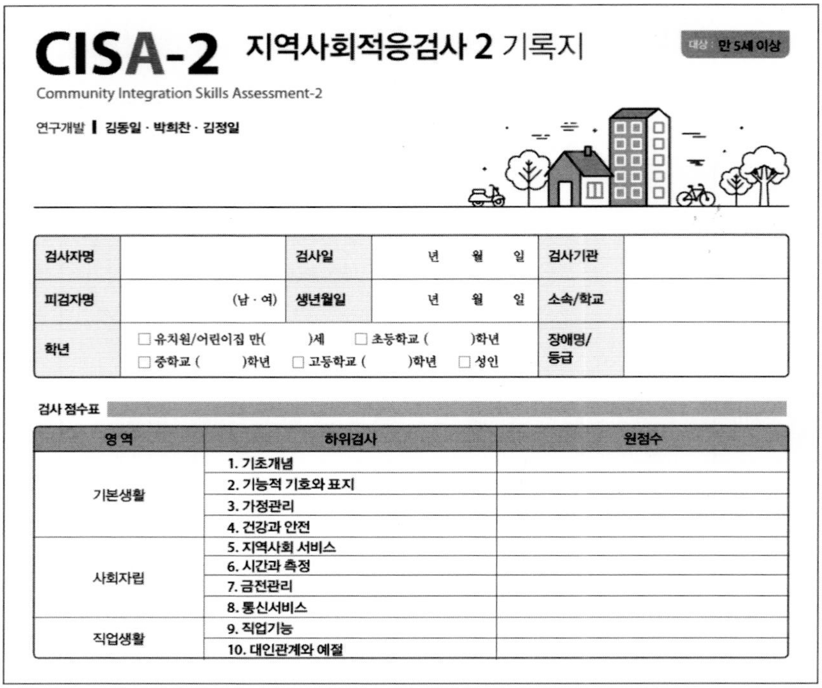

CISA-2 지역사회적응검사 2 기록지

대상 : 만 5세 이상

Community Integration Skills Assessment-2

연구개발 ▌ 김동일 · 박희찬 · 김정일

검사자명		검사일	년 월 일	검사기관	
피검자명	(남 · 여)	생년월일	년 월 일	소속/학교	
학년	□ 유치원/어린이집 만( )세 □ 초등학교 ( )학년 □ 중학교 ( )학년 □ 고등학교 ( )학년 □ 성인			장애명/등급	

검사 점수표

영 역	하위검사	원점수
기본생활	1. 기초개념	
	2. 기능적 기호와 표지	
	3. 가정관리	
	4. 건강과 안전	
사회자립	5. 지역사회 서비스	
	6. 시간과 측정	
	7. 금전관리	
	8. 통신서비스	
직업생활	9. 직업기능	
	10. 대인관계와 예절	

[그림 5-10] CISA-2 기록지

2. 검사기록지 작성 절차 및 방법

검사자가 앞 장에서 설명한 기초 통계의 개념과 다양한 검사점수의 종류를 충분히 이해했다면 이제는 실제 검사를 실시한 후에 검사기록지를 작성해야 하는 절차만이 남아 있다. 검사기록지를 작성하는 주된 이유는 산출된 원점수를 변환점수로 변환하여 상대적인 비교가 가능한 유용한 정보를 얻기 위함이다. 또한 소검사의 변환점수들을 프로파일로 표시할 수 있기 때문에 피험자의 강점과 약점을 시각적으로 쉽게 파악하고 이해할 수 있는 장점을 기대할 수 있다.

검사기록지를 작성하는 절차 및 방법은 검사의 종류마다 다르지만, 일반적으로 유사한 작성 절차를 서로 공유하고 있다. 처음 검사를 접하는 검사자의 경우 검사지 기록에 어려움을 느낄 수 있기 때문에 검사기록지 작성에 관한 과정을 절차별로 자세히 설명하고, 좀 더 쉬운 이해를 돕기 위해 실제 검사기록지를 사용하여 구체적인 설명을 제공하고자 하였다.

검사기록지 작성은 피험자인 학생이 모든 검사를 끝마치고 원점수를 소검사 영역별로 모두 확인한 이후에 시작될 수 있다. 따라서 검사 매뉴얼에 따라 검사를 수행하고 원점수 채점이 사전에 마무리되어야 한다. 이 장에서는 국립특수교육원 기초학력검사(KNISE-BAAT) 읽기검사의 검사기록지를 이용하여 과정별로 자세히 설명하고자 한다.

1) 배경정보 작성하기

먼저 검사에 참여한 피험자의 정보를 검사기록지에 정확히 기입해야 한다. 검사마다 차이가 있지만 이름, 성별, 학년, 주소, 생년월일 등이 배경정보에 포함될 수 있다. 최근 「개인정보 보호법」이 강화됨에 따라 학생 개인의 주민등록번호를 수집하는 것은 특별한 예외 상황이 아닌 이상 기록으로 남겨서는 안 된다. KNISE-BAAT 읽기검사처럼 추가로 검사자의 이름과 검사를 실시한 날짜를 기록할 수 있는 칸을 함께 포함할 수 있다.

2) 원점수 기록하기

배경정보를 모두 작성했다면 원점수를 소검사 영역별로 정확히 기입해야 한다. 원점수란 검사에 포함된 소검사에서 학생이 정반응을 나타낸 문항의 총합(혹은 총 문항에 대한 배점의 합)을 의미한다. KNISE-BAAT 읽기검사의 경우 총 7개의 소검사 요인을 포함하고 있기 때문에 7개 요인에 해당하는 빈칸에 정확한 원점수를 기록해야 한다. 비록 간단한 과정임에도 실제 검사현장에서 살펴보면, 다수의 검사자가 잘못된 원점수를 기록하는 경우가 빈번히 발생한다. 원점수를 얻기 위하여 많은 노력을 기울였던 점을 감안한다면, 여러 번 확인하여 정확한 원점수를 기록했는지 재차 점검할 필요가 있다.

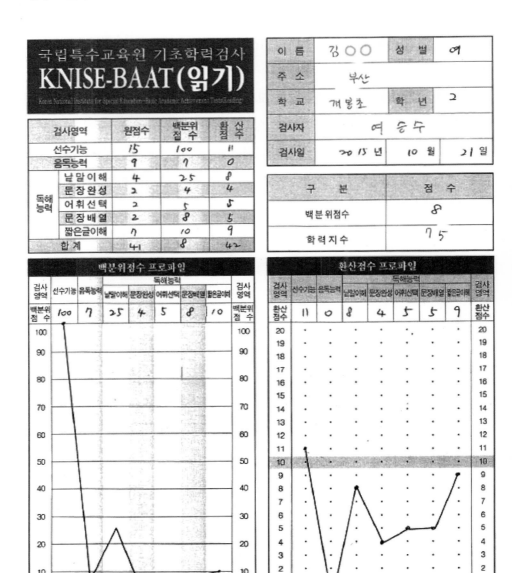

[그림 5-11] KNISE-BAAT 읽기검사의 검사기록지

3) 백분위 점수 환산하기

그다음 절차에서는 정확히 기입한 영역별 원점수에 해당하는 백분위 점수를 찾은 후에 그 값을 기입해야 한다. 원점수를 백분위 점수로 환산하는 방법은 검사마

다 약간 차이가 있을 수 있다. 일부 검사들은 검사지 매뉴얼에 포함된 부록에 백분위 점수에 관한 표를 제공하여 검사자가 쉽게 찾아볼 수 있지만, 일부 검사들은 해당 검사지를 출판하는 웹사이트를 방문하여 가입절차를 마친 후에 원점수를 기입하여 백분위 점수를 확인할 수 있다. KNISE-BAAT 읽기검사의 매뉴얼에 제시된 백분위 점수표를 이용하는 예는 다음과 같다.

먼저 선수기능에서 원점수가 15일 경우 해당하는 백분위 점수는 100임을 〈표 5-2〉에서 찾아볼 수 있다. 또한 음독능력 소검사에서 9점을 받을 경우 백분위 점수는 7, 낱말이해 소검사에서 4점을 받을 경우 백분위 점수는 25에 해당한다는 점을 백분위 점수표에서 확인할 수 있다. 이와 같은 방법으로 백분위 점수표를 이용하여 모든 소검사의 원점수에 해당하는 백분위 점수를 검사기록지에 기입한다.

소검사의 백분위 점수와 함께 KNISE-BAAT 읽기검사는 전체 검사의 백분위 점수도 제공한다. 김○○ 학생이 획득한 전체 원점수의 총합은 41점이었고, 41점에 해당하는 원점수는 백분위 점수표에서 제공하고 있지 않다. 대신 42점에 해당하는 백분위 값만 제공하고 있다. 42점에 해당하는 백분위 점수가 8이었기 때문에 대략 8점 이하의 백분위에 해당하는 것으로 추정할 수 있다.

〈표 5-2〉 KNISE-BAAT 읽기검사 규준

원점수	선수기능	음독능력	낱말이해	문장완성	어휘선택	문장배열	짧은글이해	원점수	전체원점수	백분위점수	전체원점수	백분위점수
30							100	30	0	1	80	58
29							96	29	25	2	81	65
28							96	28	26	3	82	68
27							96	27	32	4	83	71
26							96	26	34	6	84	73
25		100					96	25	42	8	85	76
24		97					95	24	45	10	87	78
23		93					92	23	48	11	88	82
22		84					92	22	49	13	90	85
21		67					92	21	50	14	92	86
20		52					91	20	52	15	93	87

19		41			.		91	19
18		26	100				90	18
17		22	96				89	17
16		16	96				87	16
15	100	15	92				84	15
14	7	10	82				81	14
13	3	9	75				81	13
12	3	9	64				77	12
11	3	9	52				73	11
10	3	8	42	100	100	100	71	10
9	3	7	33	91	93	91	65	9
8	3	7	30	74	73	71	62	8
7	3	7	30	53	53	53	56	7
6	3	3	28	31	32	36	48	6
5	3	2	25	19	16	29	36	5
4	3	2	25	13	10	20	24	4
3	3	2	22	9	5	13	19	3
2	3	1	18	4	5	8	10	2
1	3	1	13	4	5	7	7	1
0	3	1	9	4	4	6	7	0

53	16	95	88
54	17	96	90
55	20	97	92
56	23	98	93
57	24	99	95
61	26	101	97
62	27	105	98
63	29	111	99
65	30	112	100
67	32		
68	33		
70	34		
71	36		
73	39		
74	45		
75	48		
76	51		
77	52		
78	54		
79	57		

4) 표준점수 산출하기

원점수는 또한 표준점수로 변환되어야 한다. KNISE-BAAT 읽기검사의 경우 평균이 10이고 표준편차가 3인 표준점수(환산점수 혹은 웩슬러 척도 점수)를 사용하고 있다. 따라서 원점수의 분포를 평균이 10이고 표준편차가 3인 분포로 변환하여 표준점수를 산출할 수 있다.

김○○ 학생이 선수기능에서 습득한 원점수 15에 해당하는 표준점수는 11이었다. 즉, 김○○ 학생은 평균 이상의 선수기능을 갖고 있는 것으로 해석할 수 있다. '짧은글이해' 소검사에서 획득한 원점수 7점은 표준점수 9에 해당한다. 즉, 평균 이하의 점수를 획득한 것으로 해석할 수 있을 것이다.

◆️ 〈표 5-3〉 KNISE-BAAT 읽기검사 규준

환산점수	선수점수	음독능력	독해능력					환산점수
			낱말이해	문장완성	어휘선택	문장배열	짧은글이해	
0	1-6	1-3						0
1	7	4-5		0	0			1
2	8	6-7		1	1			2
3		8			2	0		3
4	9	9-10	0	2		1		4
5	10	11	1	3	3	2		5
6	11	12-13	2-3	4	4	3	0	6
7	12	14-15	4-5	5	5	4	1-3	7
8	13	16	6			5	4-5	8
9	14	17-18	7-8	6	6	6	6-7	9
10		19	9-10	7	7	7	8-10	10
11	15	20-21	11-12	8	8	8		11
12		22-23	13-14				11-12	12
13		24	15	9	9	9	13-14	13
14		25	16-17	10		10	15-17	14
15			18-19		10		18-19	15
16			20				20-22	16
17							23-24	17
18							25-16	18
19							27-28	19
20							29-30	20

5) 학력지수 산출하기

KNISE-BAAT 읽기검사는 변환점수의 일환으로 읽기학력지수(Reading Achievement Quotients: RAQ)를 제공하고 있다. 학력지수란 변환점수(환산점수)의 총합을 평균이 100이고 표준편차가 15인 분포로 재차 변환한 점수를 말한다. 김○○ 학생의 변환점수(환산점수)의 총합은 42점이었다. 42점에 해당하는 읽기학력지수의 값은 검사 요강에서 제공하고 있는 학력지수표에서 찾을 수 있다. 42점에 해당하는 읽기학력지수는 75점으로, 평균이 100인 점을 고려한다면 전반적으로 낮은 읽기능력을 가지고 있는 것으로 해석할 수 있다.

〈표 5-4〉 KNISE-BAAT 읽기검사 규준

환산점수 합	RAQ	환산점수 합	RAQ	환산점수 합	RAQ	환산점수 합	RAQ
1	39	41	74	81	110	121	145
2	40	42	75	82	111	122	146
3	40	43	76	83	112	123	147
4	41	44	77	84	112	124	148
5	42	45	78	85	113	125	149
6	43	46	79	86	114	126	150
7	44	47	80	87	115	127	151
8	45	48	80	88	116	128	152
9	46	49	81	89	117	129	152
10	47	50	82	90	118	130	153
11	48	51	83	91	119	131	154
12	48	52	84	92	120	132	155
13	49	53	85	93	120	133	156
14	50	54	86	94	121	134	157
15	51	55	87	95	122	135	158
16	52	56	88	96	123	136	159
17	53	57	88	97	124	137	160
18	54	58	89	98	125	138	160
19	55	59	90	99	126	139	161
20	56	60	91	100	127	140	162
21	56	61	92	101	128		
22	57	62	93	102	128		
23	58	63	94	103	129		
24	59	64	95	104	130		
25	60	65	96	105	131		
26	61	66	96	106	132		
27	61	67	97	107	133		
28	63	68	98	108	134		
29	64	69	99	109	135		
30	64	70	100	110	136		
31	65	71	101	111	136		
32	66	72	102	112	137		
33	67	73	103	113	138		
34	68	74	104	114	139		
35	69	75	104	115	140		
36	70	76	105	116	141		

37	71	77	106	117	142		
38	72	78	107	118	143		
39	72	79	108	119	144		
40	73	80	109	120	144		

6) 백분위 점수와 변환점수를 이용하여 프로파일 그리기

마지막으로 백분위 점수와 변환점수(표준점수)를 이용하여 프로파일을 작성할 필요가 있다. 먼저 앞서 기록된 백분위 점수를 소검사 영역별로 기입한 후에 백분위 점수에 해당하는 지점에 각각 점을 표시한다. 점을 표시한 후에 점들을 연결하는 직선을 그리면 프로파일을 완성할 수 있다. 백분위 점수와 동일한 순서로 변환점수를 이용하여 프로파일을 작성할 수 있다. 소검사 영역별로 변환점수를 기입한 후에 변환점수에 해당하는 지점에 점을 표시한 후에 점들을 연결하는 직선을 그리면 프로파일을 손쉽게 작성할 수 있다.

주요 핵심용어

- 생활연령
- 원점수
- 변환점수
- 백분율 점수

- 백분위
- 연령 및 학년 동등점수
- 표준점수
- z 점수

- T 점수
- 편차지능지수
- 구분척도

제**6**장

신뢰도

학습목표

◆ 신뢰도의 개념을 설명할 수 있다.
◆ 고전검사이론의 개념을 설명할 수 있다.
◆ 신뢰도와 고전검사의 관계를 설명할 수 있다.
◆ 오차점수 추정방법을 설명할 수 있다.
◆ 신뢰도 계수를 산출할 수 있다.
◆ 측정의 표준오차 개념을 설명하고 산출할 수 있다.
◆ 신뢰구간을 설명하고 산출할 수 있다.
◆ 검사-재검사 신뢰도를 설명할 수 있다.
◆ 동형 검사 신뢰도를 설명할 수 있다.
◆ 반분 신뢰도의 개념을 설명할 수 있다.
◆ KR 공식을 설명할 수 있다.
◆ 알파(α) 계수를 설명할 수 있다.
◆ 평가자 신뢰도를 설명할 수 있다.
◆ 신뢰도의 증감에 영향을 미칠 수 있는 요인을 설명할 수 있다.
◆ 신뢰도 해석 시 주의사항을 설명할 수 있다.

이 장의 중요성

　일선 교육현장에서 혹은 특수교육지원센터에서 평가업무를 수행하고자 할 때, 평가자는 우선적으로 평가 목적에 적합한 검사를 선택해야 할 것이다. 그렇다면 수많은 검사 중에서 어떤 검사가 우수한 검사일까? 검사도구의 질적 수준을 평가할 수 있는 지표는 무엇인가? 이러한 질문의 답변에는 반드시 신뢰도와 타당도의 개념을 포함해야 한다. 즉, 신뢰도와 타당도는 검사도구를 평가하기 위해서 반드시 고려해야 하는 중요한 개념들이다. 검사의 질을 평가하고자 할 때 두 가지 핵심요인을 고려하지 않는다면, 아마 검사자는 질적으로 낮은 수준의 검사를 선택하거나 혹은 검사결과를 잘못 해석하는 우를 범할 수 있다. 따라서 검사를 사용하기 전에 반드시 교사 및 관련 전문가는 신뢰도와 타당도 개념을 명확히 숙지할 필요가 있으며, 이러한 개념의 이해를 통해 궁극적으로 올바른 방법으로 검사를 사용할 수 있다. 먼저 이 장에서는 신뢰도의 개념을 설명하고, 다음 장에서는 타당도의 개념을 설명할 것이다.

1. 신뢰도의 개념

학교현장에서 학생들에게 검사를 실시하는 주된 이유는 학생이 갖고 있는 일정한 특성을 가늠하기 위함일 것이다. 하지만 검사를 실시할 때마다 상이한 결과를 얻게 된다면 교사는 검사를 통해서 학생에 관한 유의미한 정보를 얻을 수 없을 것이다. 예컨대, 김 교사는 학습장애 학생에게 동일한 읽기교과의 학업성취도 검사를 2회 실시한 후 다음과 같은 서로 다른 검사결과를 얻었다고 가정해 보자. 먼저 첫 번째 검사에서는 100점 만점에 80점(평균 이상)을 얻었지만, 두 번째 검사에서는 첫 번째 검사결과보다는 매우 낮은 30점으로 학습장애 위험군으로 확인되었다. 이러한 결과가 산출되었을 경우 김 교사는 학생의 읽기능력을 어느 정도의 수준이라고 평가할 수 있을까? 과연 이 학생의 실제 읽기능력은 어느 정도인가? 김 교사는 상이한 두 결과에 대해서 어떠한 결론도 내릴 수 없는 혼란스러운 상황에 처할 수도 있을 것이다.

신뢰도란 앞서 제시된 상황을 이해하기 위해서 필요한 필수적인 개념 중 한 가지이다. 신뢰도는 검사결과의 일관성(consistency), 안정성(stability) 혹은 정확성으로 정의될 수 있다. 검사를 여러 번 반복하여 실시하더라도 검사의 결과가 어느 정도 일정한 값의 범위에서 산출될 수 있는지를 평가하고자 할 때 신뢰도의 개념을 사용한다. 따라서 높은 신뢰도를 갖고 있는 검사의 경우 여러 번 반복 측정하더라도 검사결과에서는 큰 차이가 나지 않을 것으로 추정해 볼 수 있다. 반대로 낮은 신뢰도를 갖고 있는 검사의 경우 검사결과의 일관성을 가정할 수 없기 때문에 검사결과를 신뢰하기는 어려울 것이다. 특히 장애 여부와 같이 중요한 의사결정 시에는 반드시 높은 신뢰도를 확보한 검사를 사용할 필요가 있다. 검사를 실시할 때마다 장애 여부의 결과가 뒤바뀌는 상황이 자주 발생해서는 안 되기 때문이다. 이러한 이유 때문에 특수교육 분야의 전문가들과 교사들은 신뢰도에 대한 개념과 함께 실제 검사에서 신뢰도를 어떻게 해석해야 하는지에 관한 전문적인 지식을 반드시 숙지할 필요가 있다.

2. 신뢰도와 고전검사이론

　고전검사이론(classical test theory)에서는 신뢰도의 개념을 이론적으로 간략히 설명하고 있다. Spearman(1907)이 제안한 고전검사이론에 따르면, 관찰된 점수 혹은 원점수는 진점수(true score)와 오차점수(error score)로 구성되어 있다고 가정하고 있는데, 이러한 관계를 공식으로 표현하면 다음과 같다.

$$X(원점수) = T(진점수) + E(오차점수)$$

　이 식에서 진점수란 피험자의 실제 능력을 나타내는 점수를 말한다. 오차점수는 검사의 오차로 인해서 나타날 수 있는 점수의 크기로 정의될 수 있다. 예를 들어, 민수의 수학검사 점수가 58점이었다면 58점은 오차점수를 포함하고 있는 원점수로 해석해야 한다. 즉, 58점에는 진점수가 포함되어 있기도 하지만 오차점수도 함께 포함되어 있다. 따라서 민수의 수학검사 점수인 58점을 해석하고자 할 때 민수의 실제 수학점수를 58점으로 단정 짓기보다는 오차점수가 어느 정도 포함된 점수로 조심스럽게 해석해야 할 것이다.

　그렇다면 한 개인이 지니고 있는 진점수를 산출할 수 있는 구체적인 방법은 무엇일까? 진점수를 산출할 수 있는 방법은 현실적으로는 불가능하지만 이론적으로 산출이 가능하다. 연습의 효과가 없다는 전제하에 무한번의 동일한 검사를 한 개인에게 실시하게 된다면 다양한 원점수의 결과를 얻을 수 있다. [그림 6-1]처럼 원점수는 종 모양의 분포를 갖게 될 것이다. 이러한 원점수 분포에서 평균은 바로 한 개인이 지니고 있는 추정된 진점수가 된다. 이처럼 진점수란 이론적인 개념으로 설명이 가능하지만 현실적으로 직접적인 산출이 불가능하다.

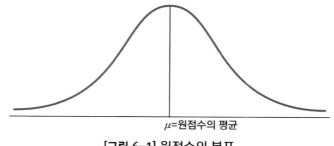

[그림 6-1] 원점수의 분포

* 분포의 평균은 한 개인의 추정된 진점수로 해석됨.

   [그림 6-1]은 진점수에 대한 설명과 함께 오차점수를 이해하는 데 중요한 정보를 제공하고 있다. 분포의 평균은 추정된 진점수에 해당한다는 사실과 함께 평균을 중심으로 퍼져 있는 점수들, 즉 산포도(dispersion)는 표집오차(sampling error)를 나타낸다. 이러한 표집오차는 고전검사이론에서 오차점수의 분포에 해당한다. 오차점수가 0일 경우 원점수와 진점수는 동일하여 분포의 평균값(추정된 진점수)이 되지만 오차점수가 0이 아닌 원점수들의 경우 평균을 중심으로 다양하게 분포되어 있다. 평균에서 멀리 떨어진 원점수일수록 오차점수의 크기는 증가하며, 반대의 경우 오차점수가 적은 원점수를 갖게 된다. 따라서 원점수 분포는 결국 오차점수의 분포를 나타내고 있다.

   고전검사이론에서 오차점수는 무선적인(random) 특징을 갖고 있는 것으로 가정하고 있다. 통계학에서 우연 혹은 무작위로 인해 나타날 수 있는 변화를 무선(random)이라는 용어로 설명한다. 따라서 원점수에 포함된 오차점수는 우연 혹은 무작위로 발생한 오차로 해석되기 때문에 의미 있는 점수로 해석하지 않는다. 통계학에서 무선적인 변인의 경우 무한번의 반복을 실시할 경우 결국 평균은 0으로 수렴하는 특징을 갖고 있다. 따라서 오차점수의 경우도 마찬가지로 진점수를 산출하는 개념과 동일하게 무한번의 반복을 실시할 경우 궁극적으로 평균은 0이 된다. 오차점수의 평균이 0이라는 의미는 결국 원점수와 진점수가 동일하다는 의미로 [그림 6-1]에서 평균에 해당한다. 따라서 [그림 6-1]의 분포는 결국 원점수의 분포와 함께 오차점수의 분포를 나타내고 있다.

앞의 이론적인 설명처럼 원점수를 해석하고자 할 때는 오차점수의 크기 여부가 매우 중요하다. 실제 능력(진점수)은 불변한다는 가정을 한다면 원점수에 영향을 미칠 수 있는 변인은 바로 오차점수가 된다. 오차점수가 진점수에 비해서 상대적으로 클 경우 우리는 원점수를 신뢰하기는 어려울 것이다. 왜냐하면 오차점수가 원점수에서 차지하고 있는 비중이 매우 높기 때문에 피험자의 검사결과를 신뢰할 수 없기 때문이다. 반대로 오차점수가 매우 작은 상황이라면 원점수는 진점수와 매우 유사한 값으로 추정할 수 있다. 만약 민수의 수학점수 58점에서 오차점수가 차지하는 비중이 매우 적은 상황이라면, 우리는 58점 정도 수준에서 민수의 수학능력을 가늠해 볼 수 있을 것이다. 이러한 이유 때문에 검사도구를 선택할 때는 오차점수가 작은 검사, 다시 말해 신뢰도가 우수한 검사를 사용해야만 진점수에 가까운 원점수를 획득할 수 있다.

3. 오차점수 추정방법

오차점수와 관련된 좀 더 실질적인 질문을 위해 다시 민수의 예로 돌아가 보자. 그렇다면 궁극적으로 민수가 획득한 58점의 수학점수(원점수)에서 오차점수는 얼마나 될까? 어떻게 하면 오차점수를 알 수 있을까? 오차점수를 알게 된다면 진점수가 얼마나 되는지를 알 수 있기 때문에 원점수의 해석을 좀 더 정확히 할 수 있는 장점을 기대할 수 있다. 만약 민수에게 무한번의 수학검사를 실시할 수 있다면, 무선오차는 앞서 설명한 것처럼 0으로 수렴되고 원점수의 평균이 곧 진점수가 되기 때문에 오차점수를 심각하게 고민할 필요가 없을 것이다. 하지만 앞서 설명한 것처럼 무한번 반복하여 수학검사를 실시하는 것은 현실적으로 불가능하다. 불행하게도 실제로 직접적으로 오차점수를 바로 확인할 수 있는 방법은 존재하지 않는다. 하지만 다행히도 신뢰도 계수(reliability coefficient)와 측정의 표준오차(Standard Error of Measurement: SEM) 개념과 같은 통계방법을 사용하여 오차점수의 크기를 추정해 볼 수 있다.

1) 신뢰도 계수

신뢰도 계수는 원점수의 변화량 중에서 진점수의 변화량이 차지하는 비율로 정의할 수 있으며, 다음의 공식으로 간략히 설명할 수 있다.

$$r_{xx'} = r_{xt}^2 = \frac{S_{진점수}^2}{S_{원점수}^2}$$

$$r_{xx'} = 2개(xx')의\ 동형\ 검사\ 간의\ 상관계수$$
$$r_{xt}^2 = 원점수(x)와\ 진점수(t)\ 간의\ 상관계수\ 제곱$$
$$S_{진점수}^2 = 진점수의\ 분산$$
$$S_{원점수}^2 = 원점수의\ 분산$$

앞에서 제시된 신뢰도 계수는 2개의 동형 검사를 실시한 후 산출된 두 검사 간의 상관계수로 추정될 수 있다. 검사 내용과 난이도가 동일한 두 가지 유형의 동형 검사를 실시한 후 산출된 두 검사점수 간의 상관계수 값이 바로 신뢰도 계수이다. 이러한 신뢰도 계수는 앞의 공식처럼 진점수와 원점수 간의 상관계수의 제곱으로도 정의할 수 있다. 상관계수 제곱의 공식을 다시 풀어서 설명하면 원점수의 변화량($S_{원점수}^2$) 중에서 진점수의 변화량($S_{진점수}^2$)이 차지하는 비율로 신뢰도 계수를 설명할 수 있다.

신뢰도 계수는 결국 원점수의 변화량에서 진점수 변화량이 차지하는 비율에 따라 증감이 가능한 지표이다. 만약 진점수의 변화량이 증가한다면, 결국 신뢰도 계수는 1로 수렴하게 된다. 예를 들어, 읽기 동형 검사를 초등학교 1학년에게 실시한 후 산출된 신뢰도 계수가 0.89라면 전체 원점수의 변화량 중에서 진점수의 변화량이 89%를 차지하고 있다. 즉, 신뢰도가 높다고 해석이 가능하다. 하지만 반대의 경우, 즉 원점수의 변화량 중 진점수의 변화량이 차지하는 비율이 감소할 경우 신뢰도 계수는 0으로 수렴하며, 신뢰도 계수 또한 감소한다. 만약 수학 문장제 검사를 2회 실시한 후에 신뢰도 계수가 0.1에 불과했다면, 진점수의 변화량이 차지하는 비율이 매우 낮다는 의미로 해석이 가능하며, 결국 낮은 신뢰도로 해석할 수 있을 것이다.

신뢰도 계수는 상관계수로 산출되기 때문에 상관계수(correlation coefficient) 특성을 이해할 필요가 있다. 기초통계의 개념(제4장 참조)에서 설명한 것처럼 상관계수는 −1에서 1의 범위의 값을 가질 수 있기 때문에 산출된 상관계수가 1에 가까울수록 신뢰도가 높다고 평가할 수 있다. 만약 신뢰도가 0에 가까워진다면 신뢰도가 낮다고 평가할 수 있다. 이처럼 신뢰도 계수는 두 변수(두 검사 간의 점수) 간의 관련성을 나타내는 상관계수와 일치된 개념으로 설명할 수 있다.

2) 측정의 표준오차와 신뢰구간

측정의 표준오차[Standard Error of Measurement(SEM) 혹은 원점수의 표준오차(Standard Error of Obtained score)라고 명칭함]는 신뢰도 계수와 함께 오차점수를 추정할 수 있는 또 다른 통계방법이다. 앞서 설명한 원점수의 분포를 이용한다면 측정의 표준오차 개념을 좀 더 쉽게 설명할 수 있다.

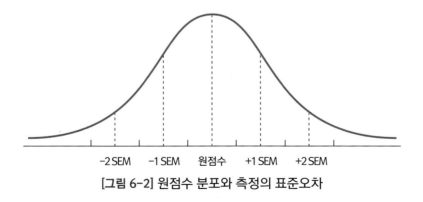

[그림 6-2] 원점수 분포와 측정의 표준오차

오차점수는 앞서 설명한 것처럼 무선적(random) 혹은 우연에 의해서 나타나는 오차로 가정할 수 있기 때문에, 무한번의 검사를 반복 실시한다면 [그림 6-2]와 같이 오차의 값은 평균(진점수)을 중심으로 종 모양의 분포를 나타낼 것이다. 측정의 표준오차는 이러한 분포에서 산출된 표준편차에 해당하는 개념이다. 표준편차란 편차의 평균으로 해석되기 때문에 마찬가지로 동일한 개념을 적용한다면, 측정의 표준오차는 오차들의 평균으로 간략히 설명할 수 있다. 즉, 진점수를 중심으로 평균적으로 나타날 수 있는 오차점수를 측정의 표준오차라고 정의할 수 있다.

예를 들어, 지적장애를 지닌 현성이에게 기초학습기능검사를 무한번 반복 실시하여 산출된 원점수는 종 모양의 분포를 이루며, 원점수 분포의 평균이 50이고 표준편차가 10이었다고 가정하자. 이러한 결과를 통해서 우리는 현성이의 진점수가 50이며, 분포의 표준편차에 해당하는 측정의 표준오차는 10일 것으로 추정할 수 있다. 즉, 50점을 중심으로 평균적으로 10점 정도의 오차점수를 갖고 있는 것으로 해석이 가능하다. 하지만 [그림 6-2]의 분포를 실제로 산출하는 것은 불가능하며 이론적으로만 존재하는 분포에 불과하다. 실제로 수만 번 반복하여 측정이 가능한 검사도구는 존재하지 않으며, 설령 가능한 검사가 존재한다 하더라도 일선 학교현장에서 그 많은 시간과 노력을 기울여서 무한번의 검사를 실시하는 것은 불가능할 것이다.

그렇다면 앞의 설명과 같이 실제로 추정이 불가능한 측정의 표준오차를 어떻게 구할 수 있을까? 다행히도 특정한 한 가지 검사를 동일한 대상에게 무한번 반복 실시하는 수고를 하지 않더라도 측정의 표준오차를 추정할 수 있는 공식이 있다. 측정의 표준오차를 산출하는 구체적인 공식은 다음과 같다.

$$S_m = S\sqrt{1 - r_{11}}$$

S_m = 측정의 표준오차
S = 검사의 표준편차
r_{11} = 검사의 신뢰도 계수

앞의 공식에서 알 수 있듯이, 측정의 표준오차는 검사의 신뢰도 계수와 원점수의 표준편차와 관련되어 있다. 구체적으로 그 관계를 살펴보면, 먼저 측정의 표준오차와 신뢰도 계수는 부적인 상관관계를 갖고 있다. 예를 들어, 신뢰도 계수가 증가할수록 측정의 표준오차는 감소하게 된다. 신뢰도 계수가 높은 검사일 경우 원점수의 변화가 크지 않을 것으로 추측되기 때문에 측정의 표준오차 크기 또한 감소할 것으로 추정될 수 있다. 현실적으로 존재하지 않지만 신뢰도 계수가 1인 검사가 있다면 측정의 표준오차는 0이 된다. 즉, 검사를 통해서 산출된 원점수를 바로 진점수로 해석할 수 있다. 반대로 신뢰도 계수가 감소하면 측정의 표준오차는 증가한다. 즉, 신뢰도가 낮은 검사일수록 원점수의 편차가 증가하기 때문에 측정의 표준오차가 증가한다.

구체적인 예를 통하여 측정의 표준오차와 신뢰도 계수 간의 관계를 살펴보면 다음과 같다. 민호에게 읽기능력 검사를 실시한 후에 검사의 표준편차(11)와 신뢰도 계수(0.8)를 얻었다면 앞의 공식을 적용하여 4.91의 값인 측정의 표준오차를 산출할 수 있다.

$$S_m = 11\sqrt{1-0.8} = 4.91$$

동일한 조건에서 단지 신뢰도 계수가 0.5로 낮았다면 다음과 같이 측정의 표준오차 값은 4.91보다 커지게 된다.

$$S_m = 11\sqrt{1-0.5} = 7.78$$

신뢰도 계수와 반대로 검사의 표준편차 값은 측정의 표준오차와 정적 상관관계를 갖고 있다. 즉, 표준편차가 증가할수록 측정의 표준오차 값도 함께 증가한다. 예를 들어, 신뢰도 계수가 앞의 예(신뢰도 계수=0.5)와 동일하지만 표준편차에서 11보다 큰 20이라고 가정한다면 산출된 측정의 표준오차 값은 다음과 같이 증가하게 된다.

$$S_m = 20\sqrt{1-0.5} = 14.14$$

결론적으로 종합해 보면, 작은 측정의 표준오차를 기대하기 위해서는 검사의 신뢰도 계수가 높으면서 표준편차가 작은 조건을 갖춰야 한다.

측정의 표준오차가 특별히 더욱 중요한 이유는 진점수의 신뢰구간(confidence interval)을 산출할 때 필요한 정보이기 때문이다. 비록 우리는 정확한 진점수의 값을 알 수는 없지만 원점수를 중심으로 진점수가 놓여 있을 수 있는 범위, 즉 신뢰구간을 확률적 개념을 적용하여 추정할 수 있다. 다음과 같은 구체적인 5단계로 진점수의 신뢰구간을 산출할 수 있다(Salvia et al., 2007).

- 신뢰수준을 선택하기(예: 95% 혹은 68% 신뢰구간)
- 선택된 신뢰수준에 해당하는 z 점수를 찾기
- 선택된 신뢰수준에 해당하는 z 점수와 측정의 표준오차를 곱하기
- 원점수 확인하기
- z 점수와 측정의 표준오차를 곱한 값은 원점수와 합하거나 빼기. 즉, 신뢰구간의 상한 지점과 하한 지점을 산출하기

신뢰구간의 하한 지점＝원점수－(z 점수)(측정의 표준오차)
신뢰구간의 상한 지점＝원점수＋(z 점수)(측정의 표준오차)

다섯 가지 산출단계를 구체적인 예를 들어 설명하면 다음과 같다. 먼저 정서행동장애를 갖고 있는 찬호에게 적응행동검사를 실시했더니 원점수는 30이었고, 검사의 표준편차는 3이었고, 측정의 표준오차는 5점이었다. 찬호가 갖고 있는 진점수의 신뢰구간을 산출하기 위해서 먼저 결과의 확신 정도를 나타내는 신뢰수준을 결정할 필요가 있다. 다양한 신뢰수준을 사용할 수 있지만 일반적으로 교육학 혹은 심리학 분야에서는 약 99%, 95%, 68%의 신뢰수준을 주로 사용하고 있다. 신뢰수준이 99%라는 것은 100번을 시도를 했을 때 99번의 시도에서 진점수를 포함하고 있음을 의미한다. 신뢰수준이 증가할수록 산출된 신뢰구간은 증가하게 되며, 반대로 신뢰수준이 감소할수록 산출된 신뢰구간은 감소하게 된다. 따라서 검사를

활용하는 목적에 따라 적합한 크기의 신뢰수준을 선정할 필요가 있다.

찬호의 예에서 95%의 신뢰수준을 설정했다고 가정하면, 그다음 단계는 95%에 해당하는 z 점수를 찾아야 한다. 〈표 6-1〉처럼 95%의 z 점수는 1.96에 해당한다. z 점수를 찾았다면 그다음 단계는 측정의 표준오차와 z 점수를 곱해야 하며, 곱한 값의 결과는 9.8(=1.96*5)이었다. 마지막으로 측정의 표준오차와 z 점수를 곱한 값을 30에서 뺄 경우 신뢰구간의 하한 지점의 값(30-9.8=20.2)이 되며, 반대로 값을 더할 경우 신뢰구간의 상한 지점의 값(30+9.8=39.8)이 되어 신뢰구간을 산출하게 된다.

찬호 검사결과의 95% 신뢰구간: 20.2점 < 진점수 < 39.8점

찬호의 신뢰구간 결과를 해석하면, 100번의 검사결과 중 95번의 경우 진점수가 놓여 있을 구간은 20.2점과 39점 사이로 추정할 수 있다. 단 2.5회(2.5%, 〈표 6-1〉 참조)의 경우 20.2점 미만의 진점수가 산출될 수도 있다. 마찬가지로 2.5회의 경우 39점보다 큰 진점수를 얻을 확률을 갖고 있다. 결국 100번의 시도 중에서 5번은 20.2점과 39점 범위 이외의 진점수를 가질 수 있다.

〈표 6-1〉 신뢰수준, 신뢰구간 이외의 양극단의 비율, z 점수 예시

설정된 신뢰수준	신뢰구간에 포함되지 않은 양극단의 비율(혹은 면적)	z 점수
68%	16%	1.0
95%	2.5%	1.96
99%	0.5%	2.57

4. 신뢰도 추정방법

신뢰도 추정방법은 두 번의 검사결과를 사용하여 신뢰도를 추정하는 방법과 단

일 검사결과를 바탕으로 신뢰도를 추정하는 방법으로 구분할 수 있다. 두 번의 검사
결과를 이용하여 산출하는 신뢰도 추정방법에는 검사-재검사 신뢰도, 동형 검사
신뢰도가 있으며, 단일 검사를 이용한 신뢰도 추정방법에는 반분 신뢰도, KR 지
수, 알파 계수 신뢰도가 있다. 또한 평가자의 일치도 정도를 확인할 수 있는 평가
자 신뢰도 산출방법이 있다. 구체적인 설명은 다음과 같다.

1) 2회기 검사를 통한 신뢰도 추정방법

(1) 검사-재검사 신뢰도

검사-재검사 신뢰도(test-retest reliability)란 특정한 검사도구를 동일 대상에게
반복적으로 실시한 후에 산출된 검사결과 간의 일관성 혹은 안정성을 평가하는
신뢰도 지표이다. 즉, 검사점수의 안정성 정도를 평가하는 지표로 해석될 수 있
다. 예를 들어, 시각장애 학생의 시력을 측정하기 위하여 하루 간격으로 두 번의
시력 검사를 실시한다고 가정해 보자. 이러한 검사조건에서 우리는 일반적으로
두 번의 검사에서 산출된 시력의 값이 매우 유사하거나 동일할 것으로 기대할 수
있다. 두 번의 검사결과에서 큰 차이가 나타나지 않았다면 검사-재검사 신뢰도가
매우 높다고 평가할 수 있을 것이다.

만약의 경우 동일한 시력 검사를 하루 간격이 아닌 1년 단위로 실시했다면 두
시력검사 결과는 어느 정도 일치할까? 아마도 하루 간격으로 실시한 검사결과보
다는 상이한 시력검사 결과를 예상할 수 있을 것이다. 이처럼 검사-재검사 신뢰
도는 측정된 검사 기간에 영향을 받는 제한점을 갖고 있다. 즉, 두 검사 간의 간격
이 길어질수록 신뢰도는 낮아지는 특성을 지니고 있다. 또한 동일한 검사를 반복
적으로 측정하기 때문에 연습의 효과 혹은 기억의 효과를 배제하기 어려운 문제
점도 있다. 따라서 검사-재검사 신뢰도는 비교적 짧은 기간 동안 급격한 변화가
나타나지 않은 인간의 특성(예: 키, 몸무게, 시력 등)을 평가하고자 할 때 적합한 방
법이다.

(2) 동형 검사 신뢰도

동형 검사 신뢰도(parallel form reliability)를 이해하기 위해서 먼저 동형 검사에 대한 이해가 필요하다. 동형 검사란 동일한 능력을 측정하는 공통점을 공유하고 있지만, 실제로 사용되는 문항은 동일하지 않은 검사를 말한다. 즉, 두 검사는 다른 문항으로 구성되어 있지만 궁극적으로 문항의 난이도가 동일하면서 동일한 능력을 측정하고 있다고 가정할 수 있어야 한다. 따라서 두 동형 검사는 매우 유사한 특성을 지니고 있을 것으로 예상할 수 있을 것이다. 동형 검사 신뢰도는 이러한 2개의 동형 검사 간의 일관성 혹은 유사성을 평가하기 위한 목표로 사용된다. 두 동형 검사 간의 유사성이 높을수록 동형 검사 신뢰도는 증가하겠지만 반대의 경우에는 신뢰도가 감소할 수 있다.

실제로 기초학습능력을 측정하는 국립특수교육원 기초학력검사(KNISE-BAAT)는 과목별로 A와 B 유형의 동형 검사를 제공하고 있다. 이러한 특성으로 교과별로 두 번의 검사를 실시할 수 있는 장점을 갖고 있다. 또한 검사자에게 동형 검사를 제공하고 있기 때문에 중재 전후의 차이를 점검하기 위한 목적으로도 활용이 유용하다. 하지만 동형 검사를 제작하는 것은 현실적으로 매우 어려운 제한점이 있다. 기본적으로 두 동형 검사는 동일한 난이도와 동일한 내용을 측정해야 하지만 이러한 문항을 개발하는 것은 생각만큼 쉬운 과제는 아닐 수 있다.

2) 단일 검사결과에 의한 신뢰도 추정

2회기 검사결과를 바탕으로 추정되는 신뢰도 지표의 경우 평가 대상자에게 두 번의 검사를 실시해야만 한다. 따라서 앞에서 제기되었던 것처럼 두 번의 검사를 실시하고자 할 때 예상되는 연습의 효과나 동일한 문항 제작의 어려움과 같은 문제에 직면하게 된다. 따라서 한 번의 검사만으로 신뢰도를 산출할 수 있다면 앞에서 제기되었던 문제점을 어느 정도 보완할 수 있을 것이다. 바로 내적 일관성(internal consistency) 신뢰도 추정방법은 한 번의 검사결과만으로 신뢰도 추정이 가능한 장점을 갖고 있다. 내적 일관성은 다음의 신뢰도 지표를 사용하여 추정이 가능하다.

(1) 반분 신뢰도

반분 신뢰도(split-half reliability)는 한 검사 안에 포함된 문항 간의 일관성 정도를 평가하는 신뢰도 지표이다. 좀 더 구체적으로 설명하면, 한 검사에 포함된 전체의 문항이 50개라면, 25개씩 두 묶음으로 반분된 검사를 재구성한 후에 두 검사 간의 상관계수를 산출한다. 따라서 반분 신뢰도를 산출하기 위해서는 먼저 한 검사 안에 포함된 문항을 둘로 구분하는 과정이 필요하다. 매우 다양한 방법으로 한 검사 안에 포함된 문항을 반분할 수 있지만 일반적으로 검사의 난이도와 문항의 번호를 고려하여 문항을 분류한다. 일반적으로 검사 개발자들은 검사의 문항을 난이도 순으로 정렬하여 문항을 배치한다. 즉, 가장 쉬운 문항은 먼저 배치하며 문항의 번호가 증가할수록 문항의 난이도가 증가한다. 실제로 교육 및 심리학 분야의 출판된 대부분의 검사는 난이도 순서로 문항들을 정렬하고 있다. 이러한 문항 배치의 특성을 고려한다면, 홀수번호 문항과 짝수번호 문항을 기준으로 반분하여 2개의 검사를 구성한 후 두 검사 간의 일치성을 평가할 수 있을 것이다.

반분 신뢰도 검사는 앞에서 설명한 것처럼 한 검사에서 반분된 두 검사 간의 상관계수로 평가하게 된다. 하지만 신뢰도의 특성(검사문항이 감소할수록 신뢰도는 감소하는 특성)을 감안한다면 반분 신뢰도의 값은 실제의 신뢰도 값보다 낮게 추정될 수 있는 문제점을 지니고 있다. 따라서 이러한 문제점을 보완하기 위하여 두 검사 간에 산출된 상관계수를 다음과 같은 스피어먼-브라운(Spearman-Brown formula) 교정 공식으로 보정하는 방법을 사용한다.

$$r_{xx'} = \frac{2r_{ab}}{1 + r_{ab}}$$

여기서 $r_{xx'}$는 문항의 수를 보정한 반분 신뢰도를 말하며, r_{ab}는 반분된 두 검사 간의 상관계수를 말한다. 따라서 한 검사에서 반분된 두 검사 간의 상관계수가 0.67이라면 다음과 같이 스피어먼-브라운 공식을 적용하여 신뢰도를 교정할 수 있다.

$$r_{xx'} = \frac{2 * 0.67}{1 + 0.67} = 0.86$$

이처럼 검사문항의 수를 보정하여 반분 신뢰도를 산출하면 교정 전의 신뢰도 값보다 큰 값이 산출된다.

(2) KR 공식

앞서 설명한 반분 신뢰도는 단일 검사의 전체 문항을 인위적으로 반으로 나누게 되는데, 이때 문항을 나누는 방법에 따라서 신뢰도의 값이 증가하거나 감소한다. 즉, 둘로 나뉜 검사는 서로 다른 분산을 갖고 있을 확률이 높기 때문에 신뢰도의 값이 증감할 수 있다. 이러한 제한점을 극복하기 위하여 Kuder와 Richardson(1937)은 전체 문항을 반분하지 않으면서도 문항의 내적 일치도를 산출할 수 있는 공식을 고안하였다. 먼저 첫 번째 공식인 KR_{20}의 식은 다음과 같다.

$$KR_{20} = \frac{N}{N-1}\left(\frac{S^2 - \sum pq}{S^2}\right)$$

N = 검사의 문항 수

S^2 = 전체 검사점수의 분산

p = 각각의 문항에서 정답을 맞춘 응답자의 비율

q = 각각의 문항에서 정답을 틀린 응답자의 비율$(1-p)$

$\sum pq$ = p와 q를 곱한 값들의 합

앞의 공식에서 S^2는 전체 검사점수에서 산출된 분산을 말하며, $\sum pq$은 개별문항에서 산출된 분산의 합을 의미한다. 따라서 앞에서 제시된 KR_{20}은 전체 검사점수의 분산에서 개별 문항의 분산이 차지하는 비중을 고려하여 신뢰도를 산출한다. 만약 개별 문항의 분산점수의 합과 전체 검사점수의 분산과 동일하다면($S^2 = \sum pq$), 실제로 일어나기 어려운 상황이지만 신뢰도 값은 0이 된다. 즉, 문항 간의

일치도가 없는 것으로 해석될 수 있다. 반대의 경우를 살펴보면, 개별 문항 분산의 합($\sum pq$)이 0이라면, 신뢰도는 거의 1에 가까운 값을 갖는다.

Kuder와 Richardson은 KR_{20} 공식의 문제점을 보완하는 KR_{21} 공식을 제안하였다. KR_{20} 공식에서는 신뢰도를 계산하기 위하여 개별 문항의 응답비율(p, q)을 계산해야 하는 번거로움이 있었다. 하지만 KR_{21}에서는 모든 문항의 응답비율이 동일하다는 가정을 하고 있기 때문에 문항별로 응답비율을 산출할 필요가 없는 장점을 갖고 있다. 대신 대략적인 응답비율의 평균을 사용하고 있기 때문에 신뢰도 값의 정확도는 감소할 수 있다. 하지만 이러한 값의 차이가 미비하다는 가정을 한다면 KR_{21} 공식은 KR_{20} 공식보다 간편히 사용할 수 있는 공식이며, 구체적인 공식은 다음과 같다.

$$KR_{21} = \frac{N}{N-1} \left(1 - \frac{\overline{X}(1 - \frac{\overline{X}}{N})}{S^2} \right)$$

하지만 KR_{21}은 실제 반분 신뢰도의 계수를 과소 추정하는 문제점을 갖고 있는 것으로 보고되고 있다. 또한 KR_{20} 공식과 KR_{21} 공식은 응답 유형이 이분형(1, 0)일 때만 적용 가능하다는 제한점을 갖고 있다. 즉, 부분점수가 가능한 문항에서는 KR 계열의 신뢰도를 적용할 수가 없다.

(3) 알파(α) 계수

알파(α) 계수는 KR 계열의 공식을 좀 더 보편적인 검사 유형의 상황에서 활용할 수 있도록 개발된 신뢰도 공식이다. 앞서 설명한 것처럼 KR 공식은 이분형으로 채점[예: 맞음(1) 혹은 틀림(0)]되는 문항의 검사도구에서만 적용할 수 있는 제한점을 갖고 있다. 하지만 실제 다양한 교육학 연구에서는 다양한 응답 유형으로 연구가 진행되고 있다. 예를 들어, 학습장애 학생들에게 자기효능감을 질문하는 검사의 경우 '매우 그렇다' '그렇다' '보통이다' '아니다' '전혀 아니다'와 같이 다단계 수준의 응답 유형으로 검사가 개발되는 것이 일반적이다. 이러한 다수준 문항의 경우 KR 공식을 사용하여 문항의 신뢰도 혹은 내적 일관성을 산출하기는 어려우며, 대신 Cronbach가 제안한 알파(α) 계수를 적용할 수 있다. 알파(α) 계수의 구체적인 공식은 다음과 같다.

$$\alpha = \frac{N}{N-1}\left(\frac{S^2 - \sum S_i^2}{S^2}\right)$$

N = 검사문항의 수
S^2 = 전체 검사점수의 분산
S_i^2 = 개별 문항의 분산

알파(α) 계수의 공식은 KR_{20} 공식과 매우 유사하다. 한 가지 다른 부분은 KR_{20}에서 포함된 $\sum pq$항목이 $\sum S_i^2$으로 대치된 점이다. S_i^2는 i번째 문항의 분산이기 때문에 $\sum S_i^2$는 전체 개별 문항 분산의 합으로 설명할 수 있다. 이처럼 KR_{20} 공식과는 달리 알파(α) 계수에서는 개별 문항의 분산을 산출할 수 있기 때문에 반드시 문항의 응답 유형이 이분형이어야 한다는 전제조건에서 제한을 받지 않는다. 이러한 이유 때문에 실제 관련된 연구나 검사도구 개발 시 문항의 내적 일치도 지표로 알파(α) 계수가 가장 널리 사용되고 있다.

알파(α) 계수를 구하는 구체적인 예를 통하여 알파(α) 계수의 의미를 살펴보면 다음과 같다. 먼저 5개의 문항을 가진 검사에서 개별 문항의 분산은 각각 3, 8, 7, 5, 8이고 전체 검사점수의 분산이 100이라면 알파(α) 계수의 값은 다음과 같다.

$$\alpha = \frac{5}{4}\left(\frac{100 - (3+8+7+5+8)}{100}\right) = 0.86$$

앞의 결과처럼 알파(α) 계수에서는 문항 간 서로 다른 분산값을 고려하여 신뢰도를 산출한다. 하지만 문항의 수가 증가할수록 계산해야 할 문항의 분산 또한 함께 증가하는 문제점이 제기될 수 있다. 현재 일반적으로 활용되고 있는 통계 분석 프로그램(예: SPSS, SAS)에서는 자동적으로 문항의 분산을 계산해 주기 때문에 정확한 개념만을 숙지한 후 이러한 관련 프로그램을 활용하여 손쉽게 알파(α) 계수 값을 산출할 수 있다.

알파(α) 계수는 가장 널리 활용되고 있는 내적 일치도 지표 중 하나이지만 다음과 같은 조건에서는 적합한 신뢰도 지표가 아니다. 먼저 속도의 제한이 있는 검사에서는 신뢰도의 값을 과잉 추정하는 문제점이 발생할 수 있기 때문에 알파(α) 계수의 값이 적합하지 않을 수 있다. 속도가 제한된 검사(예: CBM)의 신뢰도는 검사-재검사 신뢰도 혹은 동형 검사 신뢰도를 사용하는 것이 적합하다. 또한 한 검사에서 다양한 능력[혹은 구인(construct)]을 측정하도록 검사가 개발되었다면 알파(α) 계수는 신뢰도를 과소 추정하는 문제가 나타날 수 있다. 따라서 알파(α) 계수는 모든 문항이 동일한 능력을 측정하고 있다는 가정하에 사용되어야 할 것이다. 요인 분석(factor analysis)방법을 사용하면 실제로 검사에 포함된 문항들이 한 가지 능력만을 측정하고 있는지를 확인할 수 있다. 요인 분석방법은 고급 통계분석에 해당하기 때문에 관심 있는 독자들은 관련 분야의 서적을 참고하길 바란다.

3) 평가자 신뢰도(관찰자 신뢰도)

자폐성장애 혹은 정서행동장애 학생들의 외현적 문제행동을 평가하고자 할 때 가장 일반적으로 사용되고 있는 평가방법은 평가자가 해당 학생의 문제행동을 직접 관찰하여 표기하는 '직접적인 관찰(direct observation)'방법이다. 일반적으로 직접적인 관찰방법은 기존의 표준화 검사도구를 사용하는 평가방법과 비교했을 때 수행절차가 간편하면서 쉽게 수행할 수 있는 장점을 지니고 있다. 예를 들어, 자폐성장애를 갖고 있는 윤호가 학교에서 자신의 머리를 심하게 때리는 자해행동을 보인다면, 평가자는 직접적인 관찰을 통하여 자해행동 발생 유무를 일정한 기간 동안 기록하면 된다. 이러한 직접적인 관찰방법은 평가자의 직접적인 관찰이 주된 평가방법이기 때문에 다른 표준검사도구와 달리 측정의 오차가 평가결과에 영향을 미치지 않을 것으로 생각할 수도 있을 것이다. 즉, 직접적인 관찰방법의 경우 신뢰도는 큰 문제가 되지 않을 것이라는 선입관을 가질 수 있다. 하지만 직접적인 관찰 또한 다른 여느 검사방법과 마찬가지로 검사 조건에 따라 신뢰도가 높거나 혹은 낮을 수도 있는 가변적인 특성을 지니고 있다.

직접적인 관찰방법을 사용함에 따라 발생할 수 있는 측정 오차의 원인은 주로 평가 주체인 평가자와 관련되어 있다. 평가자 또한 실수를 범할 수 있는 인간이기 때문에 평가자의 실수로 평가자의 기록결과는 실제 관찰결과와 다를 수 있다. 예를 들어, 윤호의 사례에서 평가자가 부주의로 인하여 일부 중요한 자해행동을 기록하지 못하거나 관찰하지 못했다면 실제 자해행동의 빈도보다 낮게 기록하게 되는 오류를 범할 수 있다. 또한 평가자마다 동일한 문제행동에 대해서 다른 평가를 할 수 있다. 즉, 윤호의 행동 중 명확하게 드러난 자해행동은 평가자마다 동일한 결과를 기대할 수 있지만 일부 모호한 행동에 대해서는 평가자마다 다른 평가결과를 기록할 수 있다. 아마도 이러한 문제는 평가자를 위한 충분한 사전 교육이 제공되지 않거나 명확한 평가기준이 부재했을 경우 발생할 수 있다. 이처럼 단순하면서 쉬운 평가방법으로 인식되는 직접적인 관찰방법에서조차 여전히 낮은 신뢰도의 문제는 야기될 수 있기 때문에 안정적인 결과를 기대할 수 있는 신뢰도가 확보되었는지를 검증할 필요가 있다.

(1) 평가자 내 신뢰도

평가자 신뢰도는 평가자 내 신뢰도[intra-tester(observer) reliability]와 평가자 간 신뢰도[inter-tester(observer) reliability]로 구분될 수 있다. 평가자 내 신뢰도란 한 개인의 평가자가 동일한 대상자를 반복적으로 검사를 실시한 후 검사결과가 어느 정도 일치하는지를 평가하는 목적을 갖고 있다. 예를 들어, 민호의 담임교사는 ADHD 선별검사를 사용하여 민호의 문제행동을 관찰하여 평가한 결과 첫 번째 검사결과에서는 ADHD를 가진 위험군으로, 두 번째 동일한 검사에서 비위험군 학생으로 평가했다면 평가자 내 신뢰도에 문제가 있을 것으로 예상할 수 있다. 이러한 예는 미술작품을 평가하는 평론가의 평론에서도 찾아볼 수 있다. 만약 동일한 그림을 반복 평가하면서 상반된 상이한 평가결과를 제시한다면 평론가의 평가결과를 신뢰하기는 어려울 것이다. 이러한 낮은 평가자 내 신뢰도의 결과는 평가의 근거가 되는 기준들이 모호하거나 명확하게 정립되지 않았을 때, 또는 사전에 수립된 평가기준을 완전히 숙지하지 않았을 때 발생한다. 따라서 평가자 내 신뢰도를 향상시키기 위해서는 먼저 명확한 평가기준을 수립하거나 충분한 사전교육을 제공할 필요가 있다. 평가자 내 신뢰도는 반복적으로 평가된 검사결과 간의 상관계수 혹은 백분율로 측정될 수 있다.

(2) 평가자 간 신뢰도

평가자 간 신뢰도란 동일한 평가 대상자를 다수의 평가자가 평가한 결과의 일치도로 정의할 수 있다. 예를 들어, 초등학교 2학년인 현주의 자폐성장애 여부를 평가하고자 할 때, 일반교사, 특수교사, 학부모의 평가결과는 유사할 수도 있지만 상이한 결과가 도출될 수도 있다. 특히 학부모의 평가결과는 담임교사의 평가결과와 불일치하는 경우가 종종 발생한다. 심지어 일반교사와 특수교사 간의 평가결과가 상이한 경우도 발생한다. 이처럼 평가하는 대상이 누구인지에 따라서 동일한 대상에 대한 평가결과는 유사할 수도 혹은 상이한 결과를 도출할 수 있다. 따라서 다수의 평가자가 평가에 참여하는 상황이라면 반드시 평가자 간 신뢰도를 점검할 필요가 있다. 평가자 간 신뢰도는 네 가지 방법으로 추정이 가능하며, 각각의 산출방법에 대한 개념과 산출공식의 설명은 다음과 같다.

① 단순 일치도

단순 일치도(simple agreement)란 평가자 간 실시된 평가결과에서 발생빈도의 숫자만을 고려하여 백분율을 산출하는 방법을 말한다. 구체적인 공식은 다음과 같다.

$$단순\ 일치도 = \frac{발생빈도가\ 작은\ 수}{발생빈도가\ 큰\ 수} * 100$$

〈표 6-2〉 평가자 간 관찰결과

학생 번호	김 교사(특수교사)	박 교사(일반교사)	일치도 여부
1	장애	장애	일치
2	장애	비장애	불일치
3	비장애	비장애	일치
4	장애	장애	일치
5	비장애	장애	불일치
6	장애	장애	일치
7	비장애	장애	불일치
8	장애	장애	일치
9	장애	장애	일치
10	비장애	장애	불일치

〈표 6-2〉에서는 김 교사와 박 교사가 동일한 학생들의 장애 여부를 각각 평가한 결과를 제공하는데, 두 교사 간의 평가결과는 완전히 일치하지 않았다. 〈표 6-2〉에서 박 교사는 총 8명의 학생을 장애를 갖고 있는 것으로 평가하였지만 김 교사는 총 6명의 학생만 장애를 갖고 있는 것으로 평가하였다. 두 교사 중 장애를 적은 빈도로 평가한 교사는 김 교사(발생빈도가 작은 수)였으며, 박 교사(발생빈도가 큰 수)는 김 교사보다 2명을 추가적으로 장애라고 평가하였다. 이러한 평가자 간 결과를 바탕으로 산출된 단순 일치도의 결과는 다음과 같이 75%가 된다.

$$단순\ 일치도 = \frac{발생빈도가\ 작은\ 수(6)}{발생빈도가\ 큰\ 수(8)} * 100 = 75\%$$

② 일대일 대응 일치도

단순 일치도는 계산 공식이 간편하기 때문에 손쉽게 평가자 간 신뢰도를 산출할 수 있는 장점을 갖고 있다. 하지만 단순 일치도는 발생빈도만을 고려하고 있기 때문에 동일한 평가 대상자에 관한 평가자 간 일치도를 고려하지 않는 제한점을 갖고 있다. 예를 들어, 앞의 예에서 단순 일치도는 75%로 높게 나타났지만, 〈표 6-

2)에서 두 평가자 간 동일하게 장애학생으로 평가한 경우는 5명, 즉 50%에 불과했으며, 비장애로 동일하게 평가한 경우는 1명에 불과했다. 이처럼 평가자 간의 일치도를 좀 더 정확하게 평가하기 위해서는 단순 일치도만을 고려해서는 안 되며, 실제로 평가자들이 동일한 평가 대상에 대해서 동일한 평가를 하고 있는지를 확인할 필요가 있다. 바로 일대일 대응 일치도(point to point agreement)는 이러한 목적을 위해서 개발된 산출공식이다. 즉, 평가자 간의 빈도의 수만을 고려하기보다는 실제로 동일한 대상에 대한 일치도 여부를 점검할 수 있는 장점을 지니고 있다. 구체적인 일대일 대응 일치도 공식은 다음과 같다.

$$\text{일대일 대응 일치도} = \frac{\text{평가결과의 일치 횟수}}{\text{전체 평가 횟수}} * 100$$

〈표 6-2〉에서는 총 10명의 학생을 평가했기 때문에 전체 평가 횟수는 10이 되며, 평가자 간 평가결과가 일치한 횟수는 총 6회[장애(5회), 비장애(1회)]였다. 따라서 〈표 6-2〉에서 산출된 일대일 대응 일치도는 60%였으며, 단순 일치도 결과(75%)와 비교하면 낮은 결과였다.

$$\text{일대일 대응 일치도} = \frac{\text{평가결과의 일치 횟수(6회)}}{\text{전체 평가 횟수(10회)}} * 100 = 60\%$$

③ Kappa 계수

앞서 설명한 평가자 간 신뢰도 척도들은 모두 백분율을 이용하여 평가자 간 일치도를 측정하고 있다. 이와 같은 백분율의 척도로 산출된 평가자 간 신뢰도 지표들은 계산방법이 간편하며 개념상 쉽게 이해되는 장점을 갖고 있지만, 한편으로는 우연에 의해서 두 평가자의 관찰이 일치할 수 있는 확률을 고려하지 못하는 제한점을 갖고 있다. 〈표 6-2〉에서 4번째 학생은 두 평가자 모두 장애를 갖고 있는 것으로 평가했지만 이러한 평가결과는 단순한 우연 혹은 오류로 인하여 운 좋게 일치된 결과일 수도 있다. 우연에 의해서 일치된 평가결과가 도출된다면 실제의 신뢰도 수치보다 과대 추정되는 문제점이 발생할 수 있다. 또한 백분율로 산출된 신뢰도는 백분율이라는 척도의 특성으로 사칙연산이 불가능한 제한점을 갖고 있다. 예를 들어, 백분율로 산출된 신뢰도의 값에 대해 서로 곱하거나 빼기를 수행하는 것은 무의미하다.

Kappa 계수는 이러한 백분율로 산출된 신뢰도의 문제점을 보완할 수 있는 장점을 갖고 있다. Kappa 계수는 1960년 Cohen이 개발한 대안적인 평가자 간 신뢰도 평가방법으로, 특히 우연에 의해서 발생할 수 있는 확률을 제거하여 과잉 추정될 수 있는 신뢰도 값을 조정할 수 있는 장점을 갖고 있다. Kappa 계수를 산출하는 공식은 다음과 같다.

$$\text{Kappa} = \frac{P_0 - P_c}{1 - P_c}$$

P_0＝관찰자료에서 산출된 평가자 간 일치 확률

P_c＝우연에 의해서 일치할 확률

앞 공식에서 확인할 수 있듯이, Kappa 계수는 분자, 분모에서 모두 우연에 의해서 일치할 확률(P_c)을 제거한 후 산출되기 때문에 조정된 신뢰도 값을 제공할 수 있다. 〈표 6-2〉의 평가결과를 이용하여 Kappa 계수를 산출하기 위해서는 먼저 두 가지 종류(P_0, P_c)의 확률을 산출할 필요가 있다. 〈표 6-3〉은 종류(P_0, P_c)의 확률을 계산하기 위해서 필요한 기초정보를 제공한다.

〈표 6-3〉 두 교사 간의 판정 확률

구분	김 교사(특수교사) 장애 판정	김 교사(특수교사) 비장애 판정	가로 합계 비율
박 교사(일반교사) 장애 판정	0.5(5/10)	0.3(3/10)	0.8(8/10)
박 교사(일반교사) 비장애 판정	0.1(1/10)	0.1(1/10)	0.2(2/10)
세로 합계 비율	0.6(6/10)	0.4(4/10)	1(10/10)

〈표 6-3〉에서 김 교사와 박 교사는 10명의 학생 중 5명의 학생을 장애아동으로, 1명의 학생을 비장애아동으로 동일하게 평가하였다. 따라서 P_0의 확률은 다음과 같다.

$$P_0 = \frac{5+1}{10} = 0.6$$

P_c를 산출하기 위해서는 먼저 교사별로 장애와 비장애로 판정을 내릴 수 있는 확률을 산출해야 한다. 김 교사의 경우 장애로 판정할 확률은 0.6(표에서 세로 합계 비율의 첫 번째 결과), 비장애로 판정할 확률은 0.4(표에서 세로 합계 비율의 두 번째 결과)였다. 마찬가지로 박 교사가 장애로 판정할 확률은 0.8(표에서 가로 합계 비율의 첫 번째 결과), 비장애로 판정할 확률은 0.2(표에서 가로 합계 비율의 두 번째 결과)였다. 우연에 의해서 장애로 판정할 확률은 두 교사의 장애 판정 확률을 곱하여 산출한다(0.48=0.6*0.8). 마찬가지로 우연에 의해서 비장애로 판정할 수 있는 확률은 두 교사의 비장애 판정 확률을 곱하여 산출된 값이 된다(0.08=0.4*0.2). 따라서 두 가지 확률 결과를 합하면 우연에 의해서 일치될 확률 값이된다.

$$P_c = 0.48 + 0.08 = 0.56$$

지금까지 산출된 두 가지 종류의 확률(P_0, P_c)을 대입하여 Kappa 계수를 최종적으로 산출하면 다음과 같다.

$$\text{Kappa} = \frac{0.6 - 0.56}{1 - 0.56} = 0.09$$

계산결과 Kappa 계수는 0.09으로 산출되었다. Kappa 계수의 이론적 범위는 0에서부터 1까지이며, 0은 완전한 불일치, 1을 완전한 일치로 해석된다. 즉, 1에 가까울수록 일치도가 높다고 해석이 가능하며, 반대로 0에 가까울수록 불일치가 높다고 해석이 가능하다. 일반적으로 Kappa 계수가 0.6 이상이어야 높은 일치도로 평가된다. 따라서 앞의 예에서 산출된 Kappa 계수는 0.09으로 0에 가까운 값이었기 때문에 두 평가자 간의 일치도가 높지 않은 것으로 해석할 수 있다. 또한 이전에 백분율로 산출된 신뢰도 값들과 비교하더라도 매우 낮은 평가자 간 신뢰도가 산출되었는데, 이는 우연에 의한 확률을 제거했기 때문이다. 따라서 평가자 간 신뢰도를 산출하고자 할 때는 단순한 일치도뿐만 아니라 Kappa 계수를 산출하여 우연에 의해서 발생할 수 있는 결과들이 평가자 간 신뢰도에 어느 정도 영향을 미칠 수 있는지를 확인할 필요가 있다.

5. 신뢰도의 증감에 영향을 미칠 수 있는 요인

1) 문항의 수

내적 일관성을 나타내는 신뢰도 지표의 경우 검사문항의 수를 증가시킬수록 신뢰도는 증가한다. 예를 들어, 반분 신뢰도의 경우 한 검사의 문항을 반으로 구분하여 산출하는 공식을 갖고 있기 때문에 문항의 수가 지나치게 적을 경우 몇몇 문항에 영향을 받아 낮은 신뢰도가 산출될 확률이 높다. 만약 특정한 수학검사가 단지 2개의 문항으로 구성되었다면, 실력이 아닌 우연에 의해서 모든 문항을 맞출 수도 있겠지만, 문항의 수가 증가할수록 우연이 아닌 본인의 능력에 맞는 검사점수를 얻게 된다. 문항의 수가 지나치게 적은 검사일 경우 검사의 간편성이라는 장점도 있지만 낮은 신뢰도가 산출될 확률이 매우 높다. 이러한 이유로 인하여 적은 문항의 수로 구성된 검사를 사용하게 된다면 우선적으로 신뢰도가 안정적인 수준에 있는지를 확인할 필요가 있다. 또한 새로운 검사도구를 개발할 경우에도 안정적인 신뢰도를 확보하기 위하여 충분한 문항 수가 포함될 수 있도록 사전에 계획할 필요가 있다.

2) 문항 변별도와 난이도

검사-재검사 혹은 동형 검사 신뢰도와 같이 상관계수를 이용하여 신뢰도를 산출하는 신뢰도 지표들은 상관계수의 특성에 영향을 받는다. 상관계수는 두 변수 간의 분산 크기에 영향을 받는데, 분산이 증가할수록 상관계수 값도 함께 증가하지만 반대의 경우에는 감소하는 특성을 갖고 있다. 따라서 분산의 증감에 영향을 줄 수 있는 요인들은 궁극적으로 신뢰도에 영향을 줄 수 있다. 문항 변별도와 난이도는 분산에 영향을 줄 수 있는 대표적인 요인으로 고려된다.

일반적으로 검사문항의 변별도가 높을수록 신뢰도는 증가한다. 검사문항의 변별도란 개인 간의 능력 차이를 정밀하게 구분할 수 있는 정도를 말하고 있기 때문에 변별도가 우수할 경우 개인 간 능력 차이는 증가하게 되고 결국 점수의 분산이 증가하게 된다. 이처럼 증가한 분산으로 인하여 신뢰도는 증가한다. 양호한 변별도를 확보하기 위해서는 먼저 문항의 난이도가 적절해야 한다. 만약 수학교과 학업성취검사에서 문항 난이도가 매우 높아서 평소에 우수한 수학능력을 지니고 있는 학생까지 풀 수 없는 문항이었다면, 적합한 수준의 문항 난이도는 아닐 것이다. 반대로 문항 난이도가 매우 낮아서 수학 저성취자와 그렇지 않은 학생들 간에 차이가 나타나지 않을 경우에도 문항의 난이도 수준은 문제가 될 수 있다. 이처럼 문항 난이도에 문제가 있을 경우에는 문항 변별도가 낮아지기 때문에 결국에는 낮은 신뢰도가 산출된다. 따라서 일정한 수준의 신뢰도를 확보하기 위해서는 적정 수준의 문항 난이도와 변별도를 확보할 필요가 있다.

3) 집단 이질성 여부

집단 이질성 정도도 검사의 분산에 영향을 미칠 수 있는 중요한 요인이다. 일반적으로 다양한 능력을 갖고 있는 평가 대상자를 포함할 경우 점수의 분산이 증가하기 때문에 신뢰도도 함께 증가하지만 집단의 이질성 정도가 부족할 경우, 즉 동질적인 특성을 갖고 있는 경우에는 신뢰도가 감소할 수 있다. 예를 들어, 지능지수가 유사한 지적장애 학생들만(동질 집단)을 대상으로 검사-재검사 신뢰도를 산출하게 된다면, 다양한 지능지수를 지닌 전체 모집단을 대상으로 실시했을 때 보다 분산의 크기가 작기 때문에 낮은 검사-재검사 신뢰도가 산출될 수 있다. 혹은 읽기장애 학생들만을 대상으로 읽기검사를 실시한다면 마찬가지 이유로 낮은 신뢰도가 산출될 수 있다. 따라서 안정적인 신뢰도를 산출하기 위해서는 집단의 이질성 정도를 고려하여 다양한 능력을 가진 집단을 포함시킬 필요가 있다.

4) 검사 실시 간격

검사-재검사 신뢰도의 경우 두 검사를 실시한 시간의 차이에 의해서 영향을 받을 수 있다. 일반적으로 두 검사를 실시한 시간 간격의 차이가 적을수록 검사-재검사 신뢰도는 증가하지만, 반대의 경우, 즉 두 검사를 실시한 시간의 차이가 길어질수록 검사-재검사 신뢰도의 값은 낮아진다. 예를 들어, 하루 간격으로 두 번의 수학검사를 실시할 때의 검사-재검사 신뢰도는 한 달 간격으로 검사를 실시했을 때의 검사-재검사 신뢰도보다 높게 산출될 확률이 높다. 따라서 검사-재검사 신뢰도를 추정하고자 할 때는 지나치게 짧은 시간 차이로 검사를 실시할 경우 과잉 추정된 신뢰도가 산출될 수 있으며, 반대로 너무 긴 시간 간격으로 검사를 실시할 경우 과소 추정된 신뢰도가 산출될 수 있다. 일반적으로 2주 정도의 시간 간격으로 검사-재검사를 실시하도록 일부 관련 서적에서는 권고하고 있다(Salvia et al., 2007).

5) 검사 실시 상황 및 조건

검사의 신뢰도는 검사를 실시하는 예기치 못한 상황에 의해서도 영향을 받을 수 있다. 예를 들어, 검사를 실시했던 장소에서 소음이 매우 심한 경우 혹은 사용하던 필기도구에 문제가 있어서 시험에 집중하지 못한 경우에는 낮은 신뢰도 결과가 산출될 수 있다. 또한 교사가 제대로 검사에 대한 설명을 제공하지 못하여 정확한 절차에 따라 검사를 실시하지 못하는 경우에도 낮은 신뢰도가 산출될 수 있다. 따라서 검사에서 제시한 방법대로 진행될 수 있도록 검사자는 사전에 충분한 준비를 갖춰야 한다.

6. 신뢰도 해석 시 주의사항

1) 신뢰도란 검사점수의 특성이다

신뢰도란 검사 자체의 특성이기보다는 검사점수의 특성으로 이해할 필요가 있다. 일반적으로 신뢰도에 대한 오해 중 한 가지는 검사 매뉴얼에 보고된 신뢰도의 값을 지나치게 신뢰하는 경우가 있다. 검사 매뉴얼에 보고된 신뢰도의 값은 검사 개발 당시에 참여한 연구 대상자에서 산출된 신뢰도의 결과에 불과하다. 즉, 검사 매뉴얼에서 보고된 신뢰도는 한 번의 검사결과에서 산출된 결과이기 때문에 모든 검사 상황에서 일반화할 수는 없다. 예를 들어, 검사자가 자신이 근무하고 있는 초등학교 학생들을 대상으로 적응행동검사를 실시하고자 한다면 매뉴얼에서 보고된 신뢰도와 동일한 결과를 기대할 수 있는 확률은 매우 낮다. 대신 그보다 높거나 낮은 신뢰도가 산출될 것이다. 또한 초등학교 고학년을 대상으로 신뢰도를 산출할 때와 저학년을 대상으로 산출했을 때의 신뢰도의 값은 상이할 수 있다. 이러한 이유 때문에 신뢰도를 검사의 특성이 아닌 검사점수의 특성으로 고려해야 한다. 따라서 검사자 입장에서 번거로울 수 있겠지만 반드시 본인이 습득한 자료를 사용하여 신뢰도의 결과를 산출해 볼 필요가 있다.

2) 신뢰도와 타당도의 관계

신뢰도는 높은 타당도를 예측하기 위한 필요조건이지만 충분조건에 해당하지 않는다. 높은 타당도는 반드시 높은 신뢰도가 확보되어야 한다. 하지만 신뢰도가 높다고 해서 반드시 타당도가 높은 것은 아니다. [그림 6-3]을 보면 타당도와 신뢰도의 관계를 좀 더 쉽게 이해할 수 있다.

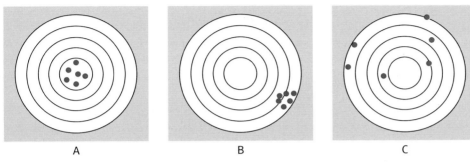

A　　　　　　　　　　B　　　　　　　　　　C

[그림 6-3] 신뢰도와 타당도의 관계

A와 B는 모두 우수한 신뢰도를 갖고 있는 검사이지만 B의 경우 타당도가 낮은 검사가 된다. 즉, 신뢰도가 높더라도 타당도가 낮을 수 있음을 B가 보여 주고 있다. C는 신뢰도와 타당도가 모두 낮은 예이다. C는 우선적으로 신뢰도가 낮았기 때문에 높은 타당도를 기대할 수 없다.

주요 핵심용어

- 신뢰도
- 고전검사이론
- 진점수
- 원점수
- 오차점수
- 표집오차
- 신뢰도 계수

- 측정의 표준오차
- 신뢰구간
- 반분 신뢰도
- KR 지수
- 알파 계수 신뢰도
- 검사-재검사 신뢰도
- 동형 검사 신뢰도

- 평가자 내 신뢰도
- 평가자 간 신뢰도
- 단순 일치도
- 일대일 대응 일치도
- Kappa 계수

제**7**장

타당도

학습목표

◆ 타당도의 개념을 설명할 수 있다.
◆ 안면 타당도의 개념을 설명할 수 있다.
◆ 내용 타당도의 개념을 설명할 수 있다.
◆ 내용 타당도 계수를 산출할 수 있다.
◆ 교과 타당도의 개념을 설명할 수 있다.
◆ 교수 타당도의 개념을 설명할 수 있다
◆ 준거 타당도의 개념을 설명할 수 있다.
◆ 공인 타당도의 개념을 설명할 수 있다.
◆ 예측 타당도의 개념을 설명할 수 있다.
◆ 구인 타당도의 개념을 설명할 수 있다.
◆ 타당도 증감에 영향을 미칠 수 있는 변인을 설명할 수 있다.
◆ 타당도 결과해석 시 유의사항을 설명할 수 있다.

이 장의 중요성

오랜 기간 동안 특수교육현장에서는 특수교육대상자를 선정하기 위하여 다양한 영역의 검사도구들을 사용하고 있다. 이러한 검사도구를 사용해 본 교사나 혹은 관련 전문가들은 다음과 같은 검사의 본질적인 질문을 제기한 경험을 갖고 있을 것이다. "내가 사용하고 있는 이 검사도구는 실제로 아동의 해당 능력을 정확히 측정하고 있는가?" 한때 지능검사를 줄자로 측정하여 머리둘레가 큰 아동을 지능이 우수한 아이로 평가한 적이 있었다. 과연 머리둘레는 실제 지능과 관련이 있을까? 지금에서 우리는 머리둘레와 지능 간에 아무런 상관이 없음을 알고 있지만 머리둘레의 길이와 지능 간의 상관이 높다고 믿었던 시기에는 머리둘레는 지능을 측정하는 중요한 검사방법이었다. 이러한 과오를 범할 수 있었던 것은 잘못된 타당도의 증거를 갖고 있었기 때문이다.

타당도란 검사도구가 의도하고자 하는 영역을 얼마나 충실히 측정하고 있는지를 가늠할 수 있는 지표로, 평가도구의 질적 수준을 평가하기 위해서 신뢰도와 함께 반드시 고려되어야 할 요건에 해당한다. 따라서 검사를 개발하거나 사용하고자 하는 현장의 교사 혹은 관련분야의 전문가들은 타당도의 개념을 명확히 숙지할 필요가 있다. 이 장에서는 먼저 타당도의 개념을 설명한 후에 다양한 타당도 증거의 종류를 설명하고자 한다.

1. 타당도의 개념

타당도는 검사도구를 사용하거나 평가활동이 실시되는 특수교육 혹은 일반교육 상황에서 반드시 고려해야 하는 필수 개념에 해당한다. 특수교육 상황에서 학습장애 학생을 진단하고자 할 때에는 당연히 학습과 관련된 영역을 정확히 측정할 수 있는 검사도구를 사용해야만 한다. 예를 들어, 초등학교 6학년 학생의 수학교과능력을 평가하고자 할 때 두 자릿수의 4칙연산 영역을 측정하는 문항만 포함된 검사도구를 사용한다면 타당도에 문제가 발생할 수 있다. 즉, 6학년 수학의 경우 분수와 소수점 등의 높은 수준의 교육과정 내용이 포함되어 있음에도 저학년 수준에 해당하는 수학문항으로만 수학능력을 평가하게 된다면 해당 학년의 학업성취 수준을 정확히 평가할 수 없으며, 결국 심각한 타당도의 문제에 직면할 수 있다. 타당도가 위협받을 수 있는 또 다른 상황은 스토리텔링이 강화된 초등학교 수학검사 문항에서 찾아볼 수 있다. 단순 계산능력이 아닌 고차원적인 문제해결능력을 함께 함양하기 위하여 초등 수학교과에서는 스토리텔링 형식의 수학문항들이 강화되고 있지만 실제로 이러한 유형의 검사문항들이 실제의 수학능력을 정확하게 측정하고 있는지는 한 번 재고할 필요가 있다. 이러한 스토리텔링 유형의 문항은 주로 문장제 유형으로 문항이 구성되어 있기 때문에 학생 개인의 읽기능력 수준은 검사결과에 영향을 미칠 수 있다. 즉, 수학교과의 검사임에도 불구하고 읽기능력이 중요한 측정의 목적이 된다면 결국 스토리텔링 유형의 수학검사는 타당도에 심각한 결함을 갖고 있는 것이다.

앞 사례에서 추정할 수 있듯이 타당도란 검사가 측정하고자 하는 능력을 얼마나 정확히 측정하고 있는지를 가늠할 수 있는 척도로 설명될 수 있을 것이다. 하지만 지난 20세기 동안 타당도의 개념은 단일 개념으로 사용되기보다는 다양의 의미로 사용되고 있는데, 대략적인 큰 틀 안에서 그동안 제기된 타당도의 개념을 정리하면 다음과 같다.

- 검사점수와 실제 측정하고자 하는 능력 간의 일치도 정도

- 검사에서 계획된 해당 영역을 정확히 측정하고 있음을 증명할 수 있는 증거들

초기의 타당도 개념은 첫 번째 의미로만 한정되어 정의되었지만, 최근에는 개념이 확장되어 두 번째 정의에 더 많은 초점을 맞추고 있다. 즉, 타당도란 계획된 의도에 맞게 검사점수를 해석할 수 있는지 여부를 결정할 수 있는 모든 과학적인 근거로 정의되고 있다. 실제로 영어의 타당도(validity)에서 valid란 단어는 강력한(strong)을 의미하는 라틴어의 validus에 기원을 두고 있다. 따라서 타당도의 의미는 타당도를 지지할 수 있는 증거들의 강도 혹은 수준 정도로 해석이 가능하다. 이러한 점을 고려했을 때 타당도의 개념이 존재한다고 가정하기보다는 타당도를 지지할 수 있는 다양한 증거가 존재한다고 설명하는 것이 좀 더 정확할 것이다. 결국 타당도의 개념을 이해한다는 것은 타당도를 지지할 수 있는 다양한 증거를 이해하는 것이며, 검사의 타당도가 확보되었다는 의미는 타당도를 지지할 수 있는 다양한 증거가 충분히 확인되었다는 의미로 해석할 수 있을 것이다.

2. 타당도 증거의 종류

검사의 타당도를 지지할 수 있는 다양한 증거가 있으며, 타당도의 구체적인 증거들은 다음과 같다.

1) 안면 타당도

안면 타당도(face validity)는 검사문항에 대한 주관적인 직감 혹은 의견과 관련되어 있다. 일반인은 새롭게 개발된 지능검사의 문항을 전반적으로 검토한 후에 문항의 내용과 관련하여 자신의 의견을 제공할 수 있다. 이때 제공된 일반인의 주관적인 의견은 안면 타당도의 증거가 된다. 이처럼 안면 타당도의 결과는 주관적인 평가자의 의견과 관련되어 있기 때문에 일반적으로 객관적인 타당도의 근거로 고

려되지 않는다. 이처럼 객관적인 절차와 방법으로 타당도를 평가하지 않기 때문에 대부분의 심리학자는 안면 타당도를 타당도의 과학적인 증거로 인정하지 않는다(Devellis, 2016). 그럼에도 안면 타당도의 개념을 설명하는 이유는 아직까지도 학교현장 혹은 검사 개발과정에서 지속적으로 사용되고 있으며, 특히 검사를 선택하고자 할 때 교사들은 안면 타당도를 중요한 요인으로 고려하고 있기 때문이다.

일부 학자들이 안면 타당도를 과학적 근거로 받아들이지 않는 이유는 안면 타당도의 정의를 살펴보면 충분히 이해할 수 있다. 안면 타당도란 검사 타당도에 관한 평가자의 '주관적인' 의견을 의미한다. 즉, 검사문항을 전반적으로 검토한 후에 실제로 해당 영역의 능력을 실제로 측정할 수 있는지 여부를 주관적으로 평가한 증거들이 안면 타당도에 해당한다. 이러한 평가자의 주관성 때문에 안면 타당도의 결과는 평가자에 따라 다른 결과를 얻을 수 있는 변동성을 갖고 있다. 예를 들어, 2명의 평가자가 동일한 검사를 평가하더라도 그들의 평가 관점이나 교육경험의 차이로 인하여 안면 타당도의 결과는 상이할 수 있다. 따라서 간단한 참고자료만으로 안면 타당도의 증거를 활용하는 것이 바람직하며, 타당도의 객관적인 증거로 해석해서는 안 될 것이다.

추가 읽기 자료   **소리 내어 읽기 유형의 CBM은 유창성만 평가한다?**

교육과정중심측정(CBM)의 가장 대표적인 검사는 소리 내어 읽기 유형의 CBM이다. 하지만 이러한 유형의 검사는 현장의 교사들에게 오랜 세월 동안 외면을 받아오고 있는데, 대표적인 이유가 낮은 안면 타당도에 있다. 소리 내어 읽기 CBM 검사는 읽기교과의 검사로서 글을 정확하면서 빠르게 읽는 능력으로 읽기능력을 측정하고 있다. 그러한 측정 유형 때문에 일부 현장의 교사들은 단순히 유창성만을 측정한다고 생각을 한다. 하지만 소리 내어 읽기 CBM 검사의 경우 단순한 유창성을 넘어서 읽기 독해력을 측정하고 있음을 가정하고 있다. 실제로 수많은 연구에서 소리 내어 읽기 CBM 검사와 독해력 간의 높은 상관관계를 확인하고 있음에도, 여전히 현장의 교사들은 읽기 유창성만을 측정한다고 평가하고 있다. 결국 우수한 타당도를 확보한 검사임에도 불구하고 교사들의 낮은 안면 타당도로 인하여 실제 학교현장에서는 제한적으로 검사를 활용하는 문제점이 발생할 수 있다.

2) 내용 타당도

내용 타당도(content validity)에서 주요한 관심은 검사에 포함된 문항의 대표성을 증명할 수 있는 증거들을 수집하는 것이다. 즉, 한 검사에 포함된 전체 문항들만으로 전체 교육과정의 내용을 전반적으로 평가할 수 있는지 여부를 확인하는 것이 내용 타당도를 검토하는 주된 목적이 된다.

예를 들어, 초등학교 2학년 국어 중간고사를 위한 문항을 작성하고자 한다면 반드시 2학년 국어 교육과정의 필수 하위영역인 읽기, 말하기, 듣기, 쓰기를 측정하는 문항이 포함되어야 한다. 만약 읽기능력만을 측정하는 문항으로 국어교과의 중간고사 문항을 구성하게 된다면 충분한 내용 타당도가 확보되었다고 가정하기는 어려울 것이다. 마찬가지로 정신지체 아동을 진단하기 위한 검사는 정신지체의 중요한 특성인 지적 능력과 적응행동을 평가하는 핵심 문항들을 포함해야 한다. 이러한 중요한 특성을 측정하는 문항들이 검사문항에서 배제되었다면 마찬가지로 내용 타당도 측면에서 문제점이 발생할 수 있다.

(1) 내용 타당도 계수

내용 타당도에서는 해당 분야 전문가 혹은 심리측정 분야 전문가들이 수행한 평가결과를 타당도의 증거로 사용한다. 해당 분야 전문가들의 소견에 근거하여 평가된 결과들은 내용 타당도 계수(Content Validity Index: CVI)로 수치화할 수 있다. 내용 타당도 계수는 일반적으로 두 가지 방법으로 산출된다.

① 문항별 내용 타당도 계수

문항별 내용 타당도 계수에서는 다수의 전문가에게 문항별 적합성 여부의 평가를 의뢰한 후에 문항별 일치도를 비율척도로 평가한다. 이때 최소한 3명의 전문가들이 문항 평가에 참여해야 하며, 평가 문항의 척도는 4점 척도로 구성한다(Lynn, 1986). 예를 들어, 문항별 평가척도는 매우 적합(4), 다소 적합(3), 다소 부적합(2), 매우 부적합(1)과 같이 4수준으로 구성되어야 한다. 보통이라는 척도를 제외함으로써 의견이 적합함과 부적합함으로 확연히 구분될 수 있도록 평가척도를 구성하게 된다. 4수준의 척도는 다시 적합(매우 적합, 다소 적합)과 부적합(다소 부적합, 매우 부적합)으로 이분화되어 기록된다. 전문가들의 문항별 내용 타당도 계수를 구하는 공식은 다음과 같다.

$$문항별 \ 내용 \ 타당도 \ 계수 = \frac{적합하다고 \ 평가한 \ 빈도}{평가자 \ 수}$$

〈표 7-1〉은 평가자 간 단순 비율 일치도 결과를 활용하여 문항별 내용 타당도 계수를 산출한 예를 제공하고 있다.

〈표 7-1〉 전문가들의 문항별 평가결과

문항번호	전문가 1	전문가 2	전문가 3	문항별 내용 타당도 계수
1	매우 적합	다소 적합	다소 적합	1
2	매우 적합	매우 적합	다소 부적합	0.67
3	매우 적합	다소 적합	매우 적합	1
4	다소 부적합	매우 부적합	다소 부적합	0
5	매우 적합	다소 적합	다소 적합	1
6	매우 적합	매우 적합	다소 적합	1
7	매우 부적합	다소 부적합	다소 적합	0.33
8	다소 적합	매우 적합	매우 부적합	0.67
9	매우 적합	다소 적합	매우 적합	1
10	매우 적합	매우 부적합	다소 부적합	0.33

〈표 7-1〉의 결과를 보면 1, 3, 5, 6, 9번의 문항에 대해서 모든 전문가는 적합하다고 평가했지만 4번 문항에 대해서는 내용 타당도가 부족한 것으로 평가하였다. Lynn(1986)이 개발한 평가 준거에 따르면 평가자가 5명 미만일 경우 내용 타당도 계수가 1인 문항만 적합하다고 평가할 수 있다. 만약 평가자가 6명 이상일 경우

적합한 내용 타당도의 계수는 0.78 이상이어야 한다. 따라서 앞의 예에서는 내용 타당도 계수가 1인 문항만이 우수한 타당도를 확보한 것으로 해석할 수 있다.

이처럼 문항별 내용 타당도 계수는 백분율이라는 척도를 사용하고 있기 때문에 결과해석 및 계산상 간편한 장점을 갖고 있다. 하지만 이러한 비율의 척도는 본능적으로 우연에 의해 일치할 수 있는 영향력을 제거할 수 없는 단점을 갖고 있다.

② 척도 내용 타당도 계수

척도 내용 타당도 계수는 한 검사에 포함된 모든 문항에 관한 내용 타당도 정도를 평가하는 목적으로 사용될 수 있다. 척도 내용 타당도 계수는 전체 문항 중에서 평가자들이 모두 적합하다고 평가한 문항의 비율로 산출된다. 구체적인 공식은 다음과 같다.

$$\text{척도 내용 타당도 계수} = \frac{\text{평가자들이 모두 적합하다고 응답한 문항의 수}}{\text{전체 문항의 수}}$$

〈표 7-2〉 전문가 2인의 평가결과

구분		전문가 1		
		적합(매우 적합, 다소 적합 포함) 문항의 수	부적합(매우 부적합, 다소 부적합 포함) 문항의 수	총합
전문가 2	적합(매우 적합, 다소 적합 포함) 문항의 수	23문항	2문항	25문항
	부적합(매우 부적합, 다소 부적합 포함) 문항의 수	2문항	3문항	5문항
	총합	25문항	5문항	30문항

〈표 7-2〉에서 나타난 평가결과를 바탕으로 척도 내용 타당도 계수를 산출하면 다음과 같다.

$$척도\ 내용\ 타당도\ 계수 = \frac{평가자들이\ 모두\ 적합하다고\ 응답한\ 문항의\ 수(25)}{전체\ 문항의\ 수(30)} = 0.83$$

척도 내용 타당도 계수의 경우 최소한 0.8 이상이어야만 문항의 내용 타당도가 적합하다고 평가할 수 있다(Davis, 1992).

(2) 내용 타당도의 종류

내용 타당도는 세부적으로 교과 타당도와 교수 타당도로 구분될 수 있다. 구체적인 설명은 다음과 같다.

① 교과 타당도

교과 타당도(curricula validity)에서는 검사의 전체 문항이 이미 공표된 교육과정의 내용을 얼마나 잘 반영하고 있는지를 증명할 수 있는 증거들을 수집하게 된다. 일선 학교현장에서 흔히 사용되는 대부분의 시험이나 검사도구는 정규 교육과정에 포함된 교육내용을 평가하는 목표를 갖고 있다. 예컨대, 학교에서 실시하는 중간고사, 기말고사는 학생들이 이수한 교육과정을 어느 정도 이해하고 있는지를 평가하기 위한 목표를 갖고 있다. 그렇기 때문에 그러한 유형의 검사들은 학생들이 이수한 교육과정의 중요한 내용을 측정할 수 있는 대표성을 확보해야 한다. 만약 초등학교 2학년 학생들에게 초등학교 5학년 교육과정에 포함된 내용을 측정하는 검사문항을 출제한다면 이는 교과 타당도 측면에서 문제가 될 수 있다.

국가수준 학업성취도 검사와 같이 교육적으로 중요한 의사결정이 수반되는 검사에서도 교과 타당도는 매우 중요하다. 국가수준 학업성취도 검사결과는 학업성취 도달과 미도달로 평가 대상자를 분류하는 준거로 사용되기 때문에 국가교육과정의 내용을 대표할 수 있는 문항들로 구성되어야 한다.

기본적으로 일선 학교현장에서 실시되는 대부분의 검사는 학생들이 수업시간에 배운 내용을 평가할 수 있는 문항으로 구성되어야 한다. 학생들이 교실에 배우지 않은 내용을 시험에 출제하게 된다면 그에 대한 부작용으로 선행학습이나 과도한 사교육 등이 유발될 수 있다.

　교과 타당도를 점검하기 위한 필수적인 작업 중 한 가지는 Bloom(1956)이 제안한 이원분류표를 사용하여 평가목표를 내용 영역과 행동 영역으로 구분하는 것이다. 한 검사에 포함된 평가 문항들을 이원분류표에 의해서 분류하면 좀 더 객관적인 기준으로 교과 타당도의 적합성 여부를 평가할 수 있다.

　〈표 7-3〉은 초등학교 수학교과의 국가수준 학업성취도 검사문항을 이원분류표로 평가한 실제 사례이다(김은아, 강완, 2010). 〈표 7-3〉에서는 5명의 전문가가 작성한 이원분류표의 결과를 요약하여 제공하고 있다. 작성된 이원분류표를 바탕으로 특정한 행동 영역 혹은 내용 영역에서 편중된 문항과 배제된 문항은 무엇인지 쉽게 파악할 수 있다. 〈표 7-3〉의 경우 '분석'과 '평가' 행동에 관한 문항들이 국가수준 학업성취도 검사에 배제되어 있음을 한눈에 쉽게 확인할 수 있다.

〈표 7-3〉 학업성취도 평가도구의 이원분류표 예시

내용　　　　　　　　　　　　　　　　행동	지식	이해	적용	분석	종합	평가	계
1. 네 자리 수 읽고 쓰기	◎						
2. 몇 천을 읽고 쓰기	◎						
3. 놀이(숫자카드)를 통하여 네 자리 수의 크기 비교하기			◎				
4. 네 자리 수의 크기 비교하기			○				
5. 받아올림이 있는 세 자리 수 덧셈 계산하기		◎					
6. 받아내림이 있는 세 자리 수 뺄셈 계산하기		◎					
7. 받아내림이 있는 세 자리 수 뺄셈 생활장면에서 해결하기			◎				
8. 여러 가지 방법으로 받아내림이 있는 세 자리 수 차구하기					○		

* ◎는 4인 이상, ○는 4인 미만 합의에 의한 분류를 나타냄.

출처: 김은아, 강완(2010).

[그림 7-1]은 중학교에서 중간고사 및 기말고사를 위하여 작성되는 이원분류표의 실제 양식을 보여 주고 있다.

이 원 분 류 표	결재	계	부장	교감	교장
2018학년도 학기 고사 교과목: 출제 교사:	2018년 월 일 교시				

문항	출제 내용	단원명	정답	영역					난이도			배점
				지식	이해	적용	분석	종합	상	중	하	
1												
2												
3												
......												
20												
서술형 1												
서술형 2												
합계												

서술형				
번호	정답	유사답안	부분점수	점수
1	(1)			
	(2)			
2	(1)			
	(2)			
합계				

[그림 7-1] 이원분류표의 실제 양식

출처: 고양 송산중학교.

교과 타당도를 확보하기 위해서는 다음과 같은 추가사항을 고려할 필요가 있다.

- 교육과정 전문가가 작성한 이원분류표와 검사 개발자가 작성한 이원분류표를 서로 비교 분석할 필요가 있다. 이러한 분석을 통하여 검사 개발자는 자신의 의도대로 문항들이 교육과정의 내용을 포함하고 있는지를 재점검할 수 있을 것이다.
- 교육과정 내용의 상대적 중요성을 감안하여 관련된 문항의 수와 배점을 달리할 필요가 있다.

② 교수 타당도

교수 타당도(instructional validity)란 검사 혹은 시험에서 측정하고 있는 내용과 교사가 수업시간을 통해서 학생에게 가르친 교육내용 간의 일치도 정도로 정의할 수 있다. 즉, 교수-학습 활동을 통해 교사가 가르치고 학생이 학습한 내용을 검사의 문항으로 어느 정도 충실히 평가하고 있는지를 교수 타당도로 검증할 수 있다. 실제로 특수교사뿐만 아니라 일반교사들도 수업시간에 가르친 내용을 학생들이 얼마나 잘 이해하고 있는지를 평가하고 싶어 한다. 이러한 평가의 목적으로 검사 혹은 시험지를 개발할 경우 교수 타당도의 관점에 관련 타당도 증거를 확보할 필요가 있다.

교수 타당도의 개념은 학습 기회의 관점으로도 설명될 수 있다. 즉, 적합한 교수 타당도를 확보하기 위하여 교사는 검사에 포함된 문항에 답할 수 있는 능력을 학생들이 배양할 수 있도록 충분한 교육의 기회를 제공해야 한다. 예를 들어, 수학 학습장애를 갖고 있는 경호에게 실시될 기말고사에서 두 자릿수의 덧셈과 뺄셈의 문항들이 주로 포함되어 있다고 가정해 보자. 우수한 교수 타당도를 확보하기 위해서는 사전에 교사는 교수-활동을 통해 두 자릿수의 덧셈과 뺄셈의 개념을 이해할 수 있는 교육의 기회를 경호에게 충분히 제공해야 한다. 만약 그러한 교육을 제공하지 않은 채 검사를 실시했다면 교수 타당도가 확보되었다는 가정하기는 어려울 것이다.

따라서 우수한 교수 타당도를 확보하기 위하여 먼저 교사는 학생에게 충분한 배움의 기회 혹은 검사문항과 관련된 교육내용을 학습할 수 있는 충분한 교육의 기회를 우선적으로 제공할 필요가 있다. 또한 제작된 검사는 이미 학생에게 제공한 교육 혹은 교수(instruction)의 핵심 내용을 직접적으로 측정할 수 있는 문항들로 구성되어야 한다.

교수 타당도의 검증은 일반적으로 교수활동에 참여한 교사의 평가로 수행된다. 교사는 개별 문항들을 검토하면서 해당 문항과 관련된 교육을 학생들에게 제공했는지 여부를 평가하게 된다. 이처럼 교수 타당도는 교육을 수행한 교사의 평가결과에 전적으로 의존하고 있기 때문에 객관적인 타당도의 증거로 활용되기는 어려운 제한점을 갖고 있다.

> **추가 읽기 자료**　**교육과정중심평가와 교육과정중심측정**
>
> 　교육과정중심평가(Curriculum-Based Assessment: CBA)는 교수 타당도가 우수한 대표적인 검사도구로 평가받고 있다. CBA는 일반적으로 교육한 내용을 1주 혹은 2주 간격으로 반복적으로 측정하고 있기 때문에 일반적으로 교수 타당도가 매우 뛰어난 장점을 갖고 있다. 하지만 이러한 장점은 한편으로 단점으로 평가받기도 한다. 1년 혹은 1학기의 교육과정을 고려했을 때 지나치게 지엽적인 교육내용만을 평가하고 있다는 비판을 받고 있다. 교육과정을 이수했다는 의미는 해당 단원의 내용만을 이해했다고 해서 달성되는 것은 아니며, 한 학기 혹은 1년간의 교육목표를 달성해야만 교육적 성취를 이뤘다고 평가할 것이다. 이러한 관점에 좀 더 무게를 두고 있는 검사 방법이 교육과정중심측정(CBM)이다. CBM은 지엽적인 내용이 아닌 해당 교과의 전반적인 능력을 측정하고 있다. CBM은 CBA보다 낮은 교수 타당도를 갖고 있지만, 그에 반해 해당 교과에서 달성해야 할 궁극적인 교육의 목표를 측정할 수 있는 장점을 기대할 수 있다.

3) 준거 타당도

준거 타당도(criterion validity)는 특정한 검사의 결과와 준거 변수 간의 연관성 혹은 예측성 정도로 정의할 수 있다. 여기서 언급된 준거 변수란 기준 혹은 참조가

될 수 있는 외적 변수(external variable)를 말하며, 일반적으로 경험적 연구를 통해서 타당성이 검증된 검사도구들이 준거 타당도 분석의 준거 변수로 주로 활용된다. 따라서 준거 타당도에서는 타당도를 이미 확보한 검사를 기준 혹은 준거로 설정한 후에 새롭게 개발된 검사와의 연관성 정도를 평가하게 된다.

이처럼 준거 타당도 분석에서는 준거로 활용되는 검사의 질이 매우 중요하기 때문에 반드시 타당도가 일정 수준 이상인 검사 혹은 준거들을 준거 변수로 사용해야만 준거 타당도의 증거를 검증할 수 있다. 예를 들어, 검사 개발자가 새롭게 개발한 지능검사의 준거 타당도를 검증하고자 한다면, 준거 변수의 한 예로 이미 타당화 작업을 수행한 지능검사도구(예: KEDI-WISC, K-ABC 검사 등)만을 사용해야 한다. 그렇지 않은 준거 변수들, 즉 타당도가 검증되지 않은 지능검사도구를 사용하여 준거 타당도의 증거를 확보했다면, 그러한 결과들은 경험적인 타당도 증거로 사용할 수 없다.

준거 타당도에 관한 자료를 산출하기 위하여 주로 활용되는 분석방법들은 상관계수에 기반을 둔 양적 분석방법(예: 상관계수, 회귀분석, 구조방정식 등)이다. 기초통계 부분에서 설명했듯이, 상관계수란 두 변수 간의 관련성 정도를 평가하기 위한 목적으로 사용되기 때문에 준거 타당도를 검증하기 위한 최적의 분석방법으로 활용되고 있다(제4장 참조). 특별히 준거 타당도를 목적으로 사용하는 상관계수를 타당도 계수(validity coefficient)라고 명명한다. 상관계수의 결과를 타당도의 증거로 평가할 때는 상관계수의 결과해석 기준을 동일하게 적용할 수 있다. 즉, 상관계수의 값이 1에 가까울수록 높은 준거 타당도로 해석할 수 있으며, 반대로 0에 가까울수록 준거 타당도가 높지 않은 것으로 평가할 수 있다.

준거 타당도는 준거 변수를 수집한 시간 차이에 따라 공인 타당도와 예측 타당도로 분류할 수 있다. 특정한 검사와 준거 변수검사를 거의 동시에 수행한다면 우리는 이러한 준거 타당도를 특별히 공인 타당도라고 명명한다. 이와 달리 준거 변수의 자료를 일정한 시간이 지난 이후에 수집했다면, 우리는 이러한 준거 타당도를 특별히 예측 타당도라고 명명한다. 공인 타당도와 예측 타당도의 세부적인 설명은 다음과 같다.

(1) 공인 타당도

공인 타당도(concurrent validity)란 검사와 준거 변수에 관한 자료를 거의 동시에 수집하여 두 변수 간의 상관 정도를 나타내는 증거를 수집하는 과정으로 정의할 수 있다. 예를 들어, 검사 개발자가 새로운 적응행동검사를 개발한 후에 공인 타당도와 관련된 증거를 수집하려고 한다면, 새롭게 개발된 검사를 실시한 후에 거의 동시에 이미 타당도가 검증된 적응행동검사를 실시해야 한다. 이러한 검사 실시 과정을 통해서 만약 두 검사 간에 높은 타당도 계수가 산출되었다면, 새롭게 개발된 적응행동검사는 실제로 적응행동과 관련된 학생의 특성을 측정하고 있다고 추정할 수 있을 것이다. 공인 타당도를 지지할 수 있는 증거를 확보하기 위해서는 단수의 준거 변수만을 사용해서는 안 되며, 복수의 준거 변수와 새롭게 개발된 검사 간의 관련성을 지지할 수 있는 충분한 경험적 증거를 확보할 필요가 있다.

공인 타당도의 증거는 주로 새롭게 개발된 검사도구의 타당도를 검증하고자 할 때 특별히 중요하게 고려된다. 특정한 영역의 검사를 개발하고자 할 때 검사 개발자는 이론적인 배경에 근거하여 문항들을 개발하게 된다. 이러한 방법으로 개발된 검사의 문항들이 실제로 해당 영역을 측정하고 있는지를 확인할 수 있는 방법은 바로 타당도를 이미 확보한 기존 검사와의 유의한 상관관계를 산출하는 것이다. 이러한 이유로 새롭게 개발되는 대부분의 검사에서는 공인 타당도를 보고하고 있다. 하지만 모든 검사에서 높은 공인 타당도가 보고되는 것은 아니기 때문에 공인 타당도의 근거자료를 검사별로 주의 깊게 살펴볼 필요가 있다.

공인 타당도의 증거들이 필요한 한 또 다른 상황은 단축형 유형의 검사를 개발하고자 할 때이다. 예를 들어, 한국아동성격검사(KCIP) 교사평정용의 경우 일반형과 단축형의 두 가지 유형으로 개발되었다. 일반형으로 개발된 검사는 총 200개의 문항으로 구성되어 있다. 문항 수가 많을수록 타당도와 신뢰도 측면에서 안정적일 수 있지만 검사의 실행가능성 측면에서는 제한점을 갖고 있다. 즉, 1명의 학생을 평가하기 위하여 200개 문항에 모두 응답해야 하는 상황은 검사를 실시하는 교사의 입장에서 큰 부담이 될 수 있다. 반면에 81개 문항으로 구성된 단축형 유형의 검사는 이러한 문제점을 어느 정도 보완하는 장점을 갖고 있다. 하지만 일반형 유형이 아닌 단축형 유형의 검사를 사용하기 위해서는 먼저 일반형 유형의 검사결과와 안정적인 상관관계가 확보되어야 한다. 이러한 상관계수의 결과들은 공인 타당도의 증거에 해당한다.

(2) 예측 타당도

예측 타당도(predictive validity)란 향후 미래에 예상되는 준거 변수의 변화를 특정한 검사결과로 어느 정도 정확히 예측할 수 있는지를 검증할 수 있는 증거들을 수집하는 과정이다. 이러한 예측 타당도 또한 공인 타당도와 마찬가지로 관련된 증거를 확보하기 위하여 준거 변수에 해당하는 준거 검사의 결과가 필요하다. 하지만 공인 타당도의 준거 변수와는 달리 예측 타당도의 준거 변수는 측정 시점에서 차이점이 있다. 즉, 예측 타당도를 검증하기 위해서 먼저 타당도를 검증하고자 하는 검사를 실시한 이후 일정한 시간이 지난 후에 준거 검사를 실시하게 된다. 예를 들어, 학업성취를 예측할 수 있는 교사의 평정척도를 개발한다고 가정한다면, 먼저 교사의 평정척도검사를 실시한 후에 한 학기 혹은 1년이 지난 다음 학생들의 학업성취점수를 산출하여 교사의 평정척도와 학업성취 간의 상관관계를 추정할 수 있다.

예측 타당도와 관련된 증거들은 상관계수에 기반을 둔 통계방법을 사용하여 산출한다. 대표적인 분석방법에는 단일 혹은 다중 회귀분석방법과 구조방정식에 기반을 둔 잠재성장모형(latent growth modeling)이 있으며, 이러한 각각의 분석방법에 관한 세부적인 설명은 이 책의 범위를 넘는 수준이기 때문에 관심 있는 독자들은 관련된 통계분석 전문서적을 참고하기 바란다.

예측 타당도의 결과는 특수아동의 조기 선별(early identification)을 강조하고 있는 특수교육 분야에서 특별히 중요하게 여겨진다. 특수교육의 성과를 극대화할 수 있는 최선의 방법은 조기에서 특수교육대상자를 진단하여 적합한 교육을 조기에 제공하는 것이다. 따라서 특수아동의 조기 선별을 위한 목적으로 검사도구를 개발할 경우 우선 예측 타당도를 지지할 수 있는 경험적 증거를 검증할 필요가 있다. 예를 들어, 교육과정중심측정(CBM)을 학습장애 위험군 집단의 조기 선별을 위한 목적으로 사용할 경우 우선적으로 예측 타당도의 증거들을 확인할 필요가 있다. 실제로 여승수(2012)의 연구에서는 수학 CBM의 예측 타당도를 분석하였다. 이 연구에서는 초등학교 학생을 대상으로 수학 CBM의 점수를 이용하여 수학 학기말 시험에서 부진으로 판별되는 학생을 어느 정도 정확히 예측할 수 있는지를 조사하였다. 연구결과에 따르면 수학 CBM과 수학 학기말 시험 간에는 유의한 상관관계가 확인되었다. 즉, 수학 CBM의 안정적인 예측 타당도의 증거들이 확인되었으며, 이러한 결과는 수학 CBM을 조기 선별을 위한 목적으로 활용할 수 있음을 증명하고 있다.

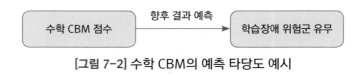

[그림 7-2] 수학 CBM의 예측 타당도 예시

4) 구인 타당도

구인 타당도(construct validity)의 개념을 이해하기 앞서 먼저 구인(construct)이라는 개념을 이해할 필요가 있다. 구인이란 직접적인 측정이나 관찰이 불가능한 이론적인 개념으로, 이미 사회과학 분야 혹은 일상생활에서 우리가 널리 사용하고 있는 개념이다. 실제로 교육학 분야에서 사용하는 정서, 인성, 성격, 지능과 같은 개념이 바로 구인에 해당한다. 앞서 언급한 개념은 모두 직접적인 측정이나 관찰이 불가능한 개념이기 때문에 우리는 연구자의 가설에 기반을 둔 개념으로만 추정이 가능하다.

예를 들어, 우리는 정서라는 개념을 책상의 길이처럼 직관적으로 정확히 측정할 수 없으며, 그 실체를 눈으로 확인할 수도 없다. 그럼에도 정서라는 용어를 교육학 분야에서 자주 사용하고 측정할 수 있는 이유는 이론적인 가설로 개념을 한정지을 수 있기 때문이다. 특수교육 분야에서 사용하는 학습장애 혹은 자폐성장애라는 용어 또한 구인에 해당하는 개념이다. 이처럼 구인이라는 용어는 익숙지 않을 수 있지만 일반교육 및 특수교육 분야에서는 구인으로 설명할 수 있는 다양한 개념을 오랜 세월 동안 사용하고 있다.

구인 타당도란 연구자에 의해서 가설된 검사의 구인을 검사결과로 얼마나 잘 측정할 수 있는지를 평가할 수 있는 증거들을 수집하는 과정이다. 예를 들어, 구인에 해당하는 창의성을 측정하는 검사를 개발했다면, 창의성의 이론적인 특성을 얼마나 잘 측정하고 있는지를 평가할 수 있는 증거들을 수집할 필요가 있으며, 이러한 증거들은 구인 타당도의 자료로 활용될 수 있다. 마찬가지로 지능을 측정하는 검사도구는 지능이라는 구인의 이론적인 특성들을 잘 측정해야 한다. 현재 다양한 정의에 근거한 다양한 지능검사가 개발되고 있다. 이처럼 다양한 지능검사가 개발되는 이유는 바로 지능이라는 개념이 구인에 해당하기 때문에 연구자들은 다양한 이론적인 가설에 근거하여 지능을 정의하고 있으며, 이러한 다양한 지능의 정의로 인하여 다양한 지능검사가 개발되고 있다.

만약 Wechsler의 초기 지능검사처럼 지능을 동작성과 언어성이라는 2개의 구인으로 가설한다면 구인 타당도에서는 실제로 지능검사를 통해서 동작성과 언어성 수행능력을 측정하고 있는지를 평가할 수 있는 증거들을 수집하게 된다. 만약 지능을 Howard Gardner가 주장하는 8개의 다중지능이론으로 정의한다면 다중지능검사는 반드시 지능이 8개의 다중지능 구인으로 구성된다는 증거를 제시해야 한다. 그래야만 이론적인 배경에 적합한 지능을 제대로 측정할 수 있으며, 이러한 증거들은 구인 타당도를 지지할 수 있다.

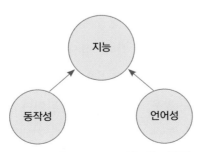

[그림 7-3] Wechsler의 지능 구인

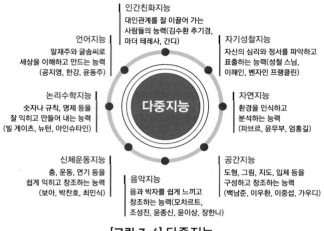

[그림 7-4] 다중지능

요인 분석(factory analysis)은 가장 대표적인 구인 타당도에 관한 자료를 분석하는 방법이다. 요인 분석은 고급 통계분석방법의 한 종류이기 때문에 모든 세부적인 설명을 제공하기는 어려우며, 대신 요인 분석과 관련된 전문서적이 많이 출판되었기 때문에 관심 있는 독자들은 해당 전문서적들을 참고하길 바란다.

3. 타당도 증감에 영향을 미칠 수 있는 변인

1) 신뢰도

검사의 신뢰도와 타당도는 검사의 질을 평가할 수 있는 대표적인 지표이며, 두 지표는 서로 밀접한 관련성을 갖고 있다. 검사의 신뢰도는 높은 타당도를 확보하기 위한 필요조건에 해당되지만 충분조건은 되지 않는다. 즉, 높은 타당도를 확보하기 위해서는 우선적으로 높은 신뢰도가 확보되어야 한다(제6장 참조). 높은 신뢰도가 확보되지 않았다면, 높은 타당도의 결과를 기대할 수는 없다. 하지만 높은 신뢰도의 결과가 반드시 높은 타당도의 결과로 귀결되지는 않는다. 바로 이러한 관계 때문에 신뢰도는 단지 높은 타당도의 결과를 기대할 수 있는 필요조건으로

만 고려된다. 따라서 타당도의 증거를 수집하기에 앞서 우선적으로 안정적인 수준의 신뢰도가 확보되었는지를 반드시 점검할 필요가 있다.

　신뢰도와 타당도의 관계는 다음과 같은 수식으로 설명할 수 있다.

$$\text{(검사 1과 준거 검사 2의) 준거 타당도 계수의 최대값} = \sqrt{R_{11}R_{22}}$$

$$R_{11} = \text{검사 1의 신뢰도 계수}$$
$$R_{22} = \text{준거 검사 2의 신뢰도 계수}$$

◆〈표 7-4〉 신뢰도 계수와 타당도 계수의 관계

타당도를 검증해야 하는 검사의 신뢰도 계수	준거 검사의 신뢰도 계수	최대 타당도 계수
1.0	1.0	1.00
0.5	1.0	0.71
0.0	1.0	0.00
1.0	0.5	0.71
0.5	0.5	0.50
0.0	0.5	0.00
1.0	0.3	0.55
0.5	0.3	0.39
0.0	0.3	0.00

〈표 7-4〉에서는 앞의 공식을 적용하여 검사의 신뢰도에 따른 타당도 계수의 최대값을 제공하고 있다. 두 검사 간의 신뢰도가 완벽함을 의미하는 1이었을 경우 타당도 계수의 최대값도 1이 된다. 하지만 현존하는 검사 중에서 오류가 없는 완벽한 신뢰도를 지니고 있는 검사는 존재하지 않는다. 따라서 타당도 계수가 1이 되는 상황은 현실적으로 불가능하다. 〈표 7-4〉의 결과처럼 두 검사의 신뢰도가 낮을수록 타당도 계수의 최대값도 함께 감소함을 확인할 수 있다. 예를 들어, 타당

도를 검증해야 할 검사의 신뢰도가 0.5이고, 준거 검사의 신뢰도가 0.3이라면, 최
대로 추정이 가능한 타당도 계수는 0.39에 불과하다. 결론적으로 종합해 보면, 낮
은 신뢰도를 갖고 있는 검사를 사용하여 타당도 계수를 산출한다면, 신뢰도 값 이
상의 높은 타당도 계수를 기대할 수는 없다.

2) 준거 검사의 질

준거 타당도에 관한 증거를 수집하고자 할 때 우선 점검해야 할 사항은 준거 검
사로 활용되는 검사의 신뢰도와 타당도의 증거들이다. 새롭게 개발되는 검사의
기준이며 지향점 역할을 하게 될 준거 검사들이 낮은 신뢰도와 타당도를 갖고 있
다면 준거 검사로 활용되어서는 안 될 것이다. 따라서 준거 타당도를 검증하기에
앞서 준거로 사용된 검사들의 신뢰도와 타당도의 결과들을 종합적으로 검토해 볼
필요가 있다.

3) 검사 혹은 문항 자체의 문제

제작된 검사 혹은 검사문항의 결함으로 낮은 타당도의 결과를 초래하기도 하며
구체적인 원인은 다음과 같다(권대훈, 2008).

- 검사문항의 모호성
- 불명료한 검사지시사항들
- 문항 수의 부적절성(예: 지나치게 문항이 많거나 적은 경우)
- 일정한 정답의 규칙적 배열로 인한 정답의 유추가능성
- 쉬운 난이도를 지닌 문항만으로 구성된 검사
- 지나치게 어려운 문항만으로 구성된 검사
- 문항 배열의 부절적함
- 시간제한의 부절적함

4) 부적합한 대표성을 갖고 있는 규준

모집단의 대표성을 갖고 있지 않은 부적합한 규준에서 도출된 검사의 점수를 사용하여 모집단의 상대적 위치를 확인할 경우 낮은 타당도의 결과를 초래할 수 있다. 예를 들어, 초등학교 3학년 학생들의 학업성취 여부를 결정하기 위하여 학력 수준이 매우 우수한 초등학교 학생들만을 표집하여 준거 타당도의 증거를 확인했다면 편향된 준거 타당도의 증거들이 수집될 확률이 높다. 즉, 이러한 표집에서 산출된 절단점의 점수(학업 도달 성취 판단 기준점)는 과잉추정될 확률이 매우 높기 때문에 이러한 절단점의 점수를 일반 초등학교 학생에게 적용할 경우 실제로 학업성취에 도달한 상당수의 학생이 미도달 학생으로 분류될 수 있다.

또 다른 유사한 예는 성비의 차이에서도 찾아볼 수 있다. 만약 남학생 비율이 높은 집단에서 정서행동을 측정하는 새로운 검사의 타당화 증거를 수집했다고 가정해 보자. 이러한 타당도의 증거는 여학생 비율이 높거나 여학생 집단에게 유효하지 않을 수 있다. 따라서 타당도의 증거를 수집하고자 할 때에는 적합한 대표성을 지닌 규준을 사용해야 한다.

5) 표본의 크기

적은 수의 피험자 집단으로 타당도를 검증할 경우 타당도의 증거들은 심하게 왜곡될 확률이 높다. 예를 들어, 상관계수를 이용하여 타당도 계수를 산출할 경우 피험자 집단의 수가 매우 적은 조건이라면, 일부 특이한 점수를 지닌 피험자의 점수에 의해서 상관계수의 값은 큰 영향을 받을 수 있다. 하지만 안타깝게도 타당도 검증을 위해 몇 명 이상의 피험자가 필요한지에 대한 명확한 기준은 존재하지 않는다. 대신 우리가 명심해야 할 사항은 사례 수가 증가할수록 안정적인 타당도 증거를 수집할 수 있으며, 반대로 사례 수가 감소할수록 안정적인 타당도 증거를 확보하기는 어렵다는 특성이다. 따라서 가능한 한 많은 피험자를 대상으로 타당도 검증이 이뤄져야 할 것이다.

6) 집단의 이질성 여부

신뢰도 계수와 마찬가지로 타당도 계수 또한 상관계수로 산출된다. 따라서 타당도 계수는 상관계수의 특성 중 한 가지인 집단의 이질성 정도에 의해서 영향을 받는다. 상관계수는 집단의 이질성 정도가 증가할수록 분산이 증가하여 상관계수의 값이 함께 증가하는 특성을 갖고 있다. 그렇기 때문에 집단의 이질성 정도가 증가하면, 타당도 계수도 함께 증가하게 된다.

7) 검사 실시 상황 및 조건

검사를 실시한 상황과 다양한 조건은 타당도에 영향을 미칠 수 있다. 예를 들어, 시간제한이 있는 검사를 실시할 때 정해진 시간을 준수하지 않았다면 그 검사의 결과는 왜곡된 결과에 불과하다. 따라서 이러한 검사점수를 바탕으로 산출된 타당도의 증거를 채택해서는 안 될 것이다. 또한 검사를 실시하는 동안 피험자가 시험에 집중하기 어려운 상황(예: 잠음, 다른 피험자의 이상행동 등)이었다면 마찬가지로 검사결과를 타당도의 증거로 활용할 수 없을 것이다.

4. 타당도 결과해석 시 유의사항

1) 타당도란 검사점수의 특성일 뿐이다

신뢰도와 마찬가지로 한 검사의 타당도 증거들은 검사 자체의 특성이 아닌 검사점수의 특성으로 이해할 필요가 있다. 따라서 검사 매뉴얼에서 보고하고 있는 우수한 타당도의 증거들을 지나치게 신뢰해서는 안 되며 단지 참고자료로만 활용해야 할 것이다. 실제로 타당도의 적합성 여부는 검사점수의 특성에 따라 평가결과가 달라질 수 있다. 실제로 첫 번째 수행했던 연구에서는 우수한 타당도를 뒷받침

하는 증거를 수집하더라도, 다른 대상자를 포함한 연구를 수행하게 된다면 동등한 수준의 타당도 증거를 확신할 수 없다. 이러한 특성을 고려한다면 검사를 사용하는 교사 및 연구자들은 반드시 본인의 검사 대상자에서 획득한 검사점수를 이용하여 타당도의 증거를 수집할 필요가 있다.

2) 단일 연구결과만으로 타당도를 확신할 수 없다

앞에서 설명한 것처럼 타당도란 검사점수의 특성에 불과하기 때문에 단일 연구에서 산출된 결과만으로 타당도의 결과를 일반화하여 평가할 수는 없다. 대신 다양한 타당도의 연구가 반복 수행되어야 하며, 그러한 연구결과들이 충분히 축적된 후에 종합적으로 타당도의 정도를 평가해야 한다. 따라서 한 검사의 타당도를 검증하는 과정은 단일 연구에 의해서 종결될 수 있는 과제가 아니며, 대신 지속적인 연구가 끊임없이 수반되어야 한다.

3) 안면 타당도의 증거만으로는 충분치 않다

안면 타당도를 지지하는 증거만으로는 특정한 검사의 타당도가 안정적으로 확보되었다고 확신해서는 안 될 것이다. 안면 타당도의 증거는 질적인 자료에 불과하며, 이와 함께 상관계수와 같이 양적 지표로 확인이 가능한 다양한 타당도 증거를 확보할 필요가 있다.

4) 타당도 결과는 유무로 해석되어서는 안 된다

타당도의 증거를 '있다' 혹은 '없다'와 같이 이분법적으로 해석해서는 안 된다. 대신 타당도의 증거가 '높다' 혹은 '낮다'와 같이 정도 혹은 수준을 고려하여 타당도를 해석하는 것이 올바른 해석방법이다.

주요 핵심용어

- 타당도
- 안면 타당도
- 내용 타당도
- 문항별 내용 타당도 계수

- 척도 내용 타당도 계수
- 교과 타당도
- 교수 타당도
- 이원분류표

- 준거 타당도
- 공인 타당도
- 예측 타당도
- 구인 타당도

제2부

특수아동 평가의
실제

제8장

특수아동 평가의 법적 근거와 선별검사

학습목표

◆ 특수아동 평가의 법적 근거와 기본적인 지침을 알 수 있다.
◆ 선별검사의 과정을 이해할 수 있다.
◆ 선별검사 도구의 특성을 알 수 있다.
◆ 영유아들의 전반적 영역의 발달 수준을 확인할 수 있다.
◆ 발달에 어려움이 있는 영유아를 선별할 수 있다.

이 장의 중요성

　이 장에서는 특수아동 평가에 대한 법적인 근거를 설명하고, 검사 실시에 대한 기본적인 지침을 제시한다. 특수교육대상자의 적격성(eligibility)을 확인하기 위해서는 「장애인 등에 대한 특수교육법」(2017 개정)의 근거를 알아야 하며, 형식적 평가(제2장 참조)를 통해 아동의 수준을 파악해야 한다. 형식적 평가 중에서 대표적인 것이 표준화된 검사와 규준 참조 검사인데, 다양한 검사의 실제를 통해 예비 특수교사들은 아동의 발달에 대한 객관적인 정보를 획득하게 된다. 또한 장애의 유무와 유형 등에 대한 진단과정에 앞서 심층적인 검사가 필요한지를 밝혀내는 선별검사의 중요성과 장단점을 학습하게 된다.

1. 특수아동 평가의 법적인 근거

　특수아동의 평가는 장애를 조기에 발견하는 선별검사와 특수교육대상자로 선정하여 배치하는 진단검사의 과정으로 이루어진다. 각 과정에 대한 법적인 근거는 「장애인 등에 대한 특수교육법」(2017 개정)과 동법 시행령, 시행규칙에 명시되어 있으며, 구체적인 절차와 내용을 살펴보면 다음과 같다.

1) 장애의 조기발견: 선별검사 과정

지역사회와 교육기관이 협조체제를 구축하여 장애를 조기에 발견할 수 있도록 명시되었으며, 선별검사를 무상으로 수시로 실시하고 있음을 알 수 있다. 법적인 근거는 다음과 같다.

「장애인 등에 대한 특수교육법」 제14조(장애의 조기발견 등)

① 교육장 또는 교육감은 영유아의 장애 및 장애 가능성을 조기에 발견하기 위하여 지역주민과 관련 기관을 대상으로 홍보를 실시하고, 해당 지역 내 보건소와 병원 또는 의원(醫院)에서 선별검사를 무상으로 실시하여야 한다.

② 교육장 또는 교육감은 제1항에 따른 선별검사를 효율적으로 실시하기 위하여 지방자치단체 및 보건소와 병·의원 간에 긴밀한 협조체제를 구축하여야 한다.

③ 보호자 또는 각급학교의 장은 제15조 제1항 각 호에 따른 장애를 가지고 있거나 장애를 가지고 있다고 의심되는 영유아 및 학생을 발견한 때에는 교육장 또는 교육감에게 진단·평가를 의뢰하여야 한다. 다만, 각급학교의 장이 진단·평가를 의뢰하는 경우에는 보호자의 사전 동의를 받아야 한다.

④ 교육장 또는 교육감은 제3항에 따라 진단·평가를 의뢰받은 경우 즉시 특수교육지원센터에 회부하여 진단·평가를 실시하고, 그 진단·평가의 결과를 해당 영유아 및 학생의 보호자에게 통보하여야 한다.

⑤ 제1항의 선별검사의 절차와 내용, 그 밖에 검사에 필요한 사항과 제3항의 사전 동의 절차 및 제4항에 따른 통보 절차에 필요한 사항은 대통령령으로 정한다.

「장애인 등에 대한 특수교육법 시행령」 제9조(장애의 조기발견 등)

① 교육장 또는 교육감은 매년 1회 이상 법 제14조 제1항에 따른 홍보를 하여야 한다.

② 교육장 또는 교육감은 장애의 조기발견을 위하여 관할 구역의 어린이집 · 유치원 및 학교의 영유아 또는 학생(이하 "영유아 등"이라 한다. 이하 이 조에서 같다)을 대상으로 수시로 선별검사를 하여야 한다. 이 경우 「국민건강보험법」 제52조 제1항 또는 「의료급여법」 제14조 제1항에 따른 건강검진의 결과를 활용할 수 있다. 〈개정 2011. 12. 8., 2012. 8. 31.〉

③ 교육장 또는 교육감은 선별검사를 한 결과 장애가 의심되는 영유아 등을 발견한 경우에는 병원 또는 의원에서 영유아 등에 대한 장애 진단을 받도록 보호자에게 안내하고 상담을 하여야 한다.

④ 교육장 또는 교육감은 선별검사를 받은 영유아 등의 보호자가 법 제15조에 따른 특수교육대상자로 선정받기를 요청할 경우 영유아 등의 보호자에게 영유아 등의 건강검진 결과통보서 또는 진단서를 제출하도록 하여 영유아 등이 특수교육대상자에 해당하는지 여부를 판단하기 위한 진단 · 평가를 하여야 한다.

⑤ 교육장 또는 교육감은 제3항에 따라 진단 · 평가한 결과 영유아 등에게 특수교육이 필요하다고 판단되면 보호자에게 그 내용과 특수교육대상자 선정에 필요한 절차를 문서로 알려야 한다.

⑥ 제2항부터 제5항까지의 규정에 따른 선별검사 및 진단 · 평가에 필요한 사항은 교육부령으로 정한다. 이 경우 제2항에 따른 선별검사에 관한 사항은 보건복지부장관과 협의하여야 한다. 〈개정 2010. 3. 15., 2013. 3. 23.〉

「장애인 등에 대한 특수교육법 시행규칙」 제2조(장애의 조기발견 등)

① 교육장 또는 교육감은 「장애인 등에 대한 특수교육법」(이하 "법"이라 한다) 제14조 제1항 또는 제3항에 따른 선별검사나 진단 · 평가를 실시하는 경우에는 별표에 따른 검사를 각각 실시하여야 한다.

② 보호자 또는 각급학교의 장은 법 제15조 제1항 각 호에 해당하는 장애를 가지고 있거나 장애를 가지고 있다고 의심되는 영유아 및 학생을 발견하여 진단 · 평가를 의뢰하고자 하는 경우에는 별지 제1호 서식에 따른 진단 · 평가 의뢰서를 작성하여 교육장 또는 교육감에게 제출하여야 한다.

[별표] 〈개정 2016. 6. 23.〉

특수교육대상자 선별검사 및 진단·평가 영역
(제2조 제1항 관련)

구분		영역
장애 조기 발견을 위한 선별검사		1. 사회성숙도검사 2. 적응행동검사 3. 영유아발달검사
진단·평가 영역	시각장애·청각장애 및 지체장애	1. 기초학습기능검사 2. 시력검사 3. 시기능검사 및 촉기능검사(시각장애의 경우에 한함) 4. 청력검사(청각장애의 경우에 한함)
	지적장애	1. 지능검사 2. 사회성숙도검사 3. 적응행동검사 4. 기초학습검사 5. 운동능력검사
	정서·행동장애 및 자폐성장애	1. 적응행동검사 2. 성격진단검사 3. 행동발달평가 4. 학습준비도검사
	의사소통장애	1. 구문검사 2. 음운검사 3. 언어발달검사
	학습장애	1. 지능검사 2. 기초학습기능검사 3. 학습준비도검사 4. 시지각발달검사 5. 지각운동발달검사 6. 시각운동통합발달검사

비고: 특수교육대상자 선정을 위한 장애 유형별 진단·평가 시 장애인증명서·장애인수첩 또는 진단서 등을 참고자료로 활용할 수 있다.

③ 교육장 또는 교육감은 「장애인 등에 대한 특수교육법 시행령」(이하 "영"
　　이라 한다) 제9조 제5항에 따라 진단 · 평가의 결과를 영유아 및 학생의
　　보호자에게 알릴 때에는 별지 제2호 서식에 따른다.

2) 특수교육대상자 선정 및 배치: 진단검사 과정

「장애인복지법」 제32조 등의 장애인 등록 여부와 상관없이 특수교육이 필요한
자를 선정하는 과정으로 진단검사가 실시된다. 또한 특수교육대상자로 선정되어
교육을 받고 있는 경우에도 재배치를 희망하거나 장애 유형을 변경하고자 하는
경우에 진단검사를 실시하게 된다. 법적인 근거는 다음과 같다.

「장애인 등에 대한 특수교육법」 제15조(특수교육대상자의 선정)
① 교육장 또는 교육감은 다음 각 호의 어느 하나에 해당하는 사람 중 특수
　　교육을 필요로 하는 사람으로 진단 · 평가된 사람을 특수교육대상자로
　　선정한다. 〈개정 2016. 2. 3.〉
　　1. 시각장애
　　2. 청각장애
　　3. 지적장애
　　4. 지체장애
　　5. 정서 · 행동장애
　　6. 자폐성장애(이와 관련된 장애를 포함한다)
　　7. 의사소통장애
　　8. 학습장애
　　9. 건강장애
　　10. 발달지체
　　11. 그 밖에 대통령령으로 정하는 장애
② 교육장 또는 교육감이 제1항에 따라 특수교육대상자를 선정할 때에는
　　제16조 제1항에 따른 진단 · 평가결과를 기초로 하여 고등학교 과정은
　　교육감이 시 · 도특수교육운영위원회의 심사를 거쳐, 중학교 과정 이하

의 각급학교는 교육장이 시 · 군 · 구특수교육운영위원회의 심사를 거쳐
이를 결정한다.

「장애인 등에 대한 특수교육법 시행령」 제10조(특수교육대상자의 선정 기준)
법 제15조에 따라 특수교육대상자를 선정하는 기준은 별표와 같다.

[별표] 〈개정 2016. 6. 21.〉

특수교육대상자 선정 기준(제10조 관련)

1. 시각장애를 지닌 특수교육대상자

시각계의 손상이 심하여 시각기능을 전혀 이용하지 못하거나 보조
공학기기의 지원을 받아야 시각적 과제를 수행할 수 있는 사람으로서
시각에 의한 학습이 곤란하여 특정의 광학기구 · 학습매체 등을 통하
여 학습하거나 촉각 또는 청각을 학습의 주요 수단으로 사용하는 사람

2. 청각장애를 지닌 특수교육대상자

청력 손실이 심하여 보청기를 착용해도 청각을 통한 의사소통이 불
가능 또는 곤란한 상태이거나, 청력이 남아 있어도 보청기를 착용해
야 청각을 통한 의사소통이 가능하여 청각에 의한 교육적 성취가 어
려운 사람

3. 지적장애를 지닌 특수교육대상자

지적 기능과 적응행동상의 어려움이 함께 존재하여 교육적 성취에
어려움이 있는 사람

4. 지체장애를 지닌 특수교육대상자

기능 · 형태상 장애를 가지고 있거나 몸통을 지탱하거나 팔다리의
움직임 등에 어려움을 겪는 신체적 조건이나 상태로 인해 교육적 성
취에 어려움이 있는 사람

5. 정서 · 행동장애를 지닌 특수교육대상자

장기간에 걸쳐 다음 각 목의 어느 하나에 해당하여, 특별한 교육적
조치가 필요한 사람

　가. 지적 · 감각적 · 건강상의 이유로 설명할 수 없는 학습상의 어려
　　움을 지닌 사람

　나. 또래나 교사와의 대인관계에 어려움이 있어 학습에 어려움을
　　겪는 사람

　　다. 일반적인 상황에서 부적절한 행동이나 감정을 나타내어 학습에
　　　　어려움이 있는 사람
　　라. 전반적인 불행감이나 우울증을 나타내어 학습에 어려움이 있는
　　　　사람
　　마. 학교나 개인 문제에 관련된 신체적인 통증이나 공포를 나타내
　　　　어 학습에 어려움이 있는 사람

6. 자폐성장애를 지닌 특수교육대상자

　사회적 상호작용과 의사소통에 결함이 있고, 제한적이고 반복적인
관심과 활동을 보임으로써 교육적 성취 및 일상생활 적응에 도움이
필요한 사람

7. 의사소통장애를 지닌 특수교육대상자

　다음 각 목의 어느 하나에 해당하여 특별한 교육적 조치가 필요한
사람
　　가. 언어의 수용 및 표현어휘능력이 인지능력에 비하여 현저하게
　　　　부족한 사람
　　나. 조음능력이 현저히 부족하여 의사소통이 어려운 사람
　　다. 말 유창성이 현저히 부족하여 의사소통이 어려운 사람
　　라. 기능적 음성장애가 있어 의사소통이 어려운 사람

8. 학습장애를 지닌 특수교육대상자

　개인의 내적 요인으로 인하여 듣기, 말하기, 주의집중, 지각(知覺),
기억, 문제해결 등의 학습기능이나 읽기, 쓰기, 수학 등 학업성취 영역
에서 현저하게 어려움이 있는 사람

9. 건강장애를 지닌 특수교육대상자

　만성질환으로 인하여 3개월 이상의 장기입원 또는 통원치료 등 계
속적인 의료적 지원이 필요하여 학교생활 및 학업 수행에 어려움이
있는 사람

10. 발달지체를 보이는 특수교육대상자

　신체, 인지, 의사소통, 사회·정서, 적응행동 중 하나 이상의 발달이
또래에 비하여 현저하게 지체되어 특별한 교육적 조치가 필요한 영아
및 9세 미만의 아동

3) 특수교육대상자의 선정절차 및 교육지원 내용의 결정

특수교육대상자의 선정절차는 다음의 그림과 같으며, 교육지원 내용에 대한 구체적으로 포함해야 한다. 법적인 근거는 다음과 같다.

「장애인 등에 대한 특수교육법」 제16조(특수교육대상자의 선정절차 및 교육지원 내용의 결정)

① 특수교육지원센터는 진단 · 평가가 회부된 후 30일 이내에 진단 · 평가를 시행하여야 한다.

② 특수교육지원센터는 제1항에 따른 진단 · 평가를 통하여 특수교육대상자로의 선정 여부 및 필요한 교육지원 내용에 대한 최종 의견을 작성하여 교육장 또는 교육감에게 보고하여야 한다.

③ 교육장 또는 교육감은 특수교육지원센터로부터 최종 의견을 통지받은 때부터 2주일 이내에 특수교육대상자로의 선정 여부 및 제공할 교육지원 내용을 결정하여 부모 등 보호자에게 서면으로 통지하여야 한다. 교육지원 내용에는 특수교육, 진로 및 직업교육, 특수교육 관련서비스 등 구체적인 내용이 포함되어야 한다.

④ 제1항에 따른 진단 · 평가의 과정에서는 부모 등 보호자의 의견진술의 기회가 충분히 보장되어야 한다.

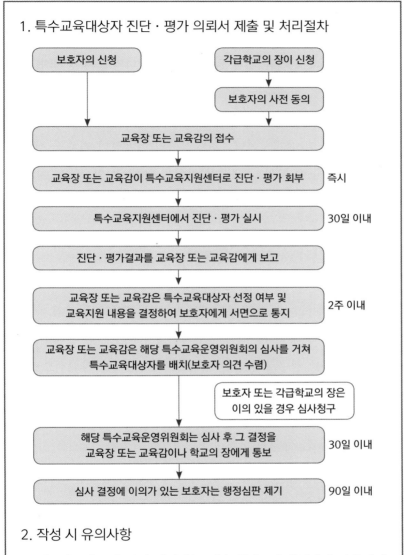

1. 특수교육대상자 진단·평가 의뢰서 제출 및 처리절차

보호자의 신청

각급학교의 장이 신청

보호자의 사전 동의

교육장 또는 교육감의 접수

교육장 또는 교육감이 특수교육지원센터로 진단·평가 회부　즉시

특수교육지원센터에서 진단·평가 실시　30일 이내

진단·평가결과를 교육장 또는 교육감에게 보고

교육장 또는 교육감은 특수교육대상자 선정 여부 및
교육지원 내용을 결정하여 보호자에게 서면으로 통지　2주 이내

교육장 또는 교육감은 해당 특수교육운영위원회의 심사를 거쳐
특수교육대상자를 배치(보호자 의견 수렴)

보호자 또는 각급학교의 장은
이의 있을 경우 심사청구

해당 특수교육운영위원회는 심사 후 그 결정을
교육장 또는 교육감이나 학교의 장에게 통보　30일 이내

심사 결정에 이의가 있는 보호자는 행정심판 제기　90일 이내

2. 작성 시 유의사항

(가) 각급학교의 장이 신청하는 경우 특수교육대상자의 보호자가
작성한 동의서를 첨부할 것.

(나) 접수번호: 시·도(하급)교육청에서 부여하므로 지원자는 기재
하지 아니함.

(다) 의뢰서의 기재사항을 수정할 때에는 반드시 해당 학교의 장 또
는 시·도교육감(고등학교 입학자격 검정고시 합격자에 한함)
의 날인이 있어야 함.

2. 검사의 일반적인 절차와 유의점

특수아동을 선별·진단하는 것은 넓은 의미에서 다양한 사정 방법으로 아동의 교육적 요구와 수준을 사정하는 것이고, 법적인 근거에 의한 의미에서는 선별· 진단 전문가에 의해 아동이 특수교육대상자로서의 적격성을 판별하기 위한 것을 의미한다. 아동에게 실시하는 선별·진단검사의 일반적인 절차를 제시하면 다음 과 같다. 단, 검사도구에 따라 구체적인 지침은 다를 수 있으므로 자세한 절차와 유의점은 개별 검사도구의 지침서(manual)를 따르는 것이 좋다.

1) 검사 목적과 검사 대상연령 확인

검사를 실시하고자 하는 목적과 부합하는 도구를 선정하여, 피검 아동의 생활연 령이 검사 대상연령에 해당하는지 확인한다. 검사 대상연령에 해당하지 않으면, 원점수를 규준에 따른 점수로 변환할 수 없으므로 결과를 상대적으로 해석할 수 없다. 피검 아동의 연령이 검사도구의 대상연령에 해당되지 않는 경우, 표준점수 와 백분위 점수로 해석할 수는 없지만 검사도구에서 등가연령을 제시하는 경우에 는 발달연령을 산출하여 해석할 수 있다.

또한 장애아동의 특성을 반영한 지침 사항이 있는지 확인한다. 일반적인 규준 참조 검사는 일정 기간 이내에 반복적으로 실시할 수가 없다. 다만, 검사도구의 결과에 대한 상대적 해석이 아닌 경우, 특수아동의 성취 변화를 알아보기 위해 검 사도구를 부분적으로 실시할 수 있다.

2) 지침서 내용을 충분히 이해할 것

표준화된 검사도구는 일반적으로 실시지침에 공통점이 많다. 그러나 검사도구 별로 지침서에 유의사항 등을 설명하고 있으므로, 충분한 이해가 필요하다. 지침 서를 숙지하고 실시하는 검사자와 익숙하지 못한 검사자 간의 일치도는 결과에 대한 신뢰도에 영향을 주므로 유념하여야 한다.

3) 피검 아동과의 라포 형성

아동의 입장에서 생각해 보면, 검사에 응하고 지시에 따르면서 과제를 수행한다는 것이 쉬운 일이 아니다. 그러므로 검사를 원만하게 실시하기 위해서는 검사자와 아동 간의 라포(rapport) 형성이 매우 중요하다. 특수아동은 타인에게 쉽게 적응하지 못하는 경우가 더욱 많으므로, 검사 일정이 길어지더라도 초기에는 라포가 형성되는 시간을 가져야 한다.

4) 검사일 기준 생활연령 계산

검사일 기준으로 생년월일을 계산하여, 원점수 환산 기준을 찾는다. 영유아 검사와 아동 및 청소년 대상 검사의 경우 계산방법이 다를 수 있고, 검사도구에 따라 반올림 계산이 다를 수 있으므로 지침서를 확인한다.

5) 시작점 찾기

표준화된 규준 참조 검사에서 시작점이 제시된 경우, 생활연령을 기준으로 시작점(starting point)을 찾아서 실시한다. 시작점을 제시하는 이유는 검사의 문항이 위계적으로 구성되어 있고 문항 수가 많은 경우 검사 소요시간을 적정하게 유지하기 위함이다. 특수교육대상 아동의 경우, 생활연령에 맞는 시작점을 찾아 검사를 실시하면 연속적으로 실패하는 경우가 많다. 기저점을 찾기 위해 역순으로 진행하더라도 검사 시작부터 오반응을 하게 되면 검사에 대한 부담을 가지거나 흥미를 잃을 수 있다. 그러므로 첫 문항부터 혹은 충분히 쉬운 문항부터 시작하는 것이 좋다.

6) 기초선(기저점) 확보하기

대부분의 검사에서 기저점(basal)을 확보하는 기준을 제시하고 있는데, 연속하여 몇 개의 문항에 정반응을 나타내는 경우에 해당한다. 기저점이 가지는 의미는 문항이 위계적으로 구성되었으므로 기저점 이전의 문항은 모두 정반응으로 간주한다는 것이다. 원점수를 계산할 때, 기저점 이전의 문항도 모두 정답으로 포함하여 계산하는 것을 명심해야 한다.

7) 실시 중 피검 아동의 주의집중 유지

검사도구 개발 시 검사 소요시간을 고려하기는 하지만, 아동에 따라 검사 실시 시간에 충분히 집중하지 못하는 경우가 많다. 하위검사 중간에 짧은 시간 휴식을 취하거나, 지침서에 정해진 대로 나누어서 실시할 수도 있다.

표준화된 검사도구는 하위검사의 실시 순서를 정해 둔 것이기 때문에 검사자가 임의로 순서를 변경하여 실시할 수 없다. 다만 실시 순서의 변경을 허용하는 검사도구는 아동의 주의집중을 고려하여 조정할 수 있다.

8) 최고한계점 찾기

위계적으로 구성된 하위검사에서 연속적으로 오답이 나타나면 하위검사를 중지하게 되는데, 이를 최고한계점(ceiling)이라고 한다. 최고한계점은 검사의 소요시간을 효율적으로 관리하기 위해 필요하기도 하며, 피검 아동의 검사에 대한 스트레스를 줄여 주는 데도 도움이 된다.

9) 원점수 계산

검사도구에서 제시한 채점방법에 따라 정답 수를 계산한 것이 원점수 혹은 획득점수이다. 이는 검사도구의 결과를 해석하는 데 객관적인 정보를 제공하지 않는다.

10) 변환점수 산출 혹은 전산 프로그램에 원점수 입력

원점수를 생활연령에 근거한 규준 집단의 상대적 점수로 변환하여야 수행결과를 해석할 수 있다. 지침서의 환산표를 보고 직접 계산할 수도 있고, 검사도구 개발 전산 프로그램에 입력하여 환산점수로 변환할 수 있다.

11) 결과해석

변환점수는 검사도구에 따라 발달점수(연령등가점수, 학년등가점수, 지수점수)와 상대적 위치점수(백분위 점수, 편차점수, 지표점수, 척도점수, T 점수, 구분점수 등)로 해석할 수 있다.

3. 선별검사의 종류

장애 조기발견을 위한 선별검사(screening test)는 영유아의 다양한 영역 발달에서 심층적인 평가가 필요한지를 알아보는 과정에서 이루어지는 검사를 말한다. 장애를 가능한 조기에 발견하기 위해서는 체계적인 선별검사가 필수적이다. 선별검사는 장애를 판별하거나 유형을 제시하기보다는, 전반적인 발달 수준이 또래 집단에서 어느 위치에 있는 지 알아보는 데 목적이 있다. 그러므로 공통된 특징은 규준 참조 검사이면서 짧은 시간 실시가 가능하고 해석이 객관적이어야 한다. 〈표 8-1〉은 영유아(0세~6세 11개월)를 대상으로 실시되는 대표적인 선별검사의 개요이며, 각 검사도구별로 구체적인 설명은 다음과 같다.

〈표 8-1〉 영유아 선별검사에 해당하는 검사도구

검사도구	도구 개요
한국판 유아 발달 선별 검사 3판 (K-DIAL-3)	• 3세~6세 11개월 • 발달지체 및 장애의 가능성이 있는 3세에서 6세 11개월 유아 선별 • 백분위, 표준점수, 발달연령점수
영유아를 위한 사정, 평가 및 프로그램 체계 (AEPS)	• 0~3세, 3~6세 • 유아를 위한 사정, 목적 개발, 중재 및 평가 • 여섯 가지 영역의 검사횟수(1~4회)에 따른 정답률 프로파일
한국판 아동발달검사 (K-CDI)	• 15개월~만 6세 5개월 • 나이보다 늦은 발달을 나타내는 아동을 보다 전문적으로 진단하고 평가 • 발달범위, 발달연령
영아선별·교육진단 검사(DEP)	• 0~36개월 • 장애를 가질 가능성이 있는 위험군에 처한 영아를 조기에 선별 • 표준점수, 백분위

1) 한국판 유아 발달 선별 검사 3판(K-DIAL-3; 전병운, 조광순, 이기현, 이은상, 임재택, 2004)

한국판 유아 발달 선별 검사 3판(Korean Developmental Indicators for the Assessment of Learning-Third Edition: K-DIAL-3)은 발달지체 및 장애의 가능성이 있는 3세에서 6세 11개월 유아를 선별하기 위해 사용되는 검사도구로, 운동, 인지(개념), 언어, 사회, 자조, 심리사회적 행동 영역을 측정한다. 한국판 유아 발달 선별 검사 3판의 운동 영역은 유아기 이후의 쓰기 학습, 인지 영역은 수학 학습, 언어 영역은 읽기 학습능력과 관련이 있어 학습장애 선별에도 적합하며, 유아의 종합적인 진단 또는 유아특수교육이 요구될 수 있는 잠재적 발달지체를 가진 유아를 선별하는 데 목적이 있다.

⬦ 〈표 8-2〉 한국판 유아 발달 선별 검사 3판의 개요

항목	내용
목적	• 더 자세한 진단 · 평가 또는 유아특수교육이 필요한 잠재적 발달지체를 가진 유아의 조기 선별 • 환경적 또는 발달적 이유로 발달지체가 우려되거나 학교에서의 실패를 예방하도록 고안된 교육 프로그램의 도움을 받을 수 있는 유아의 선별 • 학부 학생 또는 전문직 보조원을 위한 수업 시 심리측정 훈련 또는 대학원 수준에서는 검사자의 훈련
적용연령	• 3세~6세 11개월
결과해석	• 백분위, 표준점수, 발달연령점수 • 유아의 점수를 부록에 있는 점수표와 비교하여 '잠재적 지체'와 '통과'로 나타냄
실시상의 유의점	• 검사 실시 전 유아가 새로운 상황에 친숙해지도록 놀이 장소에 테이블에 컬러찰흙만 있도록 하며 다른 유아들과 놀도록 격려함. 이때 검사자는 유아의 이름이나 나이를 묻거나 색깔이나 수와 같은 검사문항과 관련된 이야기는 하지 않도록 주의함 • 한국판 유아 발달 선별 검사 3판의 발달영역은 순서 없이 검사를 실시할 수 있으나 유아가 검사에 대한 참여를 주저하거나 말이 없을 경우, 언어 영역은 마지막에 검사함 • 언어 영역의 조음문항을 제외한 모든 문항의 경우, 유아의 부정확한 구어적 반응을 검사자가 이해할 수 있으면 점수를 줌 • 유아가 어떤 문항에 대한 반응을 자발적으로 바꾸는 경우, 마지막 반응에 대한 것을 기록함 • 유아가 단호하게 검사를 거부하면 그 문항에는 0점을 주고, 옆에 '거부'라고 표시함 • 대부분의 취학전 유아는 검사를 받는 것이 처음이기 때문에 검사자는 유아의 반응을 유도하도록 노력해야 하며, 유아에게 기대하는 반응이 무엇인지 지시를 명확하게 해야 함

(1) 구성

한국판 유아 발달 선별 검사 3판은 운동, 인지, 언어, 자조, 사회성 영역, 총 5개의 발달영역을 측정하며, 사회성 영역의 보완으로 심리사회적 행동 영역이 포함되어 있다. 운동과 인지 영역은 각 7문항, 언어 영역은 6문항, 모두 20문항으로 되

어 있으나, 문항 중 세부과제로 나누어진 것이 있어 운동발달 영역에서는 22과제, 인지발달 영역은 30과제, 언어발달 영역은 19과제, 총 71과제로 구성되어 있다. 자조 및 사회성 영역에서는 부모가 질문지에 응답한 것을 토대로 선별이 이루어진다. 자조 영역은 총 15문항으로 일상생활 기술 중 식사 및 착탈의, 용변기술을 측정하고, 사회성 영역은 총 20문항으로 또래와 형제자매, 부모, 교사와의 상호작용에 요구되는 사회적 기술을 중심으로 측정한다. 사회성 영역의 보완으로 이루어지는 심리사회적 영역은 9문항으로 구성되어 있다.

(2) 특징

- 검사 즉시 부모와의 면담을 통해 결과를 알려 줄 수 있도록 결과의 보고가 간단하게 이루어져 있다.
- 비교적 간단하고 짧으면서 발달상 나타날 수 있는 문제의 가능성을 판별할 수 있다.
- 주의집중이 짧은 유아의 특성에 따라 30분 이내에 검사가 종료된다.
- 부모와의 면담, 검사자의 유아 관찰, 유아의 직접적 검사를 통해 선별이 이루어지므로 효율적으로 유아를 선별한다.
- 검사자가 운동, 인지, 언어 영역을 검사할 때, 다음과 같은 아홉 가지 행동[어른과 떨어지기, 울기/징징거림, 질문에 대한 음성적 반응, 인내심(비음성적), 주의집중, 행동수준, 참여, 충동성, 지시 이해]에 따라 유아를 관찰하고, 행동관찰 총 점수를 채점한다.

K-DIAL 3
유아 발달 선별 검사

검사 기록지

저자 : 전병운 · 조광순 · 이기현 · 이은상 · 임재택

아동이름 : _____　□ 남　□ 여

집 주 소 : _____

전화번호 : _____

보호자이름 : 부 _____ 모 _____

그 외 보호자 : _____ (관계) _____

유치원(어린이집) : _____

학 급 : _____

담당교사 : _____

검사자 : _____

	년	월	일
검사날짜			
생년월일			
생활연령			

점수 요약

영역	환산점수	백분위수 (발달연령)	판 정	
			잠재적 발달지체	통과
운동				
인지				
언어				
합계				

영역	원점수	백분위수 (발달연령)	판 정	
			잠재적 발달지체	통과
신변자립				
사회성				

지침서에 있는 부록 C. 규준점수에서 절선 기준을 사용하여 판정하십시오.

선택된 절선기준에 체크하세요.

□ 16% (1.0 SD)
□ 10% (1.3 SD)
□ 7% (1.5 SD)
□ 5% (1.7 SD)
□ 2% (2.0 SD)

선별 결정

선별결정기준

□ 세영역 총점
□ 하나 혹은 그 이상의 발달영역
　□ 운동영역　　□ 신변자립영역
　□ 인지영역　　□ 사회성영역
　□ 언어영역

잠재적 발달지체	통과

행동관찰 총점 (최고 가능한 점수 = 54) _____

사회 · 정서 영역의 진단이 필요한가?　□ 예　□ 아니오
(지침서 부록 C. 규준점수 참조)

이해도 평가 _____

언어 영역의 진단이 필요한가?　□ 예　□ 아니오

임상 소견 _____
_____
_____

[그림 8-1] 한국판 유아 발달 선별 검사 3판 기록지

2) 영유아를 위한 사정, 평가 및 프로그램 체계(AEPS; 이영철, 허계형, 문현 미, 이상복, 정갑순, 2008)

영유아를 위한 사정, 평가 및 프로그램 체계(Assessment, Evaluation, and Programming System for Infants and Children: AEPS)는 교사, 전문가 및 양육자가 0세에서 6세까지의 영유아를 대상으로 유아의 일상활동을 관찰하여 작성하도록 고안되었으며, 영유아를 위한 사정, 목적 개발, 중재 및 계속적인 모니터링과 평가를 함께 연계하는 종합적인 프로그램 체계이다. 영유아를 위한 사정, 평가 및 프로그램 체계는 표준화된 선별도구가 아니며, 유아를 위해 발달적으로 적절한 목적, 결과와 목표, 벤치마크를 만들어 낼 수 있는 교육적으로 적절하고 기능적인 정보를 제공한다. 따라서 유아의 개별화가족지원계획(IFSP) 또는 개별화교육계획(IEP)을 구안하고, 중재하며, 유아의 진보를 모니터하는 데 사용될 수 있는 측정도구이다.

〈표 8-3〉 영유아를 위한 사정, 평가 및 프로그램 체계의 개요

항목	내용
목적	• 유아의 발달적으로 적절한 교육적 목표를 확인하고 점검하며 개별화된 중재를 계획하는 데 전문가와 부모 또는 양육자를 돕기 위함
적용연령	• 0~3세, 3~6세
결과해석	• 유아의 행동이 계속해서 개선되는지 결정하기 위해 각 여섯 가지 영역의 검사횟수(1~4회)에 따른 정답률을 프로파일
실시상의 유의점	• 모든 목적은 사정되고 채점되어야 하며, 장애 영역이 확인되었을 때는 관련된 모든 목적을 채점하고 정보를 수집함 • 목적이 만약 '0' 또는 '1'로 채점되었을 경우, 관련된 모든 목표가 사정되고 채점되어야 함 • 문항을 직접 검사하거나 정보가 보고를 통해 획득될 때, 유아 관찰 기록양식에 똑같은 점수 참조사항이 표시되어야 함 • 시각 손상, 청각 손상, 운동 손상의 장애를 가진 유아의 경우, 일반적인 검사수정 지침을 따름

(1) 구성

　영유아를 위한 사정, 평가 및 프로그램 체계는 '0세에서 3세' '3세에서 6세' 두 가지 수준으로 연령 단계가 나뉘어 있으며, 여섯 가지 발달영역을 측정한다. 각 발달영역은 공통된 범주하에 조직된 행동요소 군으로 구성되어 있으며, 각 요소는 목적과 그들과 관련된 목표로 고안된 일련의 검사문항으로 이루어져 있다. 영유아를 위한 사정, 평가 및 프로그램 체계의 검사문항은 기술의 발달 계열 속에서 특정한 행동을 수행하는 유아의 능력을 촉진하기 위해 계열적으로 배열되어 있다.

〈표 8-4〉 영유아를 위한 사정, 평가 및 프로그램 체계의 두 수준과 영역과 요소

영역	0세에서 3세	3세에서 6세
소근육 운동	A. 도달하고, 잡고, 놓기 B. 소근육 운동 기술의 기능적 사용	A. 좌우 운동 협응 B. 쓰기 기술 출현
대근육 운동	A. 누운 자세와 엎드린 자세에서 움직임과 이동 B. 앉은 자세에서 균형 잡기 C. 균형과 이동 D. 놀이 기술	A. 균형과 이동 B. 놀이 기술
적응	A. 식사하기 B. 개인위생 C. 옷 벗기	A. 식사시간 B. 개인위생 C. 옷 입고 벗기
인지	A. 감각 자극 B. 대상 영속성 C. 인과관계 D. 모방 E. 문제 해결하기 F. 물건과 상호작용 G. 초기개념	A. 개념 B. 범주화 C. 계열성 D. 사건 회상하기 E. 문제 해결하기 F. 놀이 G. 수학 전 기능 H. 음성 인식 및 읽기 기술 출현

사회- 의사소통	A. 언어 전 의사소통 상호작용 B. 단어로 전환 C. 단어와 문장의 이해 D. 사회-의사소통 신호, 단어, 문장 　의 표현	A. 사회-의사소통 상호작용 B. 단어, 구, 문자의 표현
사회성	A. 잘 알고 있는 어른과 상호작용 B. 환경과 상호작용 C. 또래와 상호작용	A. 다른 사람과 상호작용 B. 참가 C. 환경과 상호작용 D. 자신과 타인의 이해

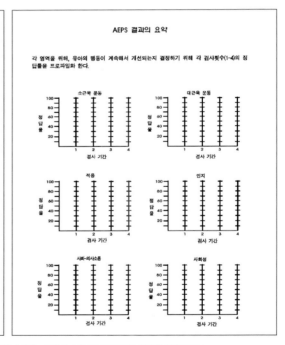

[그림 8-2] 영유아를 위한 사정, 평가 및 프로그램 체계 기록지

(2) 특징

- 총 4권의 책으로 구성되어 있다.
- 제1권은 영유아를 위한 사정, 평가 및 프로그램 체계 실시지침, 제2권은 영유아를 위한 사정, 평가 및 프로그램 체계 검사문항 및 사정활동, 제3권은 '출생

에서 3세', 제4권은 '3세에서 6세' 영유아의 발달범위에 맞는 교육과정 자료를 포함한다.

- 영유아를 위한 사정, 평가 및 프로그램 체계 검사는 영유아의 기능적 기술과 능력에 초점을 맞춤으로써 각 검사문항이 잠재적으로 적절한 중재목표가 된다.
- 영유아를 위한 사정, 평가 및 프로그램 체계 검사 내용은 발달의 주요 영역인 소근육 운동, 대근육 운동, 적응, 인지, 사회-의사소통 및 사회성을 다루면서 영유아의 초기 사정과 다음 진보를 모니터할 수 있다.
- 검사를 융통성 있게 실시할 수 있으며 문항의 제시 형태와 유아의 기능적인 수행능력을 최대화하도록 진술된 준거 모두 적합하게 만들거나 수정할 수 있다.
- 검사결과는 관련된 교육과정을 사용하여 중재내용을 찾아내고 선택하는 데 사용된다.
- 개별화된 계획과 중재내용을 개발하는 데 효과적으로 사용될 수 있는 기능적 및 교육적으로 적절한 발달적 정보를 만들어 낸다.
- 영유아를 위한 사정, 평가 및 프로그램 체계 검사결과는 목적, 결과와 목표, 벤치마크의 형성과 중재활동을 간단하면서도 정확하게 만들어 준다.
- 유아를 위한 사정, 목적 개발, 중재 및 평가 절차에서 가족구성원의 참여와 긍정적 투입을 허용하고 격려해 주는 자료를 제공한다.
- 통합 환경에서 유아의 배치를 지원하고 교사, 전문가, 가족구성원 및 다른 양육자 사이의 협력을 신장한다.

3) 한국판 아동발달검사(K-CDI; 김정미, 신희선, 2010)

한국판 아동발달검사(Korean-Child Development Inventory, Second Edition: K-CDI)는 '부모-보고에 의한 진단' 방법으로 부모를 통하여 현재 아동에 대한 발달적 정보를 얻기 위한 검사도구이다. 15개월에서 만 6세 5개월까지의 영유아기 아동발달을 선별하는 목적으로 사용되며 장애가 있는 아동까지 적용할 수 있다.

◆🔲 〈표 8-5〉 한국판 아동발달검사의 개요

항목	내용
목적	• 발달뿐 아니라 아동의 시각, 청각, 건강, 성장에 대한 부모의 의심스러운 사항, 다양한 행동 및 정서적 문제를 진단함 • 아동의 현재 발달과 출현 가능한 관련 증상 및 문제행동에 대한 결과를 제시함 • 나이보다 늦은 발달을 나타내는 아동을 보다 전문적으로 진단하고 평가함
적용연령	• 15개월~만 6세 5개월
결과해석	• 인싸이트의 자동 채점 프로그램에 입력 • 발달범위, 발달연령 • 발달범위: 정상발달, 경계선발달, 지연발달 범위 • 발달연령: 각 문항에 대해 75% 이상 통과한 아동의 연령
실시상의 유의점	• 부모가 검사기록지 작성이 어려울 경우에는 교사나 전문가가 부모와의 면담 방식으로 기록하는 대안적 방법을 사용함 • 아동의 일상생활을 보다 자주 관찰하는 부모 혹은 양육자가 기입해야 함 • 아동의 연령준거에 비해 실제로 하고 있는 행동이라고 믿는 과장된 응답이라고 판단되는 경우 전문가는 부모의 면담을 통해 확인해야 함 • 한국판 아동발달검사는 만 6세 5개월까지의 아동발달 내용으로 이루어지므로 3세 미만의 아동의 경우 '아니요' 응답이 많을 수도 있다는 것을 부모에게 확인시킴 • 전체 문항 중 응답 문항이 70% 이하인 경우에는 재확인 또는 재검사를 실시함

(1) 구성

8개의 하위 발달척도와 전체발달 영역 270개 문항, 문제항목 영역 30문항 총 300문항으로 구성되어 있다. 한국판 아동발달검사의 기록지 항목들은 연령에 따른 위계적 순서에 상관없이 정렬되어 있으며, '예' 또는 '아니요' 칸에 응답을 표시한다.

• 전체발달 영역
  − 아동발달과 학습 영역 측정

- 사회성(35문항), 자조행동(38문항), 대근육운동(29문항), 소근육운동(30문항), 표현언어(50문항), 언어이해(50문항), 글자(23문항), 숫자(15문항)
- 문제항목 영역
  - 영유아기 아동에게 관찰될 수 있는 다양한 증상과 행동문제
  - 검사결과에 보충적으로 사용되며 보고된 문제들은 동일한 영역의 발달척도 결과와 비교하여 해석에 도움
  - 시각 · 청각 · 성숙문제(9문항), 운동능력 부조화(2문항), 언어문제(4문항), 미성숙(4문항), 주의집중문제(3문항), 정서문제(4문항)

[그림 8-3] 한국판 아동발달검사 기록지

(2) 특징

- 전체 문항이 위계적으로 나열된 것이 아니므로, 전체 문항을 모두 실시하여야 한다.
- 검사기록지에 작성요령이 제시되어 있다.

4) 영아선별 · 교육진단검사(DEP; 장혜성, 서소정, 하지영, 2011)

영아선별 · 교육진단검사(Developmental assessment for the Early intervention Program planning: DEP) 개정판은 0개월에서 36개월까지의 영아를 대상으로 교사 또는 부모가 작성하는 검사도구이다. 영아의 6개 발달 영역을 평가하여 발달지체 나 장애 가능성을 가진 영아를 조기에 선별하여 개별화교육계획을 위한 기초자료 를 제공한다.

〈표 8-6〉 영아선별 · 교육진단검사의 개요

항목	내용
목적	• 장애를 가질 가능성이 있는 위험군에 처한 영아를 조기에 선별 • 발달지체를 보이는 장애영아의 개별화교육계획을 위한 교육적 진단 및 기초자료
적용연령	• 0~36개월
결과해석	• 인싸이트의 자동 채점 프로그램에 입력 • 표준점수, 백분위
실시상의 유의점	• 검사문항의 내용이 영아가 자주 경험하지 못한 활동이어서 첫 번째 시도에 수행하지 못할 경우, '비고' 칸에 기록해 놓고 2주 후 재검사 실시 • 부모 혹은 양육자가 가정에서 관찰할 경우, 식후, 취침 전후 1시간은 피하는 것이 좋고, 영아가 활발하게 상호작용이 일어나는 상황에서 관찰함 • 일반영아의 경우 자신의 월령 단계에서부터 실시하며, 발달지체가 의심되는 경우 월령 단계 처음(0~3개월)부터 시작함 • 발달지체를 판단할 수 없는 영아의 경우에는 해당 월령 단계에서 실시하고 연속한 5개의 문항을 실패하면 처음(0~3개월)부터 시작함 • 연속해서 5개의 문항을 실패하면 검사 중지

• 검사를 1회 실시하고 2주 경과 후 재검사를 실시하여 보다 정확한 검사결과를 확인할 수 있음

(1) 구성

월령 단계별로 0~3개월, 4~6개월, 7~9개월, 10~12개월, 13~18개월, 19~24개월, 25~30개월, 31~36개월의 총 8개 검사로 구성되어 있다. 영역은 대근육 운동기술, 소근육 운동기술, 의사소통, 사회정서, 인지, 기본생활의 총 6개 발달영역으로 구성되어 있다. 각 문항에 대해 성공하면 '예', 부분적으로 성공하면 '가끔', 실패하면 '아니요'로 수행 여부를 기록한다.

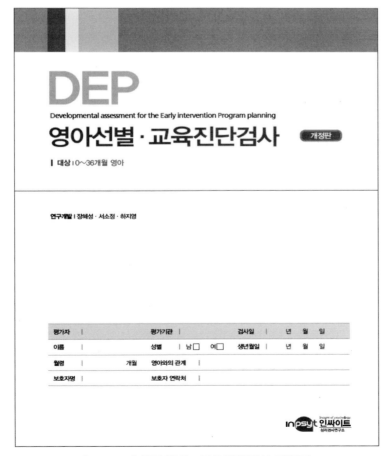

[그림 8-4] 영아선별 · 교육진단검사 기록지

(2) 특징

- 부모, 양육자, 교사가 직접 관찰해서 평가를 실시해야 하지만, 그러지 못할 경우 면접 질문을 통해 영아의 현행 발달 수준을 검사한다.
- 이 검사는 행동관찰법에 해당하며, 체크리스트로 구성된 검사지에 응답하는 방식으로 진행된다.
- 부모 및 양육자가 가정에서 관찰하는 경우, 교사가 교육기관에서 관찰하는 경우 그리고 제3자가 면접을 통해서 평가하는 경우의 유의사항 등이 지침서에 제시되어 있다.

제**9**장
인지 영역 검사

학습목표

◆ 인지 영역 발달을 측정하는 검사도구 유형을 익힌다.
◆ 지능의 다양한 개념을 알 수 있다.
◆ 표준화된 검사도구의 실제를 알 수 있다.
◆ 표준점수의 유형과 특성을 설명할 수 있다.
◆ 지능지수를 비율지수와 편차지수의 개념으로 해석할 수 있다.

이 장의 중요성

  아동의 발달을 측정하는 대표적인 검사영역은 인지 영역이며 지능검사이다. 아동의 생활연령과 과제 수용 및 표현 양식에 따라 검사도구가 달라지므로, 아동에게 적합한 검사도구를 선택하여야 한다. 또한 검사를 통해 획득한 점수를 해석하는 방법과 해석에 다른 교육적 조치 등을 강구하여야 하므로, 예비교사는 지능검사의 선택과 실시 그리고 해석에 대한 지식을 갖추어야 한다. 이 장에서는 유아기부터 성인기까지 지능검사 유형을 모두 소개하고 유의점을 제시하였으므로 특수교육대상자의 인지 영역 발달에 대한 이해를 넓힐 수 있을 것이다.

1. 인지 영역 지능검사의 개요

  인지(cognition)는 사물을 인식하여 아는 것을 의미하며, 광범위한 개념이다. 이를 지적인 능력(intelligence)으로 개념을 구조화하고 측정하면서 학업능력을 예측하는 데 활용하게 되었다. 그러나 인지와 사고 그리고 언어의 개념과 관계에 대해서도 학자들 간의 주장이 다양하듯, 지능에 대해서도 학자들마다 정의하는 개념이 다르다. 1904년 Binet-Simon 척도가 처음으로 개발되었고, 1939년에

Wechsler 척도가 개발되었는데, 초기의 단일검사이론이 조합이론으로 발전한 것으로 볼 수 있다. 이에 지능이 위계적 계층으로 조직되어 있다고 하는 Spearman 과 Thurstone의 이론에서, 최근에는 Cattell-Horn-Carrol(CHC)의 인지능력 삼층 이론(three-stratum theory of cognitive ability)이 많은 연구 결과의 지지를 받으면서 지능에 대한 개념과 지능검사구조에 영향을 주었다. 국내에서 최근에 표준화된 한국 카우프만 아동지능검사 2판(KABC-II)과 한국 웩슬러 아동지능검사 4판(K-WISC-IV)도 국외의 원판에서 이론적 근거로 CHC 모형을 반영하였고, 한국 카우프만 아동지능검사 2판은 Luria 이론과 CHC 모형을 둘 다 적용하고 있으며 결과해석에서도 두 모형에 따른 설명을 제시하고 있다.

다음에서 제시하는 지능검사 도구는 검사 대상과 목적에 따라 다른 점이 있으나, 공통적으로 받아들이는 요인이 더욱 많기 때문에, 대부분의 지능검사는 유사한 하위검사로 구성된다. 아동의 인지 영역 발달을 알아보고자 지능검사를 실시한다면, 생활연령에 따라 검사 종류가 달라진다는 것과 장애 유형에 따라 과제 수행이 가능한지를 파악해야 하고, 규준에 맞게 점수를 해석해야 할 것이다.

유아기의 인지 영역 발달뿐 아니라, 학령기 아동의 전반적인 인지 영역의 발달 수준을 평가하는 대표적인 표준화된 검사도구를 제시하면 다음과 같다.

〈표 9-1〉 인지 영역 검사도구

검사도구	도구 개요
한국 웩슬러 아동지능검사 4판(K-WISC-IV)	• 전반적 인지적 기능평가와 영재 및 지적장애 판별 • 6세 0개월~16세 11개월 • 전체 IQ점수, 네 가지 지표점수
한국 웩슬러 성인지능검사 4판(K-WAIS-IV)	• 청소년과 성인의 일반적인 인지능력을 포괄적으로 평가하는 심리 교육적 도구 • 16세 0개월~69세 11개월 • 환산점수, 조합점수, 지능지수
한국 카우프만 아동지능검사 2판 (KABC-II)	• 아동과 청소년의 정보처리와 인지능력을 측정하는 개인 지능검사 • 만 3~18세 • 표준점수, 백분위 점수, 연령점수

한국판 라이터 비언어성 지능검사 개정판 (K-Leiter-R)	• 유아들의 지적 능력, 주의력 및 기억력을 평가하는 표준화된 비언어적 지능검사 • 2세 0개월~7세 11개월 • 지능지수, 성장점수, 복합점수, 소검사점수, 특수진단점수
국립특수교육원 한국형 개인 지능검사 (KISE-KIT)	• 아동과 청소년의 지능을 우리나라 역사적·문화적·사회경제적 수준에 적합하게 측정 • 5세 0개월~17세 11개월 • 동작성 지능지수, 언어성 지능지수, 전체 지능지수
종합인지기능 진단검사 (CAS)	• 계획기능과 주의집중을 포함하는 인지기능을 광범위하게 진단 • 5~12세 • 전체 척도, PASS척도(계획기능척도, 주의집중척도, 동시처리척도, 순차처리척도)
한국 웩슬러 유아지능검사 4판 (K-WPPSI-IV)	• 2세 6개월~7세 7개월 • 일반 지적기능에 대한 전반적인 평가 • 전체IQ, 지표점수, 5개의 기본 지표점수, 4개의 추가 지표점수
한국판 그림지능검사 (K-PTI)	• 4~7세 • 주의가 산만한 학령전 아동이나 학습에 흥미가 없는 아동, 장애아동의 지능지수 산출 • 전체규준IQ, 지역규준IQ, 정신연령

2. 한국 웩슬러 아동지능검사 4판(K-WISC-IV; 곽금주, 오상우, 김청택, 2011)

한국 웩슬러 아동지능검사 4판(Korean-Wecheler Intelligence Scale for Children-IV: K-WISC-IV)은 6세 0개월부터 16세 11개월까지의 아동의 인지능력을 평가하기 위해 개발된 임상도구이다. 15개의 소검사를 통해 분리된 인지적 기능 영역-언어이해지표, 지각추론지표, 작업기억지표, 처리속도지표에서 아동의 기능을 나타내기 위한 네 가지 합산점수를 구하며, 전체적인 인지능력을 나타내는 전체검사 IQ를 제공한다.

《표 9-2》 한국 웩슬러 아동지능검사 4판의 개요

항목	내용
목적	• 심리교육적 도구로서, 전반적인 인지적 기능에 대한 포괄적인 평가 • 임상 및 교육장면에서 치료 계획이나 배치 결정
적용연령	• 6세 0개월~16세 11개월
결과해석	• 인싸이트의 온라인 채점 프로그램을 이용하여 점수 산출 • 전체 IQ점수, 네 가지 지표점수
실시상의 유의점	• 15개의 소검사 중 합산점수를 얻기 위해 10개의 주요 소검사를 실시하지만 임상적인 이유에 따라 허용된 보충 소검사를 선택하여 실시함(예: 운동장애가 있는 아동에게 지각추론지표에서 〈토막짜기〉를 대신해 〈빠진 곳 찾기〉 소검사를 실시할 수 있음) • 아동의 인지기능을 짧은 기간 후 재평가할 때는 첫 번째 평가에서 사용하지 않았던 보충 소검사를 대체하는 것이 좋음 • 보충 소검사는 최대 2개 지표까지만 대체가 가능함 • 실시 및 채점에 대한 모든 수정 사항은 기록지에 기록하여 결과해석 시 고려함 • 아동이 과제에서 벗어나거나 반응의 질이 떨어지는 경우 추가질문, 문항반복과 촉구를 통해 반응을 요구할 수 있음 • 검사시간 전에 도구들이 손에 쉽게 닿게 배치하되, 아동이 눈에 띄지 않도록 함 • 아동의 주의를 집중시키기 위해 외적인 산만함을 최소화하고 조용한 실내에서 검사를 실시함 • 아동이 피곤해하거나 집중하지 못할 경우 소검사를 마친 후 휴식시간을 가짐 • 소검사들은 지침서에 제시된 순서대로 실시해야 하며 필요하지 않은 소검사는 건너뛸 수 있음 • 시작점과 역순규칙, 중지규칙, 시간 측정 등을 잘 준수하고 실시함

1) 구성

15개의 소검사(토막짜기, 공통성, 숫자, 공통그림찾기, 기호쓰기, 순차연결, 행렬추리, 어휘, 동형찾기, 이해, 빠진 곳 찾기, 선택, 상식, 산수, 단어추리)로 구성되어 있다. 주요 소검사는 언어이해(공통성, 어휘, 이해), 지각추론(토막짜기, 공통그림찾기, 행렬추리),

작업기억(숫자, 순차연결), 처리속도(기호쓰기, 동형찾기)이며 합산점수가 필요한 대부분의 상황에서 반드시 실시한다. 보충 소검사는 언어이해(상식, 단어추리), 지각추론(빠진 곳 찾기), 작업기억(산수), 처리속도(선택)으로 주요 소검사를 대체하는 용도로 사용한다. 전체적인 인지능력을 나타내는 전체검사 IQ와 언어이해지표, 지각추론지표, 작업기억지표, 처리속도지표에서의 인지기능으로 모두 다섯 가지 합산 점수를 제공한다([그림 9-1] 참조).

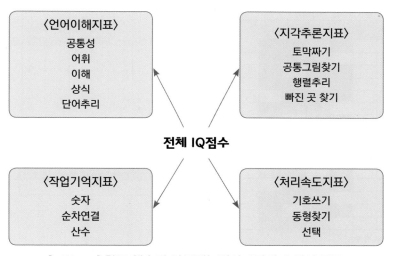

[그림 9-1] 한국 웩슬러 아동지능검사 4판의 소검사 구조

2) 특징

- 지능검사에서 낮은 IQ점수는 지적 손상을 반영하지만, 다른 요인이 원인이 될 수 있으므로 다른 검사를 실시할 필요가 있고, 신중한 해석이 필요하다.
- 영재 및 지적 장애 판별과 네 가지 지표에서의 인지적 강점과 약점을 확인하는 데 유용하다.
- 낮은 학업성취에 기여하는 특정 인지적 결함과 학업성취를 예측하기 위해 사용할 수 있다.

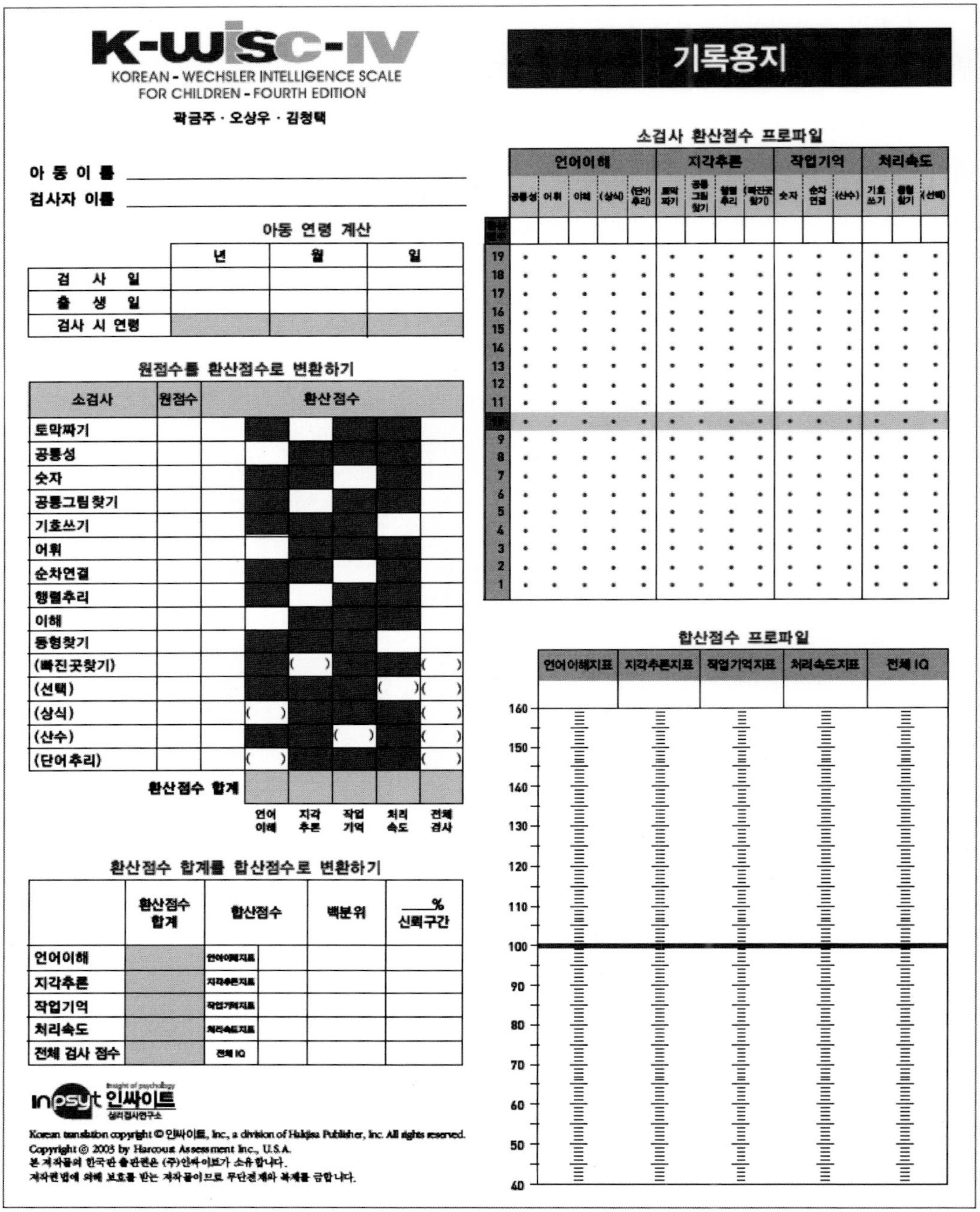

[그림 9-2] 한국 웩슬러 아동지능검사 4판 기록지

사례

방○○(남, 지적장애, 생활연령 13세, 중학교 1학년, 특수학급 재학)

• 검사 실시태도

방○○에게 어려운 시험문제는 아니며 시간이 조금은 걸리는 재미있는 검사를 할 것이라 말해 주었다. 방○○은 토막짜기, 빠진 곳 찾기 등에는 흥미를 보였으나 어휘, 이해 등 언어이해 소검사는 지루해했다. 학생이 지루함을 느끼거나 집중하기 어려워 보이면 소검사 종료 후 잠깐 휴식시간을 가졌다.

• 검사결과

검사결과는 소검사의 원점수와 환산점수의 프로파일이 제공되며, 지표점수로 전체 IQ점수와 백분위 점수가 제시되어 그 연령대 평균적인 아동의 수행점수 및 위치를 나타낸다.

방○○은 전체 IQ 65점으로 백분위 0.9로 인지능력이 '매우 낮음'으로 나타났다. [지각추론, 작업기억] IQ점수는 72점, 73점으로 경계선 수준, [처리속도] IQ점수는 92점으로 평균수준이 나타났으나 [언어이해] IQ점수가 56점, 백분위 0.2로 '매우 낮음' 수준으로 평가되었다.

소검사점수 분석

구분	검사항목	원점수	환산점수
언어이해	공통성	12	4
	어휘	10	2
	이해	5	1
	(상식)	3	1
	(단어추리)	10	5
지각추론	토막짜기	46	8
	공통그림찾기	16	8
	행렬추리	6	1
	(빠진곳찾기)	6	1
작업기억	숫자	15	5
	순차연결	14	6
	(산수)	7	1
처리속도	기호쓰기	60	6
	동형찾기	41	11
	(선택)	-	-

소검사 결과 프로파일

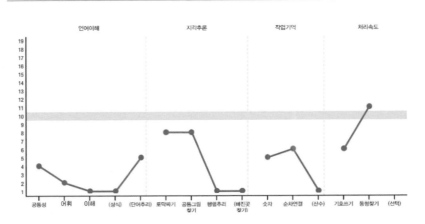

지표점수 분석

지표	환산점수 합산	지표점수	백분위	95% 신뢰구간	질적분류(수준)
언어이해	7	56	0.2	52-68	매우 낮음
지각추론	17	72	2.9	66-83	경계선
작업기억	11	73	3.8	68-85	경계선
처리속도	17	92	28.9	83-103	평균
전체IQ	52	65	0.9	60-73	매우 낮음

지표점수 결과 프로파일

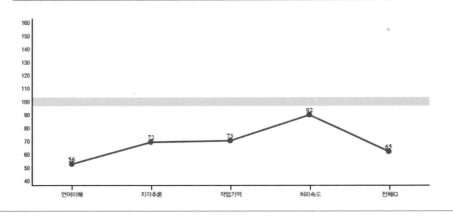

3. 한국 웩슬러 성인지능검사 4판(K-WAIS-Ⅳ; 황순택, 김지혜, 박광배, 최진영, 홍상황, 2012)

한국 웩슬러 성인지능검사 4판(Korean Wechsler Adult Intelligence Scale-Ⅳ: K-WAIS-Ⅳ)은 청소년과 성인의 인지능력을 포괄적으로 평가할 수 있도록 만들어진 임상도구로, 언어이해, 지각추론, 작업기억, 처리속도의 4요인 구조를 사용하여 평가한다. 다양한 임상장면에서 지적, 기능적, 신경심리학적 평가뿐 아니라 개인의 성격적·정서적 특징, 적응에 도움을 주는 강점, 장애를 일으킬 수 있는 약점 등을 파악하여 치료를 위한 정보를 제공한다.

〈표 9-3〉 한국 웩슬러 성인지능검사 4판의 개요

항목	내용
목적	• 지적 장애, 지적으로 우수한 사람, 다양한 신경학적 상태에 있는 피검자의 인지적 강점과 약점을 살펴보는 평가과정의 일부로 사용 • 신경학적 문제와 정신건강의학적 문제를 감별, 진단하는 데 사용 • 특히 교육환경에서는 지적 능력의 평가를 통하여 낮은 학업성취의 원인이 되는 인지적 결함을 찾아내고 미래의 학업성취를 예측 • 매우 우수한 지적 능력을 지녔거나 학습장애 혹은 인지적 결함을 보이는 개인의 치료적 개입에 정보 제공
적용연령	• 16세 0개월~69세 11개월
결과해석	• 환산점수, 조합점수, 지능지수(전체 지능지수)
실시상의 유의점	• 두 문항 연속해서 0점이면 중지 • 연습시행 모두 오반응 시 1번 문항부터 실시함 • 시작점 과제에서 오반응 시 2문항 연속 정반응할 때까지 역시행 • 피검자의 자가 수정은 허용하지 않음 • 언어이해와 지각추론 소검사는 서로 번갈아 가면서 실시함(작업기억과 처리속도 소검사는 그 사이사이에 섞여 있음) • 10개의 핵심 소검사를 먼저 실시한 후, 5개의 보충 소검사를 실시함 • 핵심 소검사를 보충 소검사로 대체할 경우에도 순서는 바뀌지 않음

1) 구성

개인의 인지능력을 보다 개념적으로 구체적이고 자세하게 이해하기 위해 언어이해, 지각추론, 작업기억, 처리속도 등 4개의 지표점수를 제공하고, 10개의 핵심소검사와 5개의 보충 소검사를 합하여 총 15개의 소검사로 구성되어 있다.

〈표 9-4〉 전체 척도별 소검사 구성 및 합성점수

주요지표	핵심 소검사	보충 소검사	합성점수
언어이해지표 (Verbal Comprehension Index: VCI)	공통성 어휘 지식	이해	일반능력지수 (GeneraAbility Index: GAI) =VCI+PRI
지각추론지표 (Perceptual Reasoning Index: PRI)	토막짜기 행렬추론 퍼즐	빠진 곳 찾기 무게 비교	
작업기억지표 (Working Memory Index: WMI)	숫자 산수	순서화	인지효능지수 (Cognitive Proficiency Index: CPI) =WMI+PSI
처리속도지표 (Processing Speed Index: PSI)	동형찾기 기호쓰기	지우기	
전체 지능지수(full scale IQ)=VCI+PRI+WMI+PSI			

2) 특징

- 기존 한국 웩슬러 성인지능검사의 소검사 중 차례 맞추기와 모양 맞추기 소검사가 없어지고, 퍼즐, 무게 비교, 지우기 등 세 가지 소검사가 추가되었다.
- 산출되는 지능지수의 범위를 IQ 40~160으로 확장하여 능력이 매우 뛰어나거나 매우 제한된 사람들의 지능지수 산출이 가능하다.
- 운동기능, 청력, 시간 가산점 등 가외변인의 영향이 덜 반영되도록 하였다.

- 전반적으로 실시를 간편화하고 실시시간을 단축시켰으며, 특히 나이 든 집단의 과제 수행을 용이하게 하였다.
- 연령교정 표준점수로서 환산점수와 조합점수를 제공하였다.
- 환산점수는 피검자의 수행을 동일연령대와 상대적으로 비교하기 위한 것으로 평균 10, 표준편차 3인 표준점수로 변환한 점수이다.
- 조합점수는 소검사 환산점수들의 다양한 조합을 토대로 평균 100, 표준편차 15인 표준점수로 변환한 점수이다.
- 전체 지능지수(full scale IQ), 일반능력지수(GeneraAbility Index: GAI), 인지효능지수(Cognitive Proficiency Index: CPI)를 제공한다.

4. 한국 카우프만 아동지능검사 2판(KABC-Ⅱ; 문수백, 2014)

한국 카우프만 아동지능검사 2판(The Kaufman Assessment Battery for children, Second Edition: KABC-Ⅱ)은 만 3~18세에 이르는 아동과 청소년의 정보처리와 인지능력을 측정하기 위해 개발된 개인 지능검사이다. 다양한 배경을 가진 아동과 청소년을 대상으로 교육적 또는 심리적으로 문제가 있는 아동을 이해할 수 있다. 한국 카우프만 아동지능검사 2판은 적용연령 대상이 한국 카우프만 아동지능검사(K-ABC)의 만 2~12세보다 확대되었고, 5개의 전체 척도에서 8개의 하위검사를 유지하면서 10개의 새로운 하위검사가 추가되었다. 유지된 하위검사는 대부분 연령대를 확장시키거나 검사의 범위를 모든 연령대로 확장시키기 위해 수정되었다.

◆■ 〈표 9-5〉 한국 카우프만 아동지능검사 2판의 개요

항목	내용
목적	• 순차처리, 동시처리, 계획력, 학습력, 지식 등 광범위한 지적 능력을 측정함 • 임상, 교육적 측면에서 아동의 상태를 진단하고, 교육적 처치를 위한 치료 및 배치 계획을 세우는 데 도움 • 비언어성 척도를 포함하고 있어 언어장애나 다양한 문화적 배경을 가진 다문화가정의 아동과 청소년을 평가하는 데 유용함 • 인지능력과 사고력에 있어 개개인의 강점과 약점을 파악할 수 있음 • 학습장애의 기본적인 사고처리과정의 장애를 파악할 수 있음
적용연령	• 만 3～18세
결과해석	• 표준점수, 백분위 점수, 연령점수
실시상의 유의점	• 피검사자의 하위척도 프로파일을 해석하여 강점과 약점을 파악 • 각 하위검사마다 연령에 따른 시작 문항과 중단 규칙, 시간제한 등 제시된 기본규칙을 잘 숙지하고 실시해야 함 • 검사도구와 검사틀은 아동이 문항에 대한 반응을 손으로 가리킬 수 있도록 가까운 곳에 배치함 • 검사 시 아동에게 추가 질문을 하는 경우, 아동의 특정한 반응을 유도하지 않는 중립적인 말로 질문함

1) 구성

5개의 전체 척도와 18개의 척도별 하위검사로 구성되어 있다.

KABC-Ⅱ

Kaufman Assessment Battery for Korean Children Second Edition
한국판 표준화 : 문수백

기록지

	년	월	일
검사실시일	___	___	___
생년월일	___	___	___
연령	___	___	___

검사자 이름 _____ 학년/반/번 _____ 이름 _____ 성별 남 · 여

연령 3-6세

하위검사	원점수	환산점수	백분위	연령점수	순차처리/Gsm	학습력/Glr	동시처리/Gv	지식/Gc
1 이름기억								
2 관계유추							(4, 5, 6)	
3 얼굴기억							(4)	
4 이야기완성								
5 수회생								
6 그림통합								
7 빠른길찾기							(6)	
8 이름기억-지연								
9 표현어휘								
10 언어지식								
11 암호해독								
12 삼각형							(4, 5, 6)	
13 블록세기								
14 단어배열								
15 형태추리							(5, 6)	
16 손동작								
17 암호해독-지연								
18 수수께끼								
					합계	합계	합계	합계

※ 동시처리/GV의 경우, 해당연령에만 기재할 것.

비언어성 지표(NVI)

환산점수			
하위검사	3~4세	5세	6세
2 관계유추			
3 얼굴기억			
4 이야기완성			
12 삼각형			
15 형태추리			
16 손동작			
합계			

표준점수	신뢰구간 90%□ 95%□	백분위
	—	

전체 척도 지표(3세)

환산점수		
하위검사	FCI□	MPI□
1 이름기억		
2 관계유추		
3 얼굴기억		
12 삼각형		
14 단어배열		
9 표현어휘		
18 수수께끼		
합계		

표준점수	신뢰구간 90%□ 95%□	백분위
	—	

척도 지표(4~6세)

척도	FCI □	MPI □	표준점수	신뢰구간 90%□ 95%□	백분위
순차처리/Gsm				—	
동시처리/Gv				—	
학습력/Glr				—	
지식/Gc					
합계					

KABC-II

Kaufman Assessment Battery for Children Second Edition

	년	월	일
검사실시일			
생년월일			
연령			

검사자 이름 _____ 학년/반/번 _____ 이름 _____ 성별 ___ 남 · 여 ___

연령 7-18세

하위검사	원점수	환산점수	백분위	연령점수	순차처리/Gsm	계획력/Gf	학습력/Glr	동시처리/Gv	지식/Gc
1 이름기억									
4 이야기완성 시간보너스없음☐									
5 수회생									
6 그림통합									
7 빠른길찾기									
8 이름기억-지연									
9 표현어휘									
10 언어지식									
11 암호해독									
12 삼각형 시간보너스없음☐								(7-12)	
13 블록세기								(13-18)	
14 단어배열									
15 형태추리 시간보너스없음☐									
16 손동작									
17 암호해독-지연									
18 수수께끼									
					합계	합계	합계	합계	합계

※동시처리/GV의 경우, 해당연령에만 기재할 것.
※시간 보너스가 있는 경우, 기록지가 해당연령에 따라 나뉘어져 있으니, 확인 후 기록 할 것.

비언어성 지표(NVI)	
환산점수	
4 이야기완성	
12 삼각형	
13 블록세기	
15 형태추리	
16 손동작	
합계	

표준점수	신뢰구간 90%☐ 95%☐	백분위
	—	

척도지표					
척도	FCI ☐	MPI ☐	표준점수	신뢰구간 90%☐ 95%☐	백분위
순차처리/Gsm				—	
동시처리/Gv				—	
학습력/Glr				—	
계획력/Gf				—	
지식/Gc				—	
합계				—	

[그림 9-3] 한국 카우프만 아동지능검사 2판 기록지

2) 특징

- 아동이 검사받는 이유와 배경요인에 의거하여 검사자는 2개의 전체 척도(MPI, FCI) 중 어느 척도를 사용할 것인지 결정하고, 검사모델로서 Luria 모델과 CHC 모델 중 하나를 선택하여 진단 및 해석(이원적 이원구조 해석)을 할 수 있다.
- 한국 카우프만 아동지능검사 2판은 인싸이트의 온라인 채점 프로그램에 원점수를 입력하면 자동으로 결과와 그래프가 산출된다.

원○○(남, 지적장애, 생활연령 14세, 중학교 1학년, 특수학급 재학)

- 검사 실시태도

밝고 조용한 교실에서 편안한 상태로 한국 카우프만 아동지능검사 2판을 실시하였다. 책상에 검사틀과 검사도구를 학생과 가까운 곳에 배치하였다. 검사자도 검사 실시 중 검사틀을 함께 볼 수 있도록 대각선으로 두고 마주 보게 앉았다. 하위검사의 종류가 많아 학생이 집중하기 어려워하고 지루해했으나, 웃음, 표정 등 중립적인 피드백을 주어 동기를 유발해 주었다. 2~3개의 하위검사가 끝나면 5분 정도의 휴식을 주었다.

- 검사결과

원○○의 한국 카우프만 아동지능검사 2판의 검사결과를 CHC 모델로 해석한 결과는 다음과 같다.

전체척도 지수

전체척도	하위검사 환산점수의합	표준점수(지수) M=100,SD=15	신뢰구간 90%	신뢰구간 95%	백분위	서술적범주
유동성-결정성지표(FCI)	58	72	68 - 76	67 - 77	3.0	보통 이하이다

원○○의 실제 전체지능지수는 67~77 범위에서 72로 추정되며, 같은 나이 또래들과 비교할 때 백분위 3.0에 해당하는 낮은 수준으로, 전반적인 지능수준은 '보통 이하'로 나타났다.

하위척도 지수

하위척도	하위검사	표준점수(지수)	신뢰구간		백분위	서술적범주
	환산점수의 합	M=100,SD=15	90%	95%		
순차처리/Gsm	11	74	68~80	67~81	4.0	보통 이하이다
동시처리/Gv	23	109	106~112	105~113	73.0	보통 정도이다
계획력/Gf	2	51	45~57	44~58	<0.1	매우 낮다
학습력/Glr	15	86	83~89	82~90	18.0	보통 정도이다
지식/Gc	7	66	61~71	60~72	1.0	매우 낮다
합 계	58					

하위검사 점수

하위척도	하위검사	원점수	환산점수	백분위	연령점수	척도별 환산점수의 합
순차처리/Gsm	5.수회생	16	10	50.0	14:00	11
	14.단어배열	8	1	0.1	3:00	
동시처리/Gv	7.빠른길찾기	30	10	50.0	14:00	23
	13.블록세기	32	13	86.0	17:06	
계획력/Gf	4.이야기완성	5	1	0.1	4:08	2
	15.형태추리	7	1	0.1	5:10	
학습력/Glr	1.이름기억	59	5	5.0	6:00	15
	11.암호해독	67	10	50.0	13:00	
지식/Gc	10.언어지식	44	4	2.0	9:03	7
	18.수수께끼	20	3	1.0	7:06	

하위척도 및 하위검사 점수 프로파일 그래프

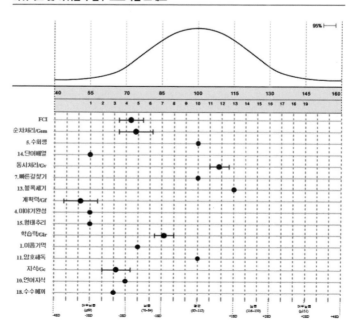

　　[순차처리]는 74점으로 '보통 이하', [동시처리]는 109점, [학습력]은 86점으로 '보통 정도', [계획력]과 [지식]은 51점과 66점으로 '매우 낮음'으로 나타났다. 다음 프로파일 그래프를 보면 표준편차 +1과 −1 범위에 해당하는 부분에서 왼쪽으로 벗어난 범위는 아동의 수행수준이 평균보다 낮은 정도를 알 수 있다.

　　원○○의 한국 카우프만 아동지능검사 2판의 결과를 Luria 모델로 해석한 결과는 다음과 같다.

전체척도 지수

전체척도	하위검사 환산점수의합	표준점수(지수) M=100,SD=15	신뢰구간 90%	신뢰구간 95%	백분위	서술적범주
인지처리지표(MPI)	51	75	71 - 79	70 - 80	5.0	보통 이하이다

　　원○○의 인지처리지수는 75로 추정되며, 같은 나이 또래들과 비교할 때 백분위 5.0에 해당하는 낮은 수준으로, 전반적인 지능수준은 '보통 이하'로 나타났다.

하위척도 지수

하위척도	하위검사 환산점수의 합	표준점수(지수) M=100,SD=15	신뢰구간 90%	신뢰구간 95%	백분위	서술적범주
순차처리/Gsm	11	74	68~80	67~81	4.0	보통 이하이다
동시처리/Gv	23	109	106~112	105~113	73.0	보통 정도이다
계획력/Gf	2	51	45~57	44~58	<0.1	매우 낮다
학습력/Glr	15	86	83~89	82~90	18.0	보통 정도이다
합 계	51					

하위검사 점수

하위척도	하위검사	원점수	환산점수	백분위	연령점수	척도별 환산점수의 합
순차처리/Gsm	5.수회생	16	10	50.0	14:00	11
	14.단어배열	8	1	0.1	3:00	
동시처리/Gv	7.빠른길찾기	30	10	50.0	14:00	23
	13.블록세기	32	13	86.0	17:06	
계획력/Gf	4.이야기완성	5	1	0.1	4:08	2
	15.형태추리	7	1	0.1	5:10	
학습력/Glr	1.이름기억	59	5	5.0	6:00	15
	11.암호해독	67	10	50.0	13:00	

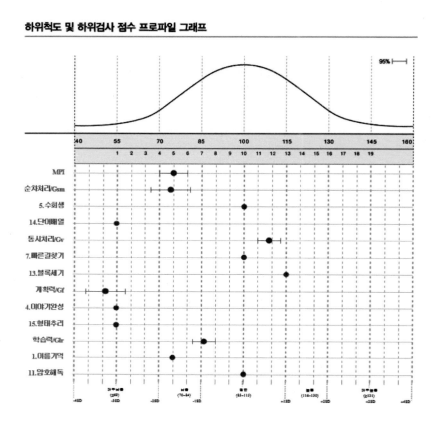

[순차처리]는 74점으로 '보통 이하', [동시처리]는 109점, [학습력]은 86점으로 '보통 정도', [계획력]은 51점으로 '매우 낮음'으로 나타났다. 다음 프로파일 그래프를 보면 표준편차 +1과 −1 범위에 해당하는 부분에서 왼쪽으로 벗어난 범위는 아동의 수행수준이 평균보다 낮은 정도를 알 수 있다.

5. 한국판 라이터 비언어성 지능검사 개정판(K-Leiter-R; 신민섭, 조수철, 2010)

한국판 라이터 비언어성 지능검사 개정판(Korean-Leiter International Performance Scale-Revised: K-Leiter-R)은 개별적으로 실시되는 표준화된 비언어적인 지능검사 도구로서 유아들의 지적 능력, 주의력 및 기억력을 평가할 수 있을 뿐만 아니라, 일반적인 지능검사로 평가할 수 없는 장애아동의 지적 능력, 주의력 및 기억력을 평가할 수 있도록 개발되었다.

〈표 9-6〉 한국판 라이터 비언어성 지능검사 개정판의 개요

항목	내용		
목적	• 일반적인 지능검사가 불가능한 아동의 지능, 주의력 및 기억력 평가		
적용연령	• 2세 0개월~7세 11개월		
결과해석	• 지능지수, 성장점수, 복합점수, 소검사점수, 특수진단점수		
실시상의 유의점	**구분**	**시각화/추론**	**주의력/기억력**
	2~3세	FG FC M SO RP PC C	AP FM AS
	4~5세	FG FC M SO RP PC C	AP IR FM AS DR
	6~7세	FG DA FC M SO RP PF	AP IR FM AS RM VC SM DP DR AD

1) 구성

한국판 라이터 비언어성 지능검사 개정판은 비언어적인 지능 및 능력을 측정하는 19개의 소검사로 구성되어 있다. 처음 9개의 소검사는 시각화 및 추론 검사(VR)로 구성하며 추론, 시각화 및 문제해결능력과 같은 일반적인 지능의 구성 개념을 측정한다. 두 번째 10개의 소검사는 주의력 및 기억력 검사(AM)로 구성하며, 주의력 및 기억력을 측정한다. 더불어, 2개의 추가 평정척도, 즉 검사자용 평정척도와 부모용 평정척도가 있다.

〈표 9-7〉 시각화 및 추론 검사(VR) 내용

구분	내용
전경배경 (FG)	숨은그림 찾기 게임: 복잡한 그림 자극 안에 숨겨진 그림이나 도형을 찾아내는 검사이다.

그림유추 (DA)	알쏭달쏭 도형 맞추기 게임: 2열 2행, 4열 2행 및 그 이상의 복잡한 수열 내에서 기하학적인 도형을 사용하여 다음 빈칸에 올 문항을 유추하는 전통적인 수열유추검사이다. 보다 어려운 일부 문항은 도형에 대한 정신적 회전이 요구된다. 따라서 이 소검사는 공간능력과 관련이 있다.
형태완성 (FC)	모양 만들기 게임: 무선적으로 제시된 조각들로부터 '전체적인 대상'을 재인하는 능력을 평가하는 검사이다.
짝짓기 (M)	짝짓기 게임: 시각적 자극을 변별하여 짝을 짓는 검사로서, 검사틀에 제시된 자극과 똑같은 카드나 모양을 선택하면 된다.
계기적 순서추론 (SO)	다음은 뭘까 게임: 그림이나 도형의 논리적인 진행 순서를 파악하는 검사로서, 진행 순서에 알맞은 일련의 카드를 선택하면 된다.
반복패턴찾기 (RP)	순서대로 또 나와요 게임: 반복되는 그림이나 도형의 패턴을 찾아내는 검사로서, 피검 아동은 반복되는 패턴의 '빠진' 부분에 해당하는 카드를 자극판의 배열에 맞게 채워 넣으면 된다.
그림맥락추론 (PC)	어디에 맞을까 게임: 시각적인 맥락 단서를 사용해서 큰 그림판에 생략된 작은 그림의 모양(표시를 통해 빠진 위치를 알려 준다)을 재인하는 검사이다.
범주화(C)	끼리끼리 맞추기 게임: 대상이나 기하학적 모형을 분류하는 검사이다.
접힌형태추론 (PF)	접으면 뭐가 될까 게임: 이차원적으로 펼쳐져 제시된 대상을 머리 속에서 '접어 본 후' 그에 알맞은 대상을 찾는 검사이다.

◆◢ 〈표 9-8〉 주의력 및 기억력 검사(AM) 내용

구분	내용
쌍대연합 (AP)	짝 찾기 게임: 짝 지워진 그림 쌍을 5초에서 10초 정도 보여 준 후, 관련이 있는 그림과 관련이 없는 그림 간의 연합에 대한 기억력을 평가한다. 이 검사는 연합–학습 과제와 유사하다.
즉각재인 (IR)	무엇이 빠졌을까 게임: 그림의 자극 배열을 5초간 보여 준 후, 제시되거나 제시되지 않았던 대상을 식별하는 능력을 평가하는 검사이다. 이 소검사는 제시되지 않았던 대상이 카드에 포함되기 때문에 회상기억보다는 재인을 반영한다.
바로따라 기억하기(FM)	기억하기 게임: 검사자가 지적하는 그림의 순서를 차례대로 기억하는 능력을 알아보는 검사이다.

지속적주의력 (AS)	같은 그림 찾기 게임: 종이에 그려져 있는 일련의 기하학적인 도형 중에서 특정 형태를 모두 찾아서 표시하는 것과 같이 '지속적이고 반복적인 과제'로 구성된다.
거꾸로따라 기억하기 (RM)	거꾸로 기억하기 게임: 검사자가 지적한 순서와 반대되는 순서로 그림의 배열을 기억하는 능력을 평가하는 검사이다. 바로따라 기억하기 검사의 수행과 비교하는 것이 중요하다.
대응도형찾기 (VM)	찾아 바꾸기 게임: 웩슬러 지능검사 기호쓰기 검사의 비언어적 버전으로, 그림 및 기하학적 대상과 숫자를 이용한다.
공간기억 (SM)	위치 외우기 게임: 격자무늬 판에 배열된, 점차 복잡해지는 그림을 10초 간 보여 준 후, 방금 전에 보았던 그림의 카드를 빈 격자무늬 판의 정확한 위치에 놓을 수 있는 능력을 평가한다.
지연쌍대연합 (DP)	짝 다시 찾기 게임: 쌍대연합검사를 실시한 지 30분 정도의 시간이 지난 후, 쌍대연합검사에서 학습했던 대상을 재인하는 능력을 알아보는 검사이다.
지연재인 (DR)	빠진 것 다시 찾기 게임: 즉각재인검사를 실시한 지 약 30분 후에, 즉각재인검사에서 제시했던 대상을 재인하는 능력을 알아보는 검사이다.
분할주의력 (AD)	2개 동시에 하기 게임: 분할주의력이 요구될 때, 주의력을 계속 유지할 수 있는 정도를 측정하는 검사이다. 이 검사도구에는 검사틀 안에 밝은 색깔의 그림이 그려진 그림 도면이 삽입될 수 있는 그림 도면 창이 포함된다. 삽입된 그림 도면을 일정한 시간 간격에 따라 한 칸씩 움직이면 특정 수의 목표자극 그림을 나타내도록 제작된 '창'에 대상 그림이 나타난다. 아동은 검사자가 그림 도면 창에 끼워넣은 그림 도면을 일정 간격으로 움직일 때마다 그림 도면 창에서 제시된 표적 대상을 지적해야 한다. 그와 더불어, 아동은 숫자가 적힌 카드를 순서대로 정렬하는 과제를 함께 수행해야 한다. 이 소검사는 그림 도면 창에 제시된 표적 대상을 지적하는 것과 숫자 카드를 순서대로 정렬하는 것 간에 주의를 분할하는 능력이 필요하다.

2) 특징

• 평가자는 필요에 따라 시각 및 추론 영역과 주의력 및 기억력 영역을 둘 다 평가할 수 있고, 둘 중 하나만을 선택하여 평가할 수 있다.

- 아동만을 평가하게 되어 있는 일반적 지능검사와는 달리 평가자, 부모, 아동 및 교사가 아동의 행동관찰에 대해 평가하도록 하는 평가척도도 함께 포함되어 있다.
- 특히 의사소통장애, 인지발달이 부진한 아동, 청각장애, 운동기능이 부진한 아동, 뇌손상 아동, ADHD 아동 및 학습장애 아동을 평가하는 데 도움이 된다.
- 연령이 낮은 아동에게 적합한 문항이 연령이 높은 아동에게는 너무 쉽기 때문에 특정 연령에만 적용할 수 있는 소검사들이 포함되어 있다.

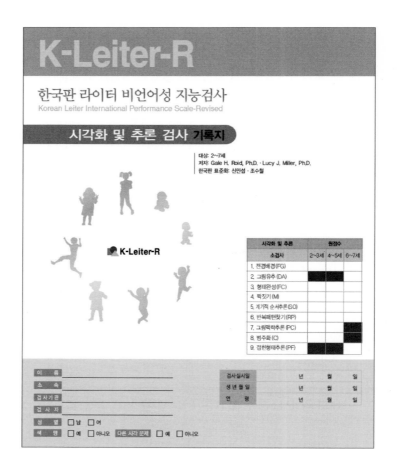

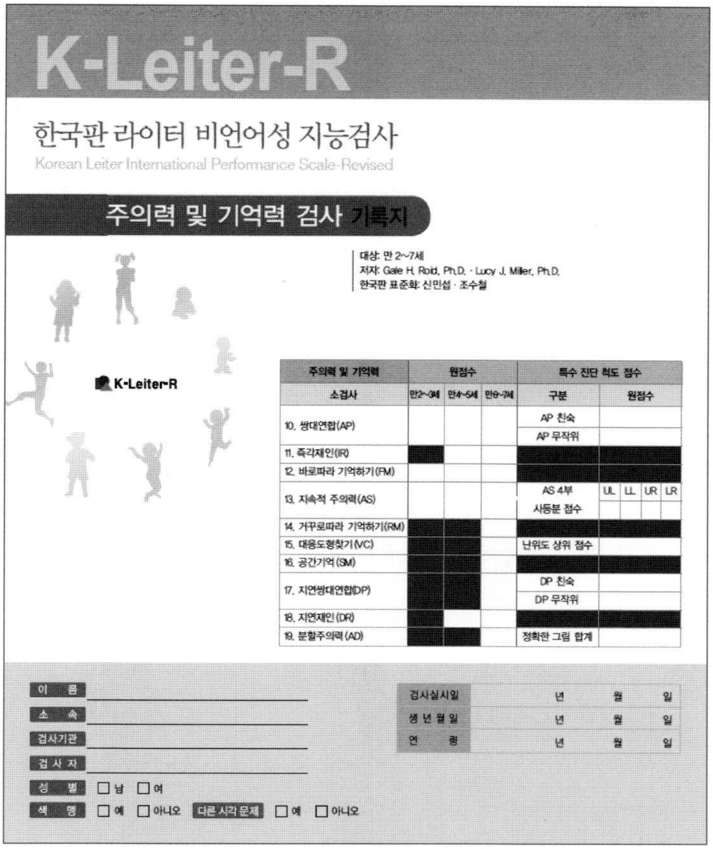

K-Leiter-R

한국판 라이터 비언어성 지능검사

Korean Leiter International Performance Scale-Revised

주의력 및 기억력 검사 기록지

대상: 만 2~7세

저자: Gale H. Roid, Ph.D. · Lucy J. Miller, Ph.D.

한국판 표준화: 신민섭 · 조수철

K-Leiter-R

주의력 및 기억력	원점수			특수 진단 척도 점수	
소검사	만2~3세	만4~5세	만6~7세	구분	원점수
10. 쌍대연합(AP)				AP 친숙	
				AP 무작위	
11. 즉각재인(IR)					
12. 바로따라 기억하기(FM)					
13. 지속적 주의력(AS)				AS 4부 사등분 점수	UL LL UR LR
14. 거꾸로따라 기억하기(RM)					
15. 대응도형찾기(VC)				난위도 상위 점수	
16. 공간기억(SM)					
17. 지연쌍대연합(DP)				DP 친숙	
				DP 무작위	
18. 지연재인(DR)					
19. 분할주의력(AD)				정확한 그림 합계	

이 름

소 속

검사기관

검 사 자

성 별 □ 남 □ 여

색 맹 □ 예 □ 아니오 다른 시각 문제 □ 예 □ 아니오

검사실시일	년	월	일
생 년 월 일	년	월	일
연 령	년	월	일

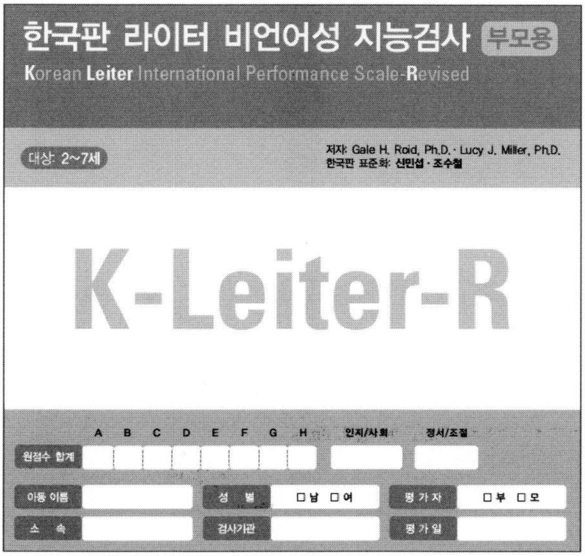

한국판 라이터 비언어성 지능검사 부모용

Korean Leiter International Performance Scale-Revised

대상: 2~7세

저자: Gale H. Roid, Ph.D. · Lucy J. Miller, Ph.D.

한국판 표준화: 신민섭 · 조수철

K-Leiter-R

	A	B	C	D	E	F	G	H	인지/사회	정서/조절
원점수 합계										

아동 이름 | 성 별 □ 남 □ 여 | 평 가 자 □ 부 □ 모

소 속 | 검사기관 | 평 가 일

[그림 9-4] 한국판 라이터 비언어성 지능검사 개정판 기록지

6. 국립특수교육원 한국형 개인 지능검사(KISE-KIT; 박경숙, 정동영, 정인숙, 2002)

국립특수교육원 한국형 개인 지능검사(Korea Institute for Special Education-Korea Intelligence Test for Children: KISE-KIT)는 우리의 전통과 문화에 알맞은 구조로 아동·청소년의 지능을 측정하기 위해 국립특수교육원에서 개발한 도구이다. 이것은 우리의 방식으로 우리의 역사적·문화적 배경과 사회경제적 수준에 적합한 도구로 지능을 측정하기 위해 개발된 검사로, 12개의 소검사를 통해 동작성·언어성·전체 지능지수를 얻을 수 있다.

〈표 9-9〉 국립특수교육원 한국형 개인 지능검사의 개요

항목	내용
목적	• 한국 최초로 한국의 문화적, 사회적 배경에 적합하게 개발
적용연령	• 5세 0개월~17세 11개월
결과해석	• 동작성 지능지수, 언어성 지능지수, 전체 지능지수(평균: 100, 표준편차: 15)
실시상의 유의점	• 제시된 실시 순서에 따라 검사를 실시하되, 피검자가 특정 소검사를 기피하거나 싫증내는 경우 소검사의 순서를 변경하여 진행 가능 • 한 번의 회기 내에 검사 전체를 실시하는 것이 좋으나, 피검자에 따라 검사 전체를 한 회기에 실시하기 어려운 경우 일주일 내 두 번째 검사를 실시함

1) 구성

국립특수교육원 한국형 개인 지능검사는 10개의 주요 소검사와 2개의 보충 소검사로 구성되어 있다. 검사들은 동작성 검사와 언어성 검사로 나뉘는데, 피검사자의 긴장을 풀어 주고 검사에 대한 흥미와 동기를 높이기 위해 동작성 검사부터 시작하여 언어성 검사와 교대로 소검사를 하나씩 실시하도록 구성되어 있다.

🔍 〈표 9-10〉 동작성 검사 내용

구분	내용
그림배열	3~8장의 그림카드로 구성된 일련의 그림카드가 섞여 있을 때 하나의 전후관계나 상황 등을 고려하여 의미 있는 이야기가 되도록 배열하는 10개 문항으로 구성되어 있다.
이름기억	남사당패의 이름을 붙인 캐릭터 11개를 보여 주면서 이름을 말해 주고, 이름에 해당하는 캐릭터를 외우도록 한 후 다음 장에서 이름을 불러 준 캐릭터를 찾는 문항 11개로 구성되어 있다.
칠교놀이	제시된 완성 모양을 보고 주어진 칠교놀이판으로 시간 안에 모양을 완성해야 하는 검사이다. 큰 삼각형 1개와 사각형 1개로 단순한 모양을 구성하는 쉬운 문항부터 7개 조각을 모두 이용하여 복잡한 모양을 조합하는 어려운 문항까지 6개 문항으로 구성되어 있다.
숨은그림	3개의 사물이나 도형이 겹쳐진 그림을 제시하고, 그림을 구성하는 사물이나 도형을 지적해 내도록 하는 문항 10개로 구성되어 있다.
그림무늬	빨강, 파랑, 노랑, 연두, 백색, 흑색의 6개의 밑판과 다양한 모양의 무늬가 새겨져 있는 도형판 12개를 이용하여 완성판에 제시된 무늬를 꾸미는 문항 7개로 구성되어 있다.
손동작 (보충 소검사)	동작성 검사의 보충 소검사로 손가락과 손바닥을 곧게 펴서 수직으로 세운 다음 책상 위에 가볍게 올려놓는 동작, 주먹을 쥐고 수직으로 세워 책상 위에 올려놓는 동작, 손가락과 손바닥을 곧게 펴서 수평으로 책상 위에 올려놓는 동작의 세 동작을 무작위로 3~6개 조합한 10개 문항으로 구성되어 있다.

🔍 〈표 9-11〉 언어성 검사 내용

구분	내용
낱말이해	검사자가 읽어 주는 낱말을 듣고 그 낱말의 의미를 말하도록 하는 28개 문항으로 구성되어 있다.
계산	다양한 방식으로 제시되는 수학적 계산 문항 20개로 구성되어 있다. 이 검사는 지필도구나 계산기기 등 다른 도구를 이용하여 문제를 해결하는 것을 금지하며, 피검사자들이 수리적 지식을 이용하여 문제를 해결하도록 요구한다.
낱말유추	A : B=C : X의 형식으로 구성된 문항을 제시하고 A와 B 사이의 관계를 추론하여 C와 X 사이의 관계에 적용하여 X를 찾아내는 문항 16개로 구성되어 있다.
교양	일상생활을 영위하는 데서 기본적으로 습득해야 할 상식을 요구하는 문항 24개로 구성되어 있다.

문제해결	일상생활 중에 만나는 문제 상황을 제시하고 해결방안을 요구하는 문항 18개로 구성되어 있다.
수기억 (보충 소검사)	언어성 검사의 보충 소검사로 무작위로 나열되는 2~8개의 숫자를 하나씩 들려준 다음 순서대로 따라 하게 하는 문항 7개와 거꾸로 따라 하게 하는 문항 7개로 구성되어 있다.

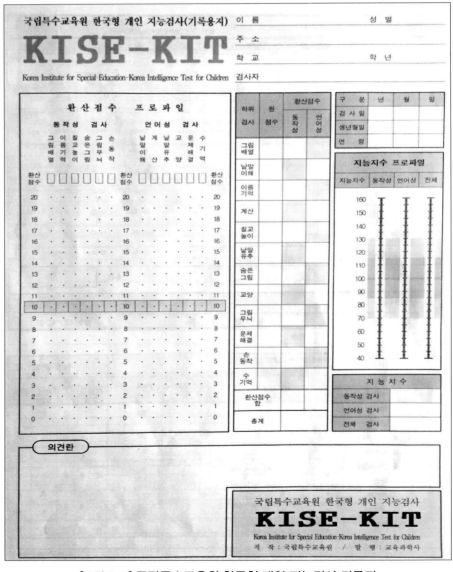

[그림 9-5] 국립특수교육원 한국형 개인 지능검사 기록지

2) 특징

- 국립특수교육원에서 한국형으로 개발하였다.
- 기존 인지이론과 지능검사이론 등에서 밝혀진 능력들을 종합·분석하여 재조직하였다.
- 동작성 및 언어성 검사가 모두 포함되어 있다.
- 우리의 전통과 문화 및 동양의 지혜를 반영하였다.
- 총점이 산출되는 고전적 심리측정 이론에 의존하였다.
- 장애학생의 접근이 용이하도록 쉬운 문항도 포함시켰다.

7. 종합인지기능 진단검사(CAS; 문수백, 이영재, 여광응, 조석희, 2007)

종합인지기능 진단검사(Cognitive Assessment System: CAS)는 신경심리학에 기초를 둔 검사로서, 최근 중시되는 상위인지 과정인 계획기능에 대한 측정을 포함하고 있으며, 인지기능에서 비지적요소로 알려졌던 주의집중을 포함시켜 인지기능을 광범위하게 진단·평가하는 검사이다. PASS—계획기능(Planning), 주의집중(Attention), 동시처리(Simultaneous processing), 순차처리(successive processing)—처리과정에 근거하여 구성된 13가지 하위검사로 구성되어 있다.

〈표 9-12〉 종합인지기능 진단검사의 개요

항목	내용
목적	• 계획기능, 주의집중, 동시처리능력, 순차처리능력 등 개인의 기능을 측정하고 진단하며, 지능을 종합적으로 검사
적용연령	• 5~12세
결과해석	• 전체 척도, PASS척도(계획기능척도, 주의집중척도, 동시처리척도, 순차처리척도)
실시상의 유의점	• 각 하위검사마다 연령에 해당하는 시작 문항과 중단규칙, 제한시간을 확인하고 검사를 실시함 • 하위검사 1, 2, 3에 있는 전략사정 목록표를 작성함

1) 구성

종합인지기능 진단검사는 계획기능, 주의집중, 동시처리, 순차처리 척도를 알아볼 수 있는 13가지 하위검사로 구성되어 있다.

〈표 9-13〉 종합인지기능 진단검사의 전체 척도

척도		내용
계획기능	숫자 짝짓기	검사자가 아동에게 일련의 숫자 행렬을 제시하면 아동은 각 숫자 행에서 똑같은 숫자를 찾아 밑줄을 긋는다.
	부호쓰기	숫자 1, 2, 3, 4로 쓰인 칸으로 구성된 하나의 문항을 문항별로 제시된 ×와 ○의 부호체제로 바꾼다.
	순서잇기	숫자 또는 문자가 쓰여 있는 일련의 네모 칸을 숫자나 문자들 간의 정해진 순서에 따라 연결한다.
동시처리	도형유추	도형 중 일부분이 미완성된 자극도형을 제시하면 아동은 자극도형들 간의 관계를 유추한 다음 제시된 도형 중에서 미완성 도형에 가장 적합한 도형을 찾아 지적한다.
	언어-공간 관계	아동에게 사물들 간의 공간관계를 말해 주면 아동은 제시된 그림들 중에서 검사자가 설명해 준 사물들 간의 공간관계를 나타내 주는 그림을 찾아 지적한다.

	도형기억	아동에게 도형 모형이 그려진 자극그림을 5초 동안 보여 준 다음 제시된 도형 모형을 포함하고 있는 보다 복잡한 반응도형그림을 제시하면 아동은 제시된 반응도형 속에 자극그림을 찾아 색연필로 따라 그린다.
주의 집중	표현주의력	동물그림 또는 색상 및 색상 이름으로 만들어진 일련의 자극그림을 제시하면, 아동은 각 자극그림의 내용을 판단하여 반응한다.
	숫자찾기	아동에게 몇 개의 자극숫자를 보여 주고 제시된 자극숫자와 함께 다른 숫자들이 혼합되어 인쇄된 숫자 행렬을 보여 주면 아동은 숫자 행렬 속에서 자극숫자와 같은 숫자들을 찾아 밑줄을 긋는다.
	수용주의력	아동에게 모양이 똑같은 것과 다른 것들로 이루어진 여러 개의 그림쌍을 제시한다. 아동은 제시된 그림쌍 중에서 모양이 똑같은 쌍을 찾아 그 밑에 밑줄을 긋는다.
순차 처리	단어계열	아동에게 일련의 단어들을 불러 주면 아동은 검사자가 불러 준 단어들을 순서대로 따라 외운다.
	문장반복	아동에게 일련의 문장을 읽어 주면 아동은 검사자가 불러 준 문장을 그대로 따라 외운다. 각 문장에는 내용을 나타내는 단어 대신에 색깔의 이름을 나타내는 단어들이 포함되어 있다.
	말하기 속도	아동에게 일련의 문장을 읽어 주면 아동은 검사자가 불러 준 단어 행렬을 그대로 가능한 한 빨리 열 번을 반복해서 외운다. 각 단어 행렬에는 내용을 나타내는 단어 대신에 색깔의 이름을 나타내는 단어들이 포함되어 있다.
	문장이해	아동에게 어떤 문장을 읽어 준 다음 읽어 준 문장에 대한 질문에 아동이 대답한다. 각 문장은 내용을 나타내는 단어 대신에 색깔 이름을 나타내는 단어로 구성되어 있다.

Cognitive Assessment System

종합인지기능
진단검사

검사결과 기록지

저자 : Jack A. Naglieri · J. P. Das
한국판 표준화 : 문수백 · 이영재 · 여광응 · 조석희

CAS

이 름				성 별: 남 · 여
학 교				
학 년				(미취학 아동은 '0'으로 기록)
검사자				

	년	월	일
검 사 일			
생년월일			
연 령			

CAS 하위검사	원점수	척도점수 (부록A)		
숫자 짝짓기				
부호쓰기				
순서잇기				
도형유추				
언어-공간관계				
도형기억				
표현주의력				
숫자찾기				
수용주의력				
단어계열				
문장반복				
말하기 속도/문장이해				
하위검사 척도점수의 합				

구 분		계획기능	동시처리	주의집중	순차처리	전체척도
PASS 척도 표준점수 (부록B)						
백분위(부록B)						
____% 신뢰구간 (부록B)	하한점수					
	상한점수					

[그림 9-6] 종합인지기능 진단검사 기록지

2) 특징

- PASS 처리과정에 기초하여, 정상아동의 인지적 특성을 찾거나 영재아동을 변별하고자 하는 경우 진단자료로 활용할 수 있다.
- 뇌성마비 아동, 뇌손상 아동, 시·청각장애 아동을 진단하는 데 활용될 수 있다.
- 매우 적은 수준의 지식만을 요구하고 인지과정의 측정범위가 넓기 때문에 지적장애 아동 및 ADHD 아동을 진단하는 데 활용될 수 있다.
- 심각한 정서적 방해요인을 가진 아동은 행동을 통제하기 어렵고, 충동적인 성향이 있다. 이러한 경향은 종합인지기능 진단검사의 계획기능과 매우 밀접한 관련이 있기 때문에 정서장애 아동을 평가하는 데 유용하다.
- 계획 및 조직화에 대한 체계적이고 구조화된 평가 수단을 제공하므로 아동의 행동 조직화를 민감하게 평가할 수 있으며, 행동전략 생성, 충동억제, 공식화 등의 측정에 매우 유용하다.

8. 한국 웩슬러 유아지능검사 4판(K-WPPSI-Ⅳ; 박혜원, 이경옥, 안동현, 2016)

한국 웩슬러 유아지능검사 4판(Korean-Wechsler Preschool and Primary Scale of Intelligence-IV: K-WPPSI-IV)은 2세 6개월부터 7세 7개월까지 유아의 인지능력을 임상적으로 평가하기 위한 개인 지능검사이다. 전반적인 지적 능력을 나타내는 전체 IQ와 지표점수를 제공함으로써 아동의 인지수행을 보다 정확하게 이해할 수 있으며 교육, 임상, 양육현장에서 매우 유용하게 사용할 수 있다.

⬛🔍 〈표 9-14〉 한국 웩슬러 유아지능검사 4판의 개요

항목	내용
목적	• 심리교육학적 도구로서 일반 지적 기능에 대한 전반적인 평가를 위해 사용 • 영재성, 인지발달 지연, 지적장애 등 판별 • 임상현장이나 학교의 관련 프로그램 배치를 결정할 때 지침으로 활용 • 중재효과, 인지기능에 대한 외상적 뇌손상의 영향 등 연구목적으로도 사용
적용연령	• 2세 6개월~7세 7개월
결과해석	• 인싸이트의 자동 채점 프로그램에 입력 • 전체 IQ, 지표점수(5개의 기본 지표점수, 4개의 추가 지표점수) • 2:6~3:11세용은 7개 지표만 사용(유동추론, 처리속도, 인지효율성 지표 제외)하고, 4:0~7:7세용은 10개 지표 모두 사용
실시상의 유의점	• 유아가 홀로 검사도구를 만지거나 입에 넣지 않도록 안전성 문제에 주의해야 함 • 검사를 실시하는 동안 검사실에는 검사자와 유아 이외에 다른 사람이 있어서는 안 되지만 드물게 보호자 동반을 허용할 경우, 유아의 눈에 띄지 않게 검사실의 뒤편에 앉아 있도록 함 • 검사문항이나 지시문은 변경하지 않음 • 유아가 지루해하거나 불안해할 경우 소검사를 완료한 다음, 짧은 대화나 휴식 후 다음 소검사로 이행함 • 유아가 검사에 응하지 않거나 두려워하는 경우 "다른 날 다시 해 보자."라고 말하며 검사를 중단할 수 있음 • 핵심 소검사에 대한 보충 소검사의 대체는 측정오류를 초래할 수 있으므로 각 지표점수별 1개 소검사만 대체 가능 • 소검사의 실시는 지침서와 기록지에 제시된 연령군별 시작점에서 시작하지만 2:6~3:11세 아동과 지적장애 또는 지적 결함이 의심되는 아동은 연령과 관계없이 항상 문항 1에서 시작 • 반응시간이 정해져 있는 소검사는 제한시간을 엄격하게 준수함 • 제한시간이 없는 소검사의 경우, 30초면 응답하기 충분하므로 30초가 지난 후에도 수행이 저조하면 "답은 무엇인가요?"라고 반응을 격려함

1) 구성

소검사는 총 15개로 구성되며, 연령군(2:6~3:11세용, 4:0~7:7세용)이나 지표점수에 따라 달라진다. 핵심 소검사, 보충 소검사, 선택 소검사로 구분되고, 핵심 소검사는 지표점수와 규준산출에 사용된다. 보충 소검사는 핵심 소검사가 생략되거나 유효하지 않은 경우 사용되며, 지적 기능과 임상적 의사결정에 추가정보를 제공한다. 선택 소검사는 지적기능에 대한 추가 정보를 제공할 수는 있지만 지표점수 산출에는 사용되지 않는다.

2) 특징

• 특수아동 평가 시 실시 순서와 대체 번역 등 수정된 사항은 모두 기록지에 기록한다.
• 신체적, 언어적, 감각적 어려움을 가진 아동을 검사하기 전, 아동의 한계와 선호하는 의사소통방식을 파악하여 진행한다.
• 6~7세 7개월 아동이 면담과 관찰을 통해 인지능력이 상위 수준에 속한다면, 한국 웩슬러 아동지능검사 4판(K-WISC-Ⅳ)을 실시하는 것이 좋을 수도 있다.

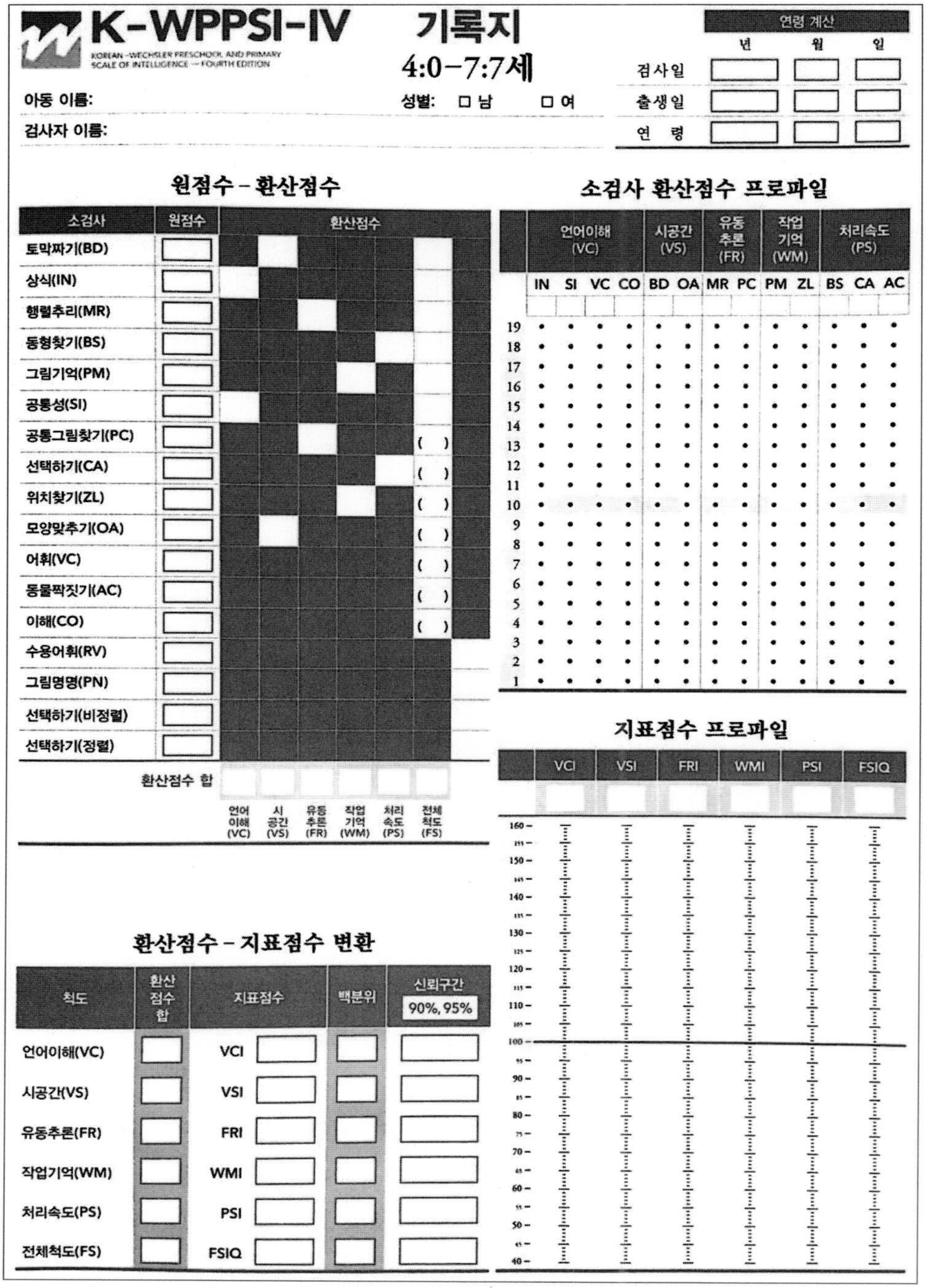

[그림 9-7] 한국 웩슬러 유아지능검사 4판 기록지

9. 한국판 그림지능검사(K-PTI; 서봉연, 정봉인, 1983)

한국판 그림지능검사(Korea Pictorial Test of Intelligence: K-PTI)는 미국의 임상 심리학자인 Joseph L. French가 제작한 그림지능검사(Pictorial Test of Intelligence: PTI)를 한국 아동에게 사용할 수 있도록 표준화한 지능검사이다.

〈표 9-15〉 한국판 그림지능검사의 개요

항목	내용
목적	• 그림으로 검사문항이 이루어져 있고, 답을 선택하는 검사이므로, 주의가 산만한 학령전 아동이나 학습에 흥미가 없는 아동, 장애아동의 지능지수를 비교적 간단하게 측정함
적용연령	• 4~7세
결과해석	• 전체규준IQ, 지역규준IQ, 정신연령
실시상의 유의점	• 검사 실시와 채점이 간편하고 객관적이기 때문에, 교사나 학부모가 쉽게 실시 가능 • 편차치 지능지수와 정신연령의 두 가지 규준이 제시되어 몇 세 정도의 지능수준인지, 또래와 비교해 어느 수준에 위치하는지를 알 수 있음 • IQ대조표가 전체규준IQ와 지역규준IQ로 나누어 제시되어 아동의 지능수준을 다각도로 비교 가능 • 개인용 지능검사이기 때문에 지적 능력을 측정하는 동시에 성격적, 정서적 특성에 대한 참고자료 획득 가능 • 일반 지능검사로 지능 측정이 어려운 정신박약아동의 정신연령이나 IQ도 쉽게 추정 가능

1) 구성

그림으로 된 사지선택형 6개 하위 소검사로 구성되어 있고, 언어적 이해도, 조직능력, 상식, 추상화능력 등을 측정한다.

🔖 〈표 9-16〉 한국판 그림지능검사의 하위검사 유형과 내용

유형	내용
어휘능력검사	언어적 이해도, 즉 아동이 이전에 배운 낱말의 뜻을 얼마나 알고 있는가를 측정
형태변별검사	같은 형태와 비슷한 형태 간의 차이를 지각하는 능력과 미완성의 형태를 머릿속에서 완성하는 조직능력을 측정
상식 및 이해검사	아동이 성장하는 동안에 습득해 온 지식과 일반적인 상식을 측정
유사성찾기검사	사물이나 개념 간에 내포된 공통 요소를 알아내는 추상화 능력을 측정
크기와 수개념검사	크기의 지각 및 숫자의 기호 인지, 이해, 숫자 세기 그리고 간단한 기호적인 산수문제를 푸는 능력을 측정
회상능력검사	사물의 크기, 공간관계, 형태를 순간적으로 알아보는 지각능력과 잠깐 본 그림을 곧바로 회상해 내는 단기기억능력을 측정

2) 특징

- 피검 아동은 질문에 대해 네 가지 제시된 그림 중에서 선택하여 답을 하는 형식으로 실시되는 검사이므로, 표현 언어에 어려움이 있는 아동에게 유용하다.
- 하위검사에 어휘능력을 측정하는 검사가 포함되어 있으므로 비언어성 지능 검사라고 볼 수는 없다.
- 네 가지 그림 중 선택하여 응답하게 되므로, 일정한 위치에 습관적으로 반응하는지 유심히 관찰하여야 한다.
- 생활연령이 7세 이상인 아동을 검사하는 경우, 생활연령과 정신연령을 환산하여 비율 지능지수(IQ)를 산출할 수 있다.

한국판 P. T. I. 종합평가 용지

이 름				성별	남·여
주 소					
유아원/유치원 /학교				년 월 일	
보호자	부	직업	학력	검사일	
	모	직업	학력	생년월일	
검사장소			검사자	만연령	

소 검 사	원 점 수	환산점수	평균에서의 이탈도
어 휘 능 력			
형 태 변 별			
상 식 및 이해			
유 사 성 찾 기			
크기와수개념			
회 상 능 력			

환산점수의 합계 : ＿＿＿＿＿

전 체 규 준 I.Q : ＿＿＿＿＿

지 역 규 준 I.Q : ＿＿＿＿＿

소검사 프로파일

20 / 15 / 10 / 5

어휘능력 / 형태변별 / 상식및이해 / 유사성찾기 / 크기와수개념 / 회상능력

검사자의 종합평가

[그림 9-8] 한국판 그림지능검사 기록지

제10장

사회적 적응행동 영역 검사

학습목표

◆ 사회적 적응행동의 발달을 측정하는 검사도구 유형을 알 수 있다.
◆ 아동의 생활연령에 따라 적용하는 검사를 구별할 수 있다.
◆ 적응행동검사의 실제를 익힌다.
◆ 사회성연령(SA), 사회성지수(SQ)를 구할 수 있고, 의미를 해석할 수 있다.

이 장의 중요성

　아동기에는 외부 자극과 환경을 통해 인지, 언어 등의 발달이 이루어지게 되므로, 사회에 적응하고 다른 사람과 상호작용하는 것은 매우 중요하다. 그러므로 사회적 적응행동의 발달 수준을 알아보는 것은 아동기의 발달이 정상적인 범주에 속하는지 그리고 앞으로의 발달이 어떠할지 예측하는 데 유용한 정보가 된다. 생활연령에 따라 유아기부터 학령기 그리고 성인기에 이르기까지 사회적 적응에 요구되는 적절한 행동은 세부적으로 구체화될 수 있으며, 이는 사회적 적응행동검사의 적용연령과 목적에 따라 구성되어 있다. 이 장에서는 사회적 적응행동검사의 유형과 특성을 소개하고 있으므로, 아동에 따라 적용할 수 있는 검사도구를 알게 되고 결과에 따른 해석을 통해 교육현장과 실제 생활에서 지도할 수 있는 정보를 얻을 수 있다.

1. 사회적 적응행동검사의 개요

　인간은 사회적 존재이므로, 사회적 요구에 따른 행동을 익히고 행하게 된다. 모든 사회와 문화에서 공통적으로 요구하는 행동이 있고, 특정 사회와 문화에 따라 특수한 행동이 요구되기도 한다. 정상적인 발달에 영향을 미치는 주된 영역으로 인지적 측면과 함께 사회적 적응행동에 관심을 가지게 되면서 이를 측정할 검사도구를 개발하게 되었다.

미국에서 1953년 Doll이 사회적 수행능력(social competence)을 측정하기 위해 바인랜드 사회성숙척도(Vineland Social Maturity Scale)를 개발하였고, 국내에서는 이를 1985년 김승국과 김옥기가 사회성숙도검사(SMS)로 표준화하였다. 0세부터 30세까지 적용할 수 있고 실시가 간단하기 때문에 여전히 많이 사용하기는 하지만, 교육 및 지도에 대한 정보를 제공하지는 못한다. 1996년 Bruininks 등이 개발한 적응행동검사 개정판(Scale of Independent Behavior-Revised: SIB-R)을 백은희, 이병인, 조수제가 한국판으로 표준화하여 개인의 적응력과 독립적 행동을 측정하고 있다. 사회적으로 기능적 독립을 위한 기술과 문제행동으로 구성하여 부적응지수와 지원점수를 산출하게 되어 있다.

사회적 적응행동검사는 지적장애 학생을 판별하고 진단하는 데 필수적인 검사이기도 하고, 장애학생이 지역사회에 적응하고 독립적인 생활을 유지하는 데 요구되는 기술 수준을 평가하고 교육하는 데 유용한 정보를 제공하는 것이기도 하다. 이에 부응하여 사회 문화적인 배경을 고려한 국내의 검사도구가 개발되었는데, 대표적인 것이 국립특수교육원 적응행동검사(KISE-SAB)와 김동일, 박희찬, 김정일이 개발한 지역사회적응검사 2판(CISA-2)이다. 국립특수교육원 적응행동검사는 온라인으로 실시 및 채점이 가능하여 편리하게 활용되며, 교사 혹은 보호자의 면담/설문으로 이루어진다. 지역사회적응검사 2판은 아동이 각 문항의 질문에 대해 4개의 그림 중 답에 해당하는 그림을 하나 선택하게 하는 검사로, 아동의 적응행동에 대한 현재 수준을 직접적으로 알아보는 것이 장점이다. 또한 지역사회적응검사 2판은 사정용(assessment)과 교육과정(curriculum)으로 구성되어 있어 교육의 실제에 유용한 정보를 제공한다. 검사도구별 개요와 구체적인 내용은 다음과 같다.

〈표 10-1〉 사회적 적응행동 영역 검사도구

검사도구	도구 개요
사회성숙도검사 (SMS)	• 자조, 사회화, 자기관리, 의사소통, 작업, 이동과 같은 사회적 능력 및 적응행동 평가 • 출생 후부터 30세 • 생활연령, 사회연령, 사회지수
국립특수교육원 적응행동검사 (KISE-SAB)	• 개념적 · 사회적 · 실제적 적응행동 영역에 대한 평정척도를 정보제공자와의 면담을 통해 측정 • 일반아동은 21개월~만 17세, 지적장애 아동은 만 5~17세 • 적응행동지수(개념적 · 사회적 · 실제적 · 전체적 적응행동)
한국판 적응행동검사 개정판 (K-SIB-R)	• 개인의 적응력 및 특정 환경에서의 기능적 독립성 평가 • 0~17세 • 독립적 적응행동지수, 문제행동지수, 지원점수
지역사회적응검사 2판 (CISA-2)	• 지적장애인과 발달장애인의 지역사회 통합에 필수적인 적응행동을 검사하는 비언어성 적응행동검사 • 만 5세 이상 • 일반 및 임상규준의 적응지수, 영역별 적응지수, 환산점수

2. 사회성숙도검사(SMS; 김승국, 김옥기, 1985)

사회성숙도검사(Social Maturity Scale: SMS)는 미국에서 Doll이 개발한 '바인랜드 사회성숙척도'를 김승국, 김옥기가 표준화한 것으로 자조, 사회화, 자기관리, 의사소통, 작업, 이동과 같은 변인으로 구성되는 사회적 능력을 평가하기 위한 검사이다.

📑 〈표 10-2〉 사회성숙도검사의 개요

항목	내용
목적	• 한 개인이 자신의 실제적 욕구를 만족시키고 책임질 수 있는 개인적인 능력의 정도를 따지는 발달척도를 측정
적용연령	• 출생 후부터 30세
결과해석	• 생활연령, 사회연령, 사회지수
실시상의 유의점	• 피검자가 스스로 면접을 실시하지 않고, 피검자를 잘 아는 피면접자(정보제공자)가 자발적인 진술을 하도록 함 • 피검자의 행동을 판단하기 곤란한 경우 또는 피면접자의 이견이 있을 경우, 그 내용을 그대로 기록하도록 함

1) 구성

사회성숙도검사의 적응행동은 여섯 가지 영역으로 나뉘는데, 영역에 따른 내용은 〈표 10-3〉과 같고, 기록지의 예는 [그림 10-1]과 같다.

📑 〈표 10-3〉 사회성숙도검사의 영역에 따른 내용 구성

영역	내용
자조	• 일반자조능력(SHG) • 식사자조능력(SHE) • 용의자조능력(SHD)
의사소통	• 동작, 음성, 문자 등 매개 수용과 표현
이동	• 단순운동능력부터 어디든 혼자 갈 수 있는 능력
자기관리	• 독립성과 책임감
작업	• 단순놀이부터 고도의 전문성을 요하는 능력
사회화	• 사회적 활동 • 사회적 책임 • 현실적 사고

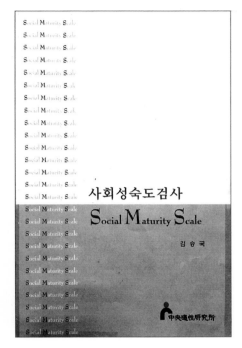

성명:　　　　성별: 남·여　생년월일: 년 월 일(만 세 월)

거주지:　　　학교:　　　학년 반　직업

MA:　IQ:　　검사명　검사일 년 월 일

아버지의 직업:　직위:　직장생활연수:　교육정도:

어머니의 직업:　직위:　직장생활연수:　교육정도:

피면접자:　피검자와의 관계:　면접자:　면접일:

장애:　　　　　　기본점:

비고:　　　　　　가산점:　　SA:

　　　　　　　　총 점:　　SQ:

기 입 요 령

+; 　부당한 강요나 인위적인 유인이 없어도 각 항목이 지시하는 본질적인 행동을 습관적으로 수행하는 경우

+F; 　검사 시에는 "특별한 제약"으로 그러한 행동을 성공적으로 수행하지 못하였지만, 평상시에는 성공적으로 수행하였을 경우

+No; 　지금까지는 "기회의 부족"으로 각 항목이 지시하는 행동을 수행하지 못하였지만, 기회가 부여된다면 곧 성공적으로 수행, 또는 습득할 수 있을 경우

±; 　각 항목이 지시하는 행동을 가끔 하기는 하나 그 행동이 불안정할 경우, 즉 과도적 상태이거나 발현 중인 상태에 있을 경우

-; 　전혀 수행하지 못하는 경우, 또는 부당한 강요나 유인 때문에 수행하는 경우

Social Maturity Scale

- 0세~1세 -

C 　(0.19) 1. 깔깔대며 웃는다 : 혼자 좋아서 웃거나 자극을 주었을 때 웃는다 ....

SHG (0.20) 2. 머리를 가눈다 : 머리를 받쳐 주지 않아도 얼마 동안(약1분간) 머리를 쳐든다

SHG (0.32) 3. 손이 미치는 곳에 있는 물건을 붙잡는다.....

SHG (0.35) 4. 가까우나 손이 미치지 않는 곳에 있는 물건을 잡으려고 손을 뻗는다 .

SHG (0.38) 5. 혼자서 몸을 뒤집는다 : 남의 도움 없이 누운 자세에서 엎드린 자세로 또는 그 반대로 뒤집는다 ....

S 　(0.43) 6. 어머니나 아버지나 기타 친숙한 사람에게 쳐들어 주기나 안아 달라고 팔을 벌린다 .

SHG (0.48) 7. 붙잡아 주지 않아도 1분 정도 앉아 있는다 ....

L 　(0.53) 8. 방에서 배나 무릎으로 기어다닌다.....

O 　(0.54) 9. 딸랑이와 같은 간단한 장난감을 가지고 15분 이상 혼자서 논다 .....

C 　(0.56) 10. 발음이 분명치 않은 애기말을 한다.....

SHE (0.58) 11. 도와주면 컵이나 그릇의 물을 마신다: 컵이나 그릇을 입에다 대어 주거나 그것을 잡도록 도와주면 물을 마신다 ....

S 　(0.63) 12. 다른 사람의 주의를 끌려고 한다: 다른 사람이 자기에게 무슨 말을 해 주기를 바라거나 자기에게 관심을 가져 주길 바란다 ....

SHG (0.65) 13. 사람이 아닌 물체를 붙잡고 일어선다 ....

SHE (0.74) 14. 평상시에는 침을 흘리지 않는다.....

SHG (0.78) 15. 엄지와 다른 손가락으로 물건을 잡거나 집어든다: 손바닥으로 주먹을 쥐듯이 잡는 것이 아니다.....

SHG (0.83) 16. 사람이나 물체를 잡지 않고도 약1분간 혼자 일어서 있는다 ....

C 　(0.94) 17. 간단한 지시를 따른다: 이리로 오라면 오고, 저리로 가라면 가고, 그림 속에 있는 것을 물으면 그것을 가리킨다 ....

- 1세~2세 -

L 　(1.01) 18. 방에서 혼자 걸어다닌다: 걸음마 한다.....

SHD (1.09) 19. 끈을 매지 않은 양말을 혼자서 벗는다 .....

O 　(1.10) 20. 연필이나 크레파스로 아무렇게나 그린다 .....

SHE (1.10) 21. 음식을 씹어 먹는다.....

O 　(1.18) 22. 물건을 옮긴다: 물건을 다른 그릇에 옮겨 깃거나, 옮겨 놓거나 늘어놓는다 ....

SHG (1.22) 23. 밖에 나갈 때 걸어가려고 한다.....

SHG (1.24) 24. 간단한 장애물을 처리한다: 닫힌 문을 열거나, 의자에 기어오르거나, 손이 미치지 않는 것을 잡기 위해 발판을 사용하거나, 막대기를 가지고 놀거나, 물건을 그릇에 담아 가지고 논다 .....

O 　(1.29) 25. 집안에서 물건을 가져오라면 가져오고, 갖다 놓으라면 갖다 놓는다...

SHG (1.32) 26. 자기 손으로 그릇을 들고 물을 마신다 .....

S 　(1.34) 27. 나이가 비슷한 다른 어린이들과 같이 한 자리에서 싸우지 않고 따로따로 논다 .....

SHE (1.41) 28. 숟가락으로 혼자서 음식을 많이 흘리지 않고 먹는다 .....

[그림 10-1] 사회성숙도검사 기록지

2) 특징

- 개인의 성장 또는 변화를 측정한다.
- 부적응자, 불안정자, 정신병자 등 정상이 아닌 자의 발달변량을 측정한다.
- 사회적으로 무력한 지적장애와 무력하지 않은 지적장애를 구별한다.
- 생활지도와 아동훈련의 기초자료 수집 도구로 활용한다.
- 환경, 문화적 수준 및 시각, 청각, 지체장애와 같은 장애의 영향을 평가한다.
- 사회적 적응행동 영역에 대한 검사도구로 전통적이며 인지도는 높으나, 오래 전에 표준화되었기 때문에 현실적이지 못한 문항이 많다.
- 적용 대상 범위는 넓고 문항 수는 적으므로, 실제 사회적 성숙의 정도를 파악하는 데 민감하지 못하다.
- 짧은 시간에 간단하게 사회적 행동발달을 선별하는 데 효과적이다.
- 문항에 대한 내용을 숙지하고 실시하여야 한다.

3. 국립특수교육원 적응행동검사(KISE-SAB; 정인숙, 강영택, 김계옥, 박경숙, 정동영, 2003)

국립특수교육원 적응행동검사(Korea Institude for Special Education-Scales of Adaptive Behavior: KISE-SAB)는 개념적 적응행동검사, 사회적 적응행동검사, 실제적 적응행동검사로 구성된 검사이다.

〈표 10-4〉 국립특수교육원 적응행동검사의 개요

항목	내용
목적	• 일반아동 및 지적장애 아동의 성장속도와 지적장애를 판단하는 중요한 기준인 적응행동을 평가
적용연령	• 일반아동과 지적장애 아동 모두에게 실시 가능 • 일반아동은 21개월~만 17세, 지적장애 아동은 만 5~17세

결과해석	• 적응행동지수(개념적 · 사회적 · 실제적 · 전체적 적응행동) • 일반아동 기준과 지적장애 아동 기준으로 비교 가능(어느 한 소검사나 전체의 적응행동지수가 2SD 이하일 때 지적장애 아동 적응행동지수 산출표로 산출)
실시상의 유의점	• 개념적 적응행동검사, 사회적 적응행동검사, 실제적 적응행동검사의 순으로 실시하지만, 정보제공자가 특정 적응행동에 대해서 제대로 파악하지 못하고 있는 경우에는 피검자의 정보를 잘 파악하고 있는 검사부터 진행함 • 7세 이상의 일반아동은 중간 문항부터 검사를 실시할 수 있지만 모든 소검사의 1번 문항부터 실시하는 것이 좋으며, 특히 5~6세 일반아동이나 지적장애 아동의 경우 반드시 1번부터 실시함 • 각 소검사에서 3개 문항을 연속해서 수행하지 못하는 경우 검사를 중지함

1) 구성

검사도구는 개념적 · 사회적 · 실제적 적응행동 영역에 대한 평정척도로 구성되어 있다. 6개월 이상 아동을 관찰하여 아동의 특성과 행동을 제대로 파악하고 있는 정보제공자와의 면담을 통해 실시한다.

〈표 10-5〉 국립특수교육원 적응행동검사의 구성

구분	구성 내용	
개념적 적응행동	• 언어이해 • 언어표현 • 읽기	• 쓰기 • 돈 개념 • 자기지시
사회적 적응행동	• 사회성 일반 • 놀이활동 • 대인관계 • 책임감	• 자기존중 • 자기보호 • 규칙과 법
실제적 적응행동	• 화장실 이용 • 먹기 • 옷 입기 • 식사 준비 • 집안 정리 • 교통수단 이용	• 진료받기 • 금전관리 • 통신수단이용 • 작업기술 • 안전 및 건강관리

국립특수교육원 적응행동검사

KISE-SAB 검사지
Korea Institute for Special Education-Scales of Adaptive Behavior

피검사자	성 명				성 별	남	여
소 속		학교	제 학년 반				
정보제공자	성 명		피검사자와의 관계	조부, 조모, 부, 모, 교사, 형제 기타( )			
부	연 령	만 세	직 업		학 력		
모	연 령	만 세	직 업		학 력		
주 소					검사자		

구 분	년	월	일	인적상 특이사항
검사년월일				
출생년월일				
연 령				

소검사 구분	언어이해	언어표현	읽기	쓰기	돈개념	자기지시	사회성일반	놀이활동	대인관계	책임감	자기존중	자기보호	규칙과법	화장실이용	먹기	옷입기	식사준비	집안정리	교통수단이용	진료발기	금전관리	통신수단이용	작업기술	안전및건강관리	적응행동지수
원점수																									
일반학생환산점수 / 개념적적응행동검사																									
사회적적응행동검사																									
실제적적응행동검사																									
전체적응행동검사																									
정신지체학생환산점수 / 개념적적응행동검사																									
사회적적응행동검사																									
실제적적응행동검사																									
전체적응행동검사																									

적응행동 프로파일

개념적 적응행동						사회적 적응행동							실제적 적응행동										
환산점수	언어이해	언어표현	읽기	쓰기	돈개념	자기지시	환산점수	사회성일반	놀이활동	대인관계	책임감	자기존중	자기보호	규칙과법	환산점수	화장실이용	먹기	옷입기	식사준비	집안정리	교통수단이용	진료발기	금전관리	통신수단이용	작업기술	안전및건강관리	환산점수
20	·	·	·	·	·	20	·	·	·	·	·	20	·	·	·	·	·	·	·	·	20
19	·	·	·	·	·	19	·	·	·	·	·	19	·	·	·	·	·	·	·	·	19
18	·	·	·	·	·	18	·	·	·	·	·	18	·	·	·	·	·	·	·	·	18
17	·	·	·	·	·	17	·	·	·	·	·	17	·	·	·	·	·	·	·	·	17
16	·	·	·	·	·	16	·	·	·	·	·	16	·	·	·	·	·	·	·	·	16
15	·	·	·	·	·	15	·	·	·	·	·	15	·	·	·	·	·	·	·	·	15
14	·	·	·	·	·	14	·	·	·	·	·	14	·	·	·	·	·	·	·	·	14
13	·	·	·	·	·	13	·	·	·	·	·	13	·	·	·	·	·	·	·	·	13
12	·	·	·	·	·	12	·	·	·	·	·	12	·	·	·	·	·	·	·	·	12
11	·	·	·	·	·	11	·	·	·	·	·	11	·	·	·	·	·	·	·	·	11
10	·	·	·	·	·	10	·	·	·	·	·	10	·	·	·	·	·	·	·	·	10
9	·	·	·	·	·	9	·	·	·	·	·	9	·	·	·	·	·	·	·	·	9
8	·	·	·	·	·	8	·	·	·	·	·	8	·	·	·	·	·	·	·	·	8
7	·	·	·	·	·	7	·	·	·	·	·	7	·	·	·	·	·	·	·	·	7
6	·	·	·	·	·	6	·	·	·	·	·	6	·	·	·	·	·	·	·	·	6
5	·	·	·	·	·	5	·	·	·	·	·	5	·	·	·	·	·	·	·	·	5
4	·	·	·	·	·	4	·	·	·	·	·	4	·	·	·	·	·	·	·	·	4
3	·	·	·	·	·	3	·	·	·	·	·	3	·	·	·	·	·	·	·	·	3
2	·	·	·	·	·	2	·	·	·	·	·	2	·	·	·	·	·	·	·	·	2
1	·	·	·	·	·	1	·	·	·	·	·	1	·	·	·	·	·	·	·	·	1
0	·	·	·	·	·	0	·	·	·	·	·	0	·	·	·	·	·	·	·	·	0

검사상 특이사항

[그림 10-2] 국립특수교육원 적응행동검사 기록지

2) 특징

- 우리나라의 사회·문화적 맥락과 생활양식에 적합한 내용과 방법으로 적응행동을 평가한다.
- 일반학생과 지적장애 학생을 대상으로 표준화한다.
- 행동의 발생빈도에 따라 4단계로 구분하여 적응행동을 평가하고 그 결과를 표준점수(평균 100, 표준편차 15)를 이용하여 해석하는 방식으로 개발한다.

4. 한국판 적응행동검사 개정판(K-SIB-R; 백은희, 이병인, 조수제, 2007)

한국판 적응행동검사 개정판(Korean-Scales of Independent Behavior-Revised: K-SIB-R)은 개인의 적응력 및 특정 환경에서의 기능적 독립성의 정도를 구체화하기 위한 검사이다.

⟨표 10-6⟩ 한국판 적응행동검사 개정판의 개요

항목	내용
목적	• 학교, 가정 및 지역사회 생활과 관련된 발달에서의 적응 기능을 측정하여 아동의 영역별 행동 수준 및 강점과 약점에 대한 구체적인 정보 제공 • 개별 아동의 고유한 목표 및 프로그램 목표를 성취하기 위해 개발
적용연령	• 0~17세
결과해석	• 독립적 적응행동지수 • 부적응행동지수(내적 부적응지수, 외적 부적응지수, 반사회적 부적응지수, 일반적 부적응지수) • 지원점수
실시상의 유의점	• 제안된 출발점에서 검사를 시작해서 처음 5개 문항 중 3개가 3점이 되지 않으면 역순으로 올라가 연속된 5개 문항 중 3개가 3점을 기록한 첫 문항이 시작점이 됨 • 연속된 5개 문항상 3개 문항이 연속해서 0점이 나올 때까지 또는 영역의 마지막 문항까지 계속 검사함

1) 구성

독립적 적응행동을 측정하는 4개 범주(14개 하위영역), 문제행동을 측정하는 3개의 범주(8개 하위영역)로 구성되어 있다. 프로그램 운영 결정에 필요한 자료와 감점, 요구사항 등에 대한 프로파일을 제공한다.

〈표 10-7〉 한국판 적응행동검사 개정판의 구성(4점 척도 체크리스트로 구성)

구분		내용
독립적 적응행동	운동기술	• 대근육 운동 • 소근육 운동
	사회적 상호작용 및 의사소통 기술	• 사회적 상호작용 • 언어이해 • 언어표현
	개인 생활기술	• 식사와 음식 준비 • 신변 처리 • 옷 입기 • 개인위생 • 가사/적응행동
	지역사회 생활기술	• 시간 이해 및 엄수 • 경제생활 • 작업기술 • 이동기술
문제행동	내적 부적응행동	• 자신을 해치는 행동 • 특이한 반복적인 습관 • 위축된 행동이나 부주의한 행동
	외적 부적응행동	• 타인을 해치는 행동 • 물건을 파괴하는 행동 • 방해하는 행동
	반사회적 부적응행동	• 사회적으로 공격적인 행동 • 비협조적인 행동

K-SIB-R
한국판 적응행동검사

한국판 표준화: 백은희, 이병인, 조수제

이 름 _____   성 별   ○남 ○여

응답자 _____   관 계 _____

검사자 _____   부모/보호자 성명

학교급 ○ 유치원생 ○ 초등학생 ○ 중학생 ○ 고등학생   학 년 _____

주 소

생활연령		
년	월	일
검사일		
생년월일		
환산연령		
연령	—	

훈련 프로파일 : 하위척도

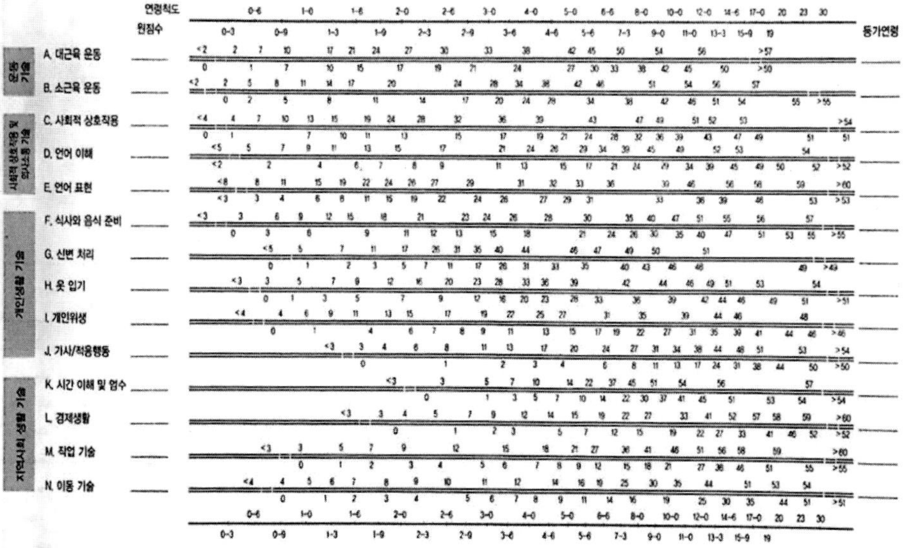

훈련 프로파일 : 영역

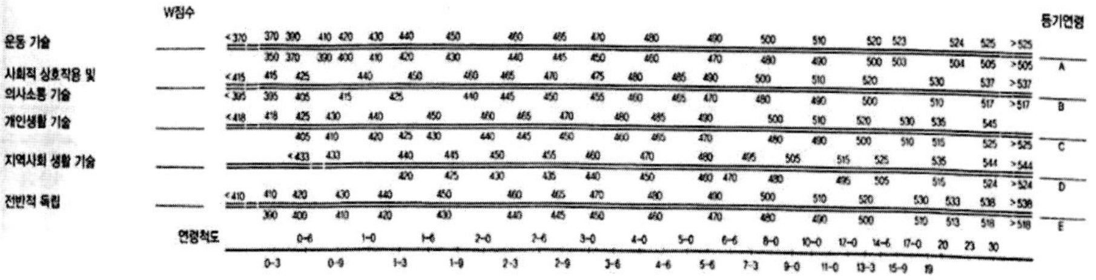

[그림 10-3] 한국판 적응행동검사 개정판 기록지

2) 특징

- 가정 및 지역사회에서의 독립 및 적응기능을 측정한다.
- 개별화교육계획 또는 개별화가족지원계획의 교수 및 훈련목표 설정에 적합하다.
- 개별 아동의 고유한 목표 및 프로그램 목표를 성취한다.

5. 지역사회적응검사 2판(CISA-2; 김동일, 박희찬, 김정일, 2017)

지역사회적응검사 2판(Community Integration Skills Assessment-2: CISA-2)은 지적장애인과 자폐성장애인을 포함한 발달장애인이 지역사회에 통합하는 데 필수적인 적응기술을 포괄적으로 검사하는 비언어성 적응행동검사로, 이를 통해 교육훈련 및 재활계획을 수립·실시하기 위해 개발되었다. 기본생활, 사회자립, 직업생활능력의 적응기술 수준을 알아보는 10개의 하위검사로 적응행동지수를 산출하는 표준화된 검사이다.

〈표 10-8〉 지역사회적응검사 2판의 개요

항목	내용
목적	• 발달장애인이 지역사회에 통합하는 데 필수적인 적응기술들에 대한 적응행동지수를 산출
적용연령	• 만 5세 이상
결과해석	• 일반 및 임상규준의 적응지수, 영역별 적응지수, 환산점수의 해석과 강점 및 약점 서술 • 초등학교 3학년 이하는 일반규준 • 초등학교 4학년 이상은 일반규준과 임상규준 • 적응지수 산출(적응행동지체, 경계선, 평균하, 평균, 평균상, 우수) • 인싸이트의 온라인 채점 프로그램을 통하여 결과 산출(원점수 입력)

실시상의 유의점	• 검사자는 도구에 제시된 지시어를 구두로 묻고, 피검자는 4개의 보기 그림 중 하나를 말하거나 손으로 가리켜 응답함 • 피검자의 반응(1, 2, 3, 4)은 정답과 오답에 관계없이 모든 반응을 기록함 • 실시 전 검사자의 인지 수준, 의사전달 수준 등을 파악함 • 발달장애인은 검사에 대해 불안해하거나 두려움, 의존감 등 부정적인 반응을 보일 수 있으므로 검사자는 이러한 어려움을 이해하고 반응에 적절히 대처해야 함 • 피검자가 이해할 수 있는 언어로 쉽게 설명함 • 피검자의 저항이 강한 경우 검사를 중단하거나 보류함 • 지시문은 반복해서 말해 줄 수 있으나, 상세한 그림 설명은 하지 않음 • 시간제한 검사가 아니므로 답안 선택을 위한 충분한 시간을 줌 • 휴식이 필요한 경우 각 하위검사 사이에 휴식을 가짐 • 전체검사 및 하위검사 중지 규칙을 숙지함 • 6~12개월 간격으로 재평가를 실시하는 것이 좋음 • 4지 선택형 문제로서, 아동이 질문 및 답을 이해하지 못하고 무작위로 선택하는 경우 관찰로 파악

1) 구성

　기본생활, 사회자립, 직업생활 세 가지 영역의 10개의 하위검사와 161개 문항으로 구성되어 있다. 기본생활 영역은 기초개념, 기능적 기호와 표지, 가정관리, 건강과 안정으로, 사회자립 영역은 지역사회 서비스, 시간과 측정, 금전관리, 통신서비스로, 직업생활 영역은 직업기능, 대인관계와 예절로 구성되어 있다. 검사도구와 연결된 지역사회적응교육과정(CISC-2)이 지역사회적응체계에 포함되어 있다.

CISA-2 지역사회적응검사 2 기록지

대상 : 만 5세 이상

Community Integration Skills Assessment-2

연구개발 | 김동일 · 박희찬 · 김정일

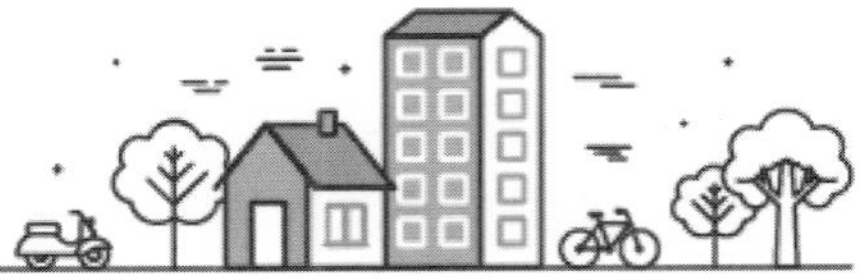

검사자명		검사일	년 월 일	검사기관	
피검자명	(남 · 여)	생년월일	년 월 일	소속/학교	
학년	□ 유치원/어린이집 만( )세 □ 초등학교 ( )학년 □ 중학교 ( )학년 □ 고등학교 ( )학년 □ 성인			장애명/ 등급	

검사 점수표

영 역	하위검사	원점수
기본생활	1. 기초개념	
	2. 기능적 기호와 표지	
	3. 가정관리	
	4. 건강과 안전	
사회자립	5. 지역사회 서비스	
	6. 시간과 측정	
	7. 금전관리	
	8. 통신서비스	
직업생활	9. 직업기능	
	10. 대인관계와 예절	

검사 프로파일

하위검사 점수

환산 점수	기초 개념	기능적 기호와 표지	가정 관리	건강과 안전	지역 사회 서비스	시간과 측정	금전 관리	통신 서비스	직업 기능	대인 관계와 예절	환산 점수
19	•	•	•	•	•	•	•	•	•	•	19
18	•	•	•	•	•	•	•	•	•	•	18
17	•	•	•	•	•	•	•	•	•	•	17
16	•	•	•	•	•	•	•	•	•	•	16
15	•	•	•	•	•	•	•	•	•	•	15
14	•	•	•	•	•	•	•	•	•	•	14
13	•	•	•	•	•	•	•	•	•	•	13
12	•	•	•	•	•	•	•	•	•	•	12
11	•	•	•	•	•	•	•	•	•	•	11
10	•	•	•	•	•	•	•	•	•	•	10
9	•	•	•	•	•	•	•	•	•	•	9
8	•	•	•	•	•	•	•	•	•	•	8
7	•	•	•	•	•	•	•	•	•	•	7
6	•	•	•	•	•	•	•	•	•	•	6
5	•	•	•	•	•	•	•	•	•	•	5
4	•	•	•	•	•	•	•	•	•	•	4
3	•	•	•	•	•	•	•	•	•	•	3
2	•	•	•	•	•	•	•	•	•	•	2
1	•	•	•	•	•	•	•	•	•	•	1

종합점수

지수	기본 생활 영역	사회 자립 영역	직업 생활 영역	적응 지수	지수
140	•	•	•	•	140
135	•	•	•	•	135
130	•	•	•	•	130
125	•	•	•	•	125
120	•	•	•	•	120
115	•	•	•	•	115
110	•	•	•	•	110
105	•	•	•	•	105
100	•	•	•	•	100
95	•	•	•	•	95
90	•	•	•	•	90
85	•	•	•	•	85
80	•	•	•	•	80
75	•	•	•	•	75
70	•	•	•	•	70
65	•	•	•	•	65
60	•	•	•	•	60
55	•	•	•	•	55
50	•	•	•	•	50
45	•	•	•	•	45
40	•	•	•	•	40

[그림 10-4] 지역사회적응검사 2판 기록지

2) 특징

- 적응행동 영역 및 하위검사별 강점과 약점을 파악한다.
- 지역사회적응교육과정(CISC-2) 연계를 위한 훈련 계획서를 작성한다.
- 진로지도와 직업재활 목표 설정 및 계획 수립의 기초자료를 제공한다.
- 적응기술훈련의 향상 정도와 성과를 측정한다.
- 직업적 성공 가능성 예측을 위한 자료를 수집한다.
- 언어적 표현이 제한되어 있거나 읽기에 능숙하지 못한 발달장애인을 위해 검
  사문항을 그림으로 제시하여 비교적 쉽게 평가를 실시한다.

 사례

방○○(남, 지적장애, 생활연령 13세, 중학교 1학년, 특수학급 재학)

- 검사 실시태도

  방○○은 경도지적장애로 지역사회적응검사 2판을 익숙하고 편안한 환경에서 비교
적 수월하게 실시하였다. 다만 하위검사를 2~3개 실시 후, 지루해하거나 지속적으로
집중하기 어려워해 휴식시간을 2회 정도 주었다. 그리고 검사 실시 중 아동이 고민을
하거나 집중을 하지 못해 답을 선택하지 못할 경우에는 충분하게 시간을 주고, "잘하
고 있어요." "천천히 생각해도 괜찮아요."라고 편안한 분위기를 유도하였다.

1. 검사 점수표

하위검사	원점수	환산점수(일반규준)	영역	지수
1. 기초개념	14	8	기본생활	87
2. 기능적 기호와 표지	16	12		
3. 가정관리	11	8		
4. 건강과 안전	9	3	사회자립	76
5. 지역사회 서비스	14	11		
6. 시간과 측정	10	1		
7. 금전관리	8	1	직업생활	91
8. 통신서비스	14	10		
9. 직업기능	11	8		
10. 대인관계와 예절	14	9	적응지수	83

2. 검사 프로파일

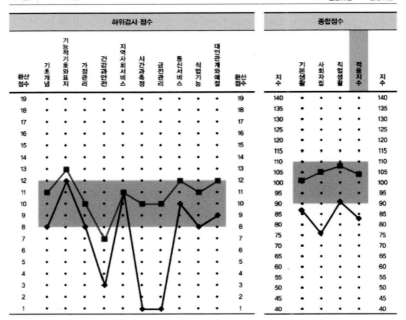

3. 하위검사 분석 결과 : 일반규준

아래의 표는 일반집단과 비교해서 피검자의 적응수준을 요약한 결과표입니다. 원점수는 각 하위검사에서 피검자가 정답으로 맞춘 문항의 수를 의미하고, 환산점수는 일반집단의 규준표에서 산출한 표준 점수입니다.

하위검사		원점수	환산점수	(환산점수에 따른)적응 수준	강점(S) / 약점(W)
기본 생활	1. 기초개념	14	8	평균	-
	2. 기능적 기호와 표지	16	12	평균	S
	3. 가정관리	11	8	평균	-
	4. 건강과 안전	9	3	매우낮음	W
사회 자립	5. 지역사회 서비스	14	11	평균	S
	6. 시간과 측정	10	1	매우낮음	W
	7. 금전관리	8	1	매우낮음	W
	8. 통신서비스	14	10	평균	-
직업 생활	9. 직업기능	11	8	평균	-
	10. 대인관계와 예절	14	9	평균	-

4. 하위검사 분석 결과 Ⅱ : 임상규준

아래의 표는 임상집단(지적장애 및 자폐성장애집단)과 비교해서 피검자의 적응수준을 요약한 결과표입니다. 원점수는 각 하위검사에서 피검자가 정답으로 맞춘 문항의 수를 의미하고, 환산점수는 임상집단의 규준표에서 산출한 표준 점수입니다.

하위검사		원점수	환산점수	(환산점수에 따른)적응 수준	강점(S) / 약점(W)
기본생활	1. 기초개념	14	11	평균	S
	2. 기능적 기호와 표지	16	13	평균상	S
	3. 가정관리	11	10	평균	-
	4. 건강과 안전	9	7	평균하	-
사회자립	5. 지역사회 서비스	14	11	평균	S
	6. 시간과 측정	10	10	평균	-
	7. 금전관리	8	10	평균	-
	8. 통신서비스	14	12	평균	S
직업생활	9. 직업기능	11	11	평균	S
	10. 대인관계와 예절	14	12	평균	S

• 검사결과

　방○○의 검사결과는 일반규준과 임상규준으로 해석할 수 있다.

　일반규준을 활용하여 해석한 결과, 적응지수는 83점으로 '평균 하' 수준이기는 하나 적응행동 수준은 평균범위에 있으므로 발달 수준이 양호하다고 볼 수 있다. 다만 적응행동 하위 프로파일에서 낮은 점수의 하위영역을 중심으로 교육훈련을 할 필요는 있다. 하위검사별 강점은 [기능적 기호와 표지, 지역사회서비스]이며, 약점은 [건강과 안전, 시간과 측정, 금전관리]로 보이므로 지역사회적응교육과정(CISC-2) 훈련 계획서를 활용하여 교육을 실시할 수 있다.

　임상규준을 활용하여 재해석한 결과는 적응지수 104점으로, 장애집단과 비교 시 '평균' 수준으로 평가된다. 영역지수를 살펴보면, 기본생활 영역지수 '101(평균)', 사회자립 영역지수 '105(평균)', 직업생활 영역지수 '108(평균)' 수준으로 평가되었다. 하위검사별 강점은 [기초개념, 기능적 기호와 표지, 지역사회서비스, 통신서비스, 직업기능, 대인관계와 예절]로 대부분 나타났으며, 약점은 [없음]으로 평가되었으므로 우선적으로 필요한 하위검사는 [없음]이다.

제11장
언어 및 의사소통 영역 검사

학습목표

◆ 언어 및 의사소통 발달을 측정할 수 있는 검사도구 종류를 알아본다.
◆ 언어발달이 중요한 시기에 발달상의 문제를 파악하여 조기에 발견할 수 있다.
◆ 의사소통 전반의 문제를 하위영역별 검사결과를 통해 구체적으로 파악할 수 있다.
◆ 언어 발달연령과 표준점수를 통해 또래 집단에서의 상대적 위치를 알 수 있다.

이 장의 중요성

발달 영역 중 부모 혹은 양육자가 영유아기부터 일차적으로 관심을 가지는 부분이 언어 및 의사소통의 발달이다. 특히 언어발달에는 결정적 시기(critical period) 혹은 민감기(sensitive period)가 있다는 심리학적 근거에 의해 조기 발견과 조기 중재가 중요한 이슈가 되고 있다. 이 장에서는 언어 및 의사소통 발달에 대한 진단검사를 연령과 언어의 하위영역별로 살펴보고, 발달 수준과 관련된 구체적인 정보를 다루게 된다.

1. 언어 및 의사소통 발달검사의 개요

인간은 태어나자마자 의사소통을 시도한다. 초기의 의사소통은 구어의 발달로 이어지고, 이를 토대로 모국 언어를 익히게 된다. 일반적으로 언어발달이라는 용어를 사용하면서 구어와 의사소통을 포함하게 되지만, 전문적 용어로는 구어를 포함하는 언어와 이 둘을 포함하는 의사소통으로 개념을 정의할 수 있다.

아동의 언어 및 의사소통 발달을 측정하는 검사도구는 구어 수준에서 조음, 유창성, 음성 검사를 들 수 있고, 언어 수준에서는 내용(content), 형식(form), 사용(use) 측면을 검사할 수 있다. 의사소통 발달검사는 포괄적인 발달을 주로 다루게 된다. 또 다른 측면에서 언어를 크게 수용(reception)과 표현(expression)으로 나누며, 수용언어는 인지 영역과 관련된 언어발달을 주로 다루고 표현언어는 구어 및 언어적 요소로 검사도구가 구성되어 측정하기도 한다. 그러므로 아동의 생활연령과 언어 영역 중 구체적 요소를 고려하여 언어 및 의사소통 영역의 검사도구를 선택하는 것이 필요하다. 검사도구에 대한 기본적인 설명은 다음과 같다.

〈표 11-1〉 언어 및 의사소통 영역 검사도구

검사도구	도구 개요
영 · 유아 언어발달 검사 (SELSI)	• 4~35개월 • 3세 이전 영유아의 전반적인 언어능력을 평가 • 등가연령, 백분위 점수
취학전 아동의 수용언어 및 표현언어 발달척도 (PRES)	• 2~6세 • 언어발달이 정상적으로 이루어지고 있는지 혹은 언어발달에 지체가 있는지 여부를 판별 • 언어발달연령, 백분위 점수
언어이해 · 인지력 검사	• 학령전 아동의 언어 이해력 및 인지력 측정 • 3세~5세 11개월 • 등가연령, 백분위 점수
구문의미 이해력 검사 (KOSECT)	• 아동의 구문의미 이해력을 측정 또는 언어이해력에 어려움을 보이는 아동 판별 • 4~9세(초등학교 3학년 수준) • 백분위 점수, 또래 집단의 평균 및 표준편차
수용 · 표현 어휘력 검사 (REVT)	• 아동과 성인의 수용 및 표현어휘능력을 평가하고 어휘능력에 대한 전반적인 정보 제공 • 만 2세 6개월~만 16세 이상 성인 • 평균 및 표준편차, 등가연령, 백분위
우리말 조음 · 음운 평가 (U-TAP)	• 우리나라 자음 또는 모음 말소리에 문제를 보이는 조음 · 음운장애 아동 선별 및 평가 • 2~12세(취학전 3~6세 아동 적합) • 개별음소 발달연령, 자음정확도, 모음정확도(정상아동 발달연령 비교)
파라다이스 유창성 검사 2판 (P-FA-II)	• 구어 영역과 의사소통 태도를 평가하여 유창성장애 여부와 정도 파악 및 치료계획 수립 • 취학전 아동, 초등학생 및 중학생 • 백분위 점수

언어 문제 해결력 검사	• 아동이 특정 상황에서 대답하는 능력을 평가하여 언어를 통한 문제 해결능력 측정 • 5~12세 • 백분위 점수
아동용 한국판 보스턴 이름대기 검사(K-BNT-C)	• 실어증 등 신경손상 아동의 사물 이름 대기 능력 측정 • 3세~14세 11개월 • 등가연령, 백분위 점수
학령기 아동 언어 검사 (LSSC)	• 학령기 아동의 언어능력을 평가하여 언어장애 또는 언어발달지체 진단 • 초등학교 1~6학년 • 언어지수와 백분위 점수

2. 영·유아 언어발달 검사(SELSI; 김영태, 김경희, 윤혜련, 김화수, 2003)

영·유아 언어발달 검사(Sequenced Language Scale for Infants: SELSI)는 3세 이하 영유아의 언어발달을 평가하기 위해 개발되었다.

◆〈표 11-2〉 영·유아 언어발달 검사의 개요

항목	내용
목적	• 영유아를 가장 잘 아는 보호자를 활용하여 말-언어-의사소통 기술에 발달지체나 장애가 있는지 조기에 선별하고 그에 따른 적절한 대처를 하는 근거를 마련
적용연령	• 4~35개월
결과해석	• 등가연령, 백분위 점수
실시상의 유의점	• 보호자의 보고에 의해 평가하는 것이므로 실시가 간단하지만, 보호자가 대상 영유아와 얼마나 많은 시간을 보내는지, 검사지의 항목에 대하여 얼마나 충실히 응답했는지에 따라 신뢰도가 차이가 날 수 있음

1) 구성

초기 유아의 인지개념 및 의미론적 언어능력, 음운론적 언어능력, 구문론적 언어능력, 그리고 화용적인 언어능력을 두루 평가할 수 있도록 적절히 배치되어 있다.

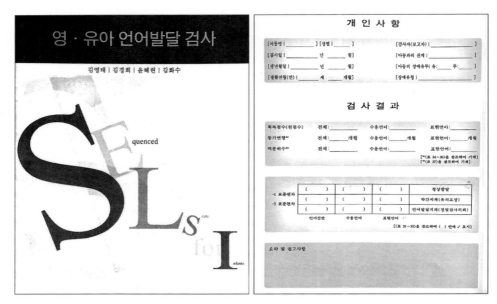

[그림 11-1] 영·유아 언어발달 검사 기록지

2) 특징

• 일차적인 언어장애의 조기 선별이 목적이기 때문에 영유아의 발달을 잘 아는 부모나 주 양육자와의 면담을 통해서 이루어진다.
• 영유아기의 언어발달 문제를 조기에 평가하여 적절하게 대처함으로, 차후에 나타날 언어장애나 학습장애 등의 문제를 예방 또는 감소시킬 수 있다.
• 일반인용과 전문가용 두 가지로 제작한다. 일반인용은 영유아의 언어문제 유무를 판별하기 위한 선별검사용이고, 전문가용은 선별뿐 아니라 그 결과를 통하여 수용언어 및 표현언어의 발달을 검사한다.

3. 취학전 아동의 수용언어 및 표현언어 발달척도(PRES; 김영태, 성태제, 이윤경, 2003)

취학전 아동의 수용언어 및 표현언어 발달척도(Preschool Receptive-Expressive Language Scale: PRES)는 언어발달 수준이 2세에서 6세에 해당하는 아동의 수용언어 및 표현언어 능력을 측정하기 위하여 고안되었다. 이 검사의 결과를 통하여 언어발달이 정상적으로 이루어지고 있는지 혹은 언어발달에 지체가 있는지 여부를 판별할 수 있으며 아동의 수용언어 및 표현언어 발달 간의 차이를 분석할 수 있다. 또한 검사문항들이 언어의 의미론, 구문론, 화용론 측면을 모두 포함하고 있어 언어의 수용-표현 측면뿐 아니라 보다 구체적인 언어 영역에 대한 대략적인 평가도 가능하다.

〈표 11-3〉 취학전 아동의 수용언어 및 표현언어 발달척도의 개요

항목	내용
목적	• 언어발달이 정상적으로 이루어지고 있는지 혹은 언어발달에 지체가 있는지 여부를 판별할 수 있으며 아동의 수용언어 및 표현언어 발달 간의 차이를 분석할 수 있다. • 검사의 문항들이 언어의 의미론, 구문론, 화용론 측면을 포두 포함하고 있어 구체적인 언어 영역에 대한 대략적인 평가도 가능하다.
적용연령	• 2~6세
결과해석	• 언어발달연령(수용언어/표현언어 발달연령), 백분위 점수
실시상의 유의점	• 검사자의 역량에 따라 아동의 집중력이 방해받을 우려가 있기 때문에 검사자의 훈련이 중요 • 구체적인 하위구성 영역(의미론, 구문론, 화용론)을 모두 포함하여 특정 구성 영역에서의 결함이나 우세함으로 전반적인 언어능력이 결정되지 않도록 해야 함 • 검사자의 직접적인 검사 외에도 아동의 발달을 잘 아는 부모나 주 양육자의 의견을 참조하여 어린 아동이 검사 상황에 익숙하지 못하여 나타낼 수 있는 문제를 감소

1) 구성

수용언어 영역과 표현언어 영역의 문항이 각각 46개씩, 총 92개 문항으로 구성되어 있다. 인지개념 및 의미론적 언어능력은 41개, 조음 및 구문론적 언어능력은 37개, 화용론적인 언어능력은 14개 문항으로 구성되어 있다.

평가요약지(표현언어)

월령	문항내용	평가기준	전체	①	②	③	④	⑤	⑥	인지/의미론	음운/구문론	화용론
19-21개월	1. 호칭을 포함한 두낱말 문장 사용	보고										
	2. 20개의 어휘 사용	보고										
	3. 크기 및 양의 개념 표현	보고										
22-24개월	4. /ㄱ/계열 소리 모방	3/3										
	5. 주격 및 공존격 조사 사용	1/2										
	6. (목적+행위) 문장 사용	보고										
25-27개월	7. 세 낱말 문장 만들기	보고										
	8. 부정어 사용	1/2										
	9. 단순한 질문 사용	보고										
28-30개월	10. 대명사 사용	1/2										
	11. 신체 상태나 감정 표현	보고										
	12. '이유' 연결어미 사용	1/2										
31-33개월	13. 의문사 사용	보고										
	14. 일상사물의 기능 설명	3/3										
	15. 상황 설명	2개이상										
34-36개월	16. 과거시제 사용	보고										
	17. 미래시제 사용	보고										
	18. 이유를 포함하는 복문 사용	보고										
37-39개월	19. 질문에 대한 대답: '언제'	2/3										
	20. 동위어 사용	보고										
	21. 어려운 의문사 사용: '왜', '어떻게'	보고										
40-42개월	22. 위치 부사어 사용	3/4										
	23. '조건' 연결어미 사용	보고										
	24. 반대말 사용	2/3										
43-45개월	25. 색이름 사용	5/5										
	26. 익숙한 이야기 재구성	1/2										
	27. 질문에 대한 대답: '어떻게'	3/3										
46-48개월	28. 목적격 조사 사용	3/3										
	29. 사동사 사용	2/2										
	30. 비교급 사용	보고										
49-54개월	31. /ㅅ, ㅈ/계열 소리 모방	4/5										
	32. 낱말 회상	7-10개이상										
	33. 낱말 정의	보고										
55-60개월	34. '뒤' 위치부사어 사용	2/2										
	35. 상위범주어 사용	2/2										
	36. 문장 모방	보고										
61-66개월	37. 셈의 단위 사용	2/3										
	38. 스크립트: 사건의 전개 설명	1/2										
	39. 문제해결 표현	보고										
67-72개월	40. 오류문장수정: 문법형태소 어순	3/4										
	41. 오류문장수정: 전, 후, 다음	2/3										
	42. 피동사 사용	2/3										
73-78개월	43. 복문 사용	2/3										
	44. 어미 활용	3/4										
	45. 어려운 낱말 정의	3/4										
합 계												

평가요약지(수용언어)

월령	문항내용	평가기준	전체	①	②	③	④	⑤	⑥	인지/의미론	음운/구문론	화용론
19-21개월	1. 부정어 이해	2/3										
	2. 일상사물 이름 이해	4/4										
	3. 신체부위 이름 이해	3/3										
22-24개월	4. 동음이름 이해	4/4										
	5. 동작어 이해: 동작수행	4/5										
	6. 소유자 개념	3/4										
25-27개월	7. 크기개념 이해	2/2										
	8. 부정적 상태 이해	3/4										
	9. 사물의 기능 이해	4/5										
28-30개월	10. 지시따르기: 두 가지 사물	2/2										
	11. 동작어 이해: 그림이해	3/4										
	12. 의문사 이해	3/3										
31-33개월	13. 세부적인 신체부위 이름 이해	3/4										
	14. 위치부사어 이해	3/4										
	15. 사물의 세부부분 이해	2/4										
34-36개월	16. 물시 연결어미(-면서) 이해	2/2										
	17. 지시따르기: 두 가지 동작	2/2										
	18. '밤/낮' 이해	2/2										
37-39개월	19. (부정·환위) 문장 이해	2/2										
	20. 과거/현재진행 문장 이해	2/2										
	21. 의미관계 이해	2/2,3/4										
40-42개월	22. '같다/다르다' 이해	2/2										
	23. 범주어 이해	2/3										
	24. 신체부위의 기능 이해	3/4										
43-45개월	25. 연결된 어휘 이해	3/3										
	26. (행위자+목적+행위) 문장 이해	3/4										
	27. 수여자(여격) 이해	2/2										
46-48개월	28. 수 개념 이해	3/4										
	29. 감정상태의 이해	3/3										
	30. 복수 이해	2/2										
49-54개월	31. 청각적 기억력	2/2										
	32. 안긴 문장(내포문) 이해	1문쌍4시										
	33. 시제 이해	2/2										
55-60개월	34. 계절 이해	2/3										
	35. 간단한 은유 이해	3/3										
	36. 사물/감정 이해	2/3										
61-66개월	37. 방향 이해	2/2										
	38. 측량 도구 이해	4/4										
	39. 소유대명사 '네/내' 구별	2/2										
67-72개월	40. 간접적인 표현 이해	2/2										
	41. 설명문 이해: 사물	3/3										
	42. 관형구 이해	2/2										
73-78개월	43. '전/후' 이해	3/3										
	44. 설명문 이해: 상황	2/2										
	45. 어려운 단어 이해	5/6										
합 계												

[그림 11-2] 취학전 아동의 수용언어 및 표현언어 발달척도 평가요약지

2) 특징

• 검사문항은 언어발달 문헌을 기초로 2세에서 4세까지는 3개월 간격, 4세 1개월에서 6세까지는 6개월 발달단계마다 3문항씩 선정되어 있다.

• 검사는 그림, 사물, 면담 또는 지시 등의 다양한 방법을 사용하여 실시한다.

4. 언어이해 · 인지력 검사(장혜성, 임선숙, 백현정, 1992)

언어이해 · 인지력 검사는 3세~5세 11개월의 학령전 아동에 대한 언어 이해력 및 인지력을 측정하기 위해 개발된 검사로, 이 검사의 결과는 아동의 언어 이해력 및 인지력을 측정할 수 있음은 물론이고 검사결과에 따른 아동의 언어 영역에 대한 개별화교육계획(IEP)을 작성할 때 기초자료로 사용될 수 있다.

〈표 11-4〉 언어이해 · 인지력 검사의 개요

항목	내용
목적	• 정상아동은 물론 지적장애, 청각장애, 언어장애, 자폐성장애, 행동과다 및 주의력 결핍 등의 문제를 지닌 아동의 언어 이해력 및 인지력을 측정 • 검사결과에 따른 아동의 언어 영역에 대한 개별화교육계획을 작성할 때 기초자료가 됨
적용연령	• 3세~5세 11개월
결과해석	• 등가연령, 백분위 점수
실시상의 유의점	• 아동의 생활연령에 따른 시작 문항부터 실시함 • 첫 문항부터 연속적으로 5문항 이상 실패하면 그보다 더 낮은 연령의 시작 문항부터 실시하고, 연속적으로 5문항을 실패하면 검사를 중단함

1) 구성

각 문항의 내용은 대명사, 부정어, 크기개념, 방향개념, 길이개념, 높이개념, 위치개념, 색개념, 수 · 양 개념, 남녀개념, 비교개념, 분류개념, 소유격, 시제, 단수 · 복수 개념, 의문사, 형용사, 계절, 사물의 기능 등으로 구성되어 있다.

〈표 11-5〉는 문항번호에서 평가하는 개념 내용들이다. 검사결과에서는 등가연령과 백분위 점수만 제시되는데, 문항별 개념 확립 여부를 파악하여 아동 지도에 반영할 수 있다.

◆㉑〈표 11-5〉언어이해·인지력 검사의 구성

문항번호	문항 내용	문항번호	문항 내용
1	긍정, 부정: ~이다, ~아니다	21	양: 수개념(1~4)
2	분류: 장난감, 동물, 사람	22	수량: 제일 많다, 제일 적다
3	있다, 없다.	23	짝짓기
4	양: 더 많다, 더 적다(블럭 사용)	24	방향: ~을 따라가요
5	사물의 기능	25	숫자: 1~5까지 받아쓰기
6	수개념(1~2)	26	분류: 교통기관
7	성 구별: 여자, 남자	27	소유격
8	위치: 안(속), 밖	28	동전
9	방향: 올라가요, 내려가요	29	수개념(1~8)
10	길이: 길다, 짧다	30	같다, 다르다
11	위치: 위, 아래(밑)	31	의문사: 누가, 무엇
12	위치: 떨어져 있다, 붙어 있다	32	분류: 학용품
13	높이: 높다, 낮다	33	오른쪽, 왼쪽(그림 26)
14	형용사: 크기, 색깔	34	위치: 2번째, 3번째
15	위치: 앞, 뒤	35	방향: 오른쪽, 왼쪽(그림 28)
16	시제: 과거, 미래	36	계절
17	양: 더 많다, 더 적다(그림 15)	37	위치: 처음, 끝(마지막)
18	위치: 앞, 뒤	38	대명사: 나, 너
19	위치: 가까이, 멀리	39	시간: 전, 후
20	분류: 과일, 채소(야채), 건물(집)	40	양: 단수, 복수

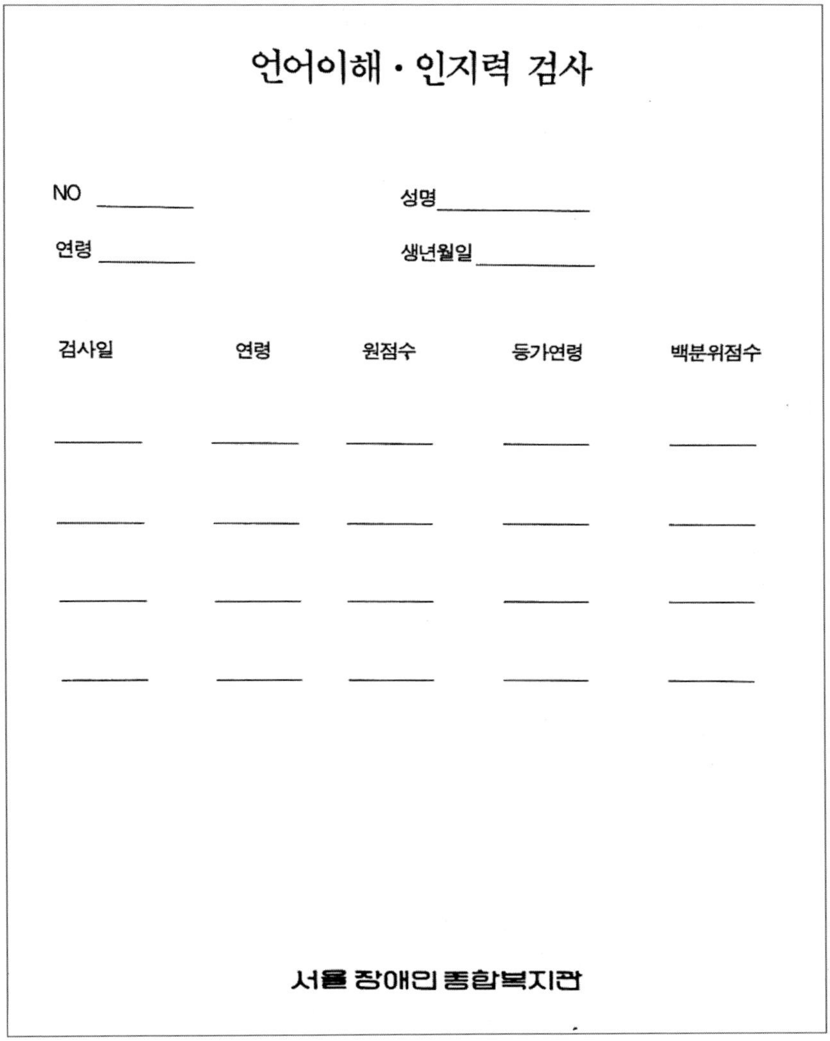

언어이해 · 인지력 검사

NO _____　　　　성명_____

연령 _____　　　　생년월일_____

검사일	연령	원점수	등가연령	백분위점수
_____	_____	_____	_____	_____
_____	_____	_____	_____	_____
_____	_____	_____	_____	_____
_____	_____	_____	_____	_____

서울 장애인 종합복지관

[그림 11-3] 언어이해 · 인지력 검사 기록지

2) 특징

- 대부분 그림으로 되어 있어 흥미를 유발한다.
- 문제의 문항 수가 많아 아동의 각 개념에 대한 이해, 인지력을 판단하기 용이하다.
- 몇몇 문항은 블럭, 동전, 구슬 등을 이용하므로 흥미를 유발한다.

- 흑백으로 되어 있어 지루할 수 있다.
- 백분위 산출 시 연령이 높아질수록 원점수에 따른 백분위 차이가 커진다.
- 등가연령이 11개월 간격의 세 분류로 되어 있어 민감하지 않다.
- 청각장애나 행동과다 아동 검사 시 어떻게 실시해야 하는지 설명이 없다.

5. 구문의미 이해력 검사(KOSECT; 배소영, 임선숙, 이지희, 장혜성, 2004)

구문의미 이해력 검사(Korea Sentence Comprehension Test: KOSECT)는 만 4~9세 수준의 구문의미 이해력을 측정하기 위하여 표준화된 언어검사도구이다. 그림자료를 제시한 후 아동에게 목표문장을 들려준 후, 3개의 그림 중 하나의 그림을 지적하게 하는 방법으로 실시되는 검사이다.

◆〈표 11-6〉 구문의미 이해력 검사의 개요

항목	내용
목적	• 언어이해력에 어려움을 보이는 아동 중, 특히 복문사용과 구문의미를 이해하는 데 어려움이 있는 아동을 판별하고자 할 때 사용
적용연령	• 4~9세(초등 3학년 수준)
결과해석	• 백분위 점수, 또래 집단의 평균 및 표준편차
실시상의 유의점	• 모든 아동은 1번 문항부터 시작하며, 연속해서 3개의 항목을 틀리면 최고한계점에 도달한 것으로 간주하고 검사를 중단함 • 기록방법은 맞으면 '+' 표시를 하고, 틀리면 '−' 표시와 함께 틀리게 응답한 기호(A, B, C)를 써 주면, 아동이 어려움을 보이는 문법 및 의미적 요소 등 임상적 인상을 알 수 있음 • 아동이 반응을 보이지 않으면 NR(No Response), 아동이 모르겠다고 말하면 DK(Don't Know)로 기록 • '+'로 표시된 항목 수를 모두 더한 원점수를 아동의 생활연령집단과 학년집단과 비교하여 '백분위수' 칸에 기록

- 생활연령집단의 경우 1년 집단 또는 6개월 집단에서 선택하고, 학년집단의 경우, 학년집단별 평균과 표준편차를 기록
- 검사는 개인적으로 방법을 바꾸거나 단서를 주지 않아야 함. 단, 뇌성마비 아동이나 청각장애 아동의 경우 가리키기 방법과 말소리 제시 방법을 변경 하여(예: 문자) 실시할 수 있으며, 임상적 인상에 반드시 기록
- 신체상의 문제로 그림을 지적하기 어려운 경우 그림자료를 크게 복사하여 사용할 수 있으나, 그림에 색칠을 하여 제공하는 것은 금지함
- 모든 문항은 쓰인 문장을 그대로 정확하게 한 번만 말해 줌. 만약 아동이 한 번 더 말해 주기를 원하거나, 문장의 일부를 말하면서 되묻는 경우에는 다 시 한 번 지시문을 읽어 줄 수 있음
- 검사 도중 아동에게 중립적인 말은 할 수 있으나, 정오반응 여부를 알려 주 는 말을 해서는 안 됨
- 연령이 어리거나 장애를 가진 아동의 경우 주의집중이 어려우므로 검사를 실시할 때 주변을 산만하지 않게 하고, 집중할 수 있도록 유도함

1) 구성

3개의 그림 중 목표 문장에 맞는 하나의 그림을 가리키도록 하는 문항으로, 발 달적으로 이해하기 쉬운 문항에서 어려운 문항으로 배열된 57개의 문항으로 구성 되어 있다. 검사자는 아동에게 목표 문장을 읽어 주고, 제시된 3개의 그림 중에서 가장 적합한 그림을 가리키도록 유도한다. 아동의 문법 및 의미적 요소에 초점을 둔 목표 문장은 57개의 검사문항으로 구성되어 발달적으로 이해하기 쉬운 문항에 서 어려운 문항으로 배열되어 있다.

구문의미 이해력 검사
(KOSECT)
검사결과 기록지

배경정보

연락처 :

아동이름 : _____   성 별 : 남□   여□

검 사 일 : ___ 년 ___ 월 ___ 일   동반장애 : _____

생년월일 : ___ 년 ___ 월 ___ 일   검사장소 : _____

나이/학년 : 만 ___ 년 ___ 개월/ ___ 학년   검 사 자 : _____

검사결과

원점수		점
백분위수	연령규준	퍼센타일
	학년규준	퍼센타일
또래 집단의 평균 및 표준편차	연령규준 (6개월집단□ 1년집단□)	평균 : 표준편차 :
	학년규준	평균 : 표준편차 :

원점수로 나타낸 대상아동의 위치

① 6개월집단□ 1년집단□

표준편차   -2   -1.5 -1.25 -1   평균   +1   +2

② 학년

표준편차   -2   -1.5 -1.25 -1   평균   +1   +2

임상적 인상

[그림 11-4] 구문의미 이해력 검사 기록지

2) 특징

- 피검 아동의 생활연령이 9세 이상인 경우, 지능 및 언어 발달 수준을 고려하여 검사를 실시하고, 결과를 참고할 수는 있지만 해석에 주의가 필요하다.
- 모든 아동이 문법이나 의미발달이 똑같이 습득되지 않을 수 있으므로 아동의 반응을 특정 항목의 개별적인 문법 또는 의미적 요소에 대한 완전한 이해로 해석하기는 어려울 수 있다.
- 단순 언어장애 아동의 하위 유형을 판별하거나 여러 언어 하위영역 중에서 아동이 가지고 있는 구문의미에 대한 강점과 약점을 파악하고자 할 때 사용한다.
- 치료지원의 기초 방향을 설정하는 기초자료 또는 일정기간(6개월~1년) 후 치료의 효과를 알아보고자 하는 경우에 사용한다.

김○○(남, 지적장애, 생활연령 13세, 중학교 1학년, 특수학급 재학)

- 검사 실시태도

김○○은 지적장애를 가지고 있었기 때문에 검사 실시 몇 분 후 쉽게 주의가 산만해지고 집중하기를 어려워했다. 검사자는 학생이 검사에 집중할 수 있도록 친근하게 유도하고, 학생이 잘 이해하지 못하는 문장을 다시 한 번 정확하게 반복하여 읽어 주면서 "잘 생각해 보세요." "그래요." "끝까지 잘해요."라는 중립적인 말을 해 주었다.

- 검사결과

구문의미 이해력 검사의 결과, 원점수는 35점으로 9세로 환산하였을 때, 백분위 1%ile, 3학년으로 환산하였을 때 학년규준은 1%ile로 나왔다. 또래 집단의 연령규준을 1년 집단으로 하고 원점수를 가지고 편차의 위치를 알아본 결과, 김○○은 평균과 −2 표준편차 사이에 위치한 것으로 나타났다.

6. 수용 · 표현 어휘력 검사(REVT; 김영태, 홍경훈, 김경희, 장혜성, 이주연, 2009)

수용 · 표현 어휘력 검사(Receptive and Expressive Vocabulary Test: REVT)는 만 2세 6개월부터 만 16세 이상 성인의 수용 및 표현 어휘능력을 평가하기 위해 일련의 표준화연구를 통해 개발되었으며, 어휘능력에 대한 전반적인 정보를 제공한다. 수용 · 표현 어휘력 검사는 생활연령에 해당하는 수용 및 표현 어휘능력의 평균과 표준편차 점수를 기준으로 어휘능력 발달의 정상성을 판정하고, 수용 및 표현 어휘능력의 발달연령 규준과 백분위 점수를 제공하여 정상 발달연령 수준과 어느 정도 차이를 보이는지 설명할 수 있다.

〈표 11-7〉 수용 · 표현 어휘력 검사의 개요

항목	내용
목적	• 검사 대상자의 어휘능력에 대한 전반적인 정보를 제공하여 지체 여부 등을 파악
적용연령	• 만 2세 6개월~만 16세 이상 성인
결과해석	• 평균 및 표준편차, 등가연령(어휘능력 발달연령), 백분위(어휘능력 발달 백분위)
실시상의 유의점	• 기초선: 표현어휘검사는 생활연령에 따른 시작 문항부터, 수용어휘검사는 표현어휘검사에서 확립된 기초선 문항번호부터 시작하여 연속해서 8개를 바르게 맞춘 문항들 중 가장 낮은 번호의 문항 • 최고한계선: 연속된 8개 문항 중 6개를 틀리게 반응한 마지막 문항 • 검사는 기초선 번호를 시작 문항으로 하며, 최고한계선 문항까지 실시 • 아동의 신체적 · 인지적 특성에 따라 검사절차를 수정할 수 있음(신체마비의 경우 AAC 사용, 그림 크게 복사 등) • 언어장애의 경우 연령에 따른 시작 문항보다 15문항 이전부터 시작하거나, 수행이 불가능한 경우 그 이전부터 검사를 시작함 • 아동이 잘못 알아들었을 경우 반복해서 질문을 할 수 있지만 부가적인 설명은 하지 않음 • 정답 유무에 관계없이 아동의 반응을 그대로 기록

- 검사에 집중하기 어려워하거나 쉽게 지루해하는 아동을 위해 휴식시간을 주거나 "잘했어요."와 같은 중립적인 피드백과 함께 격려해 줌
- 표현어휘검사를 먼저 실시하고, 후에 수용어휘검사를 실시
- 각 검사는 아동이 그림자료를 보고 질문에 답하거나 그림을 찾는 문제로 구성되어 있으며, 연령별 시작 문항이 다름

1) 구성

언어발달을 진단하고 평가하는 하위영역으로 어휘력 발달 수준을 검사하게 되는데, 우리나라에서는 주로 그림어휘력검사(김영태, 장혜성, 임선숙, 백현정, 1995)를 사용하였다. 이 검사의 한계를 보완하여 개발한 수용 · 표현 어휘력 검사는 2세 6개월부터 성인까지를 대상으로 평가 문항을 185개 문항으로 확대하였고, 수용어휘와 표현어휘 모두를 평가하도록 구성되어 있다.

〈표 11-8〉 수용 · 표현 어휘력 검사의 구성

수용어휘검사(REVT-R)	표현어휘검사(REVT-E)
• 문항 수 185개 • 명사 98개, 동사 68개, 형용사 및 부사 19개로 구성 • 그림자료의 한 면에 제시된 4개의 그림 중 검사자의 말하는 어휘를 찾음	• 문항 수 185개 • 명사 106개, 동사 58개, 형용사 및 부사 21개로 구성 • 그림 보고 이름 말하기(명사), 행동묘사(동사), 상태나 감정표현(형용사, 부사) • 반응이 정답과 유사한 경우 추가 질문을 제공하여 정반응을 유도 • 첫 질문 이후 대상자가 반응하지 못하면 15초 후 추가단서를 제공하고, 10~15초 후에도 반응하지 못하면 무반응(NR)으로 표시

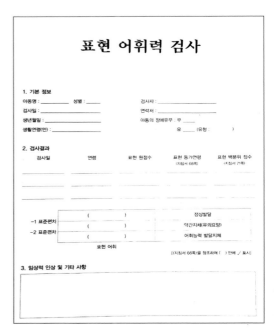

[그림 11-5] 수용 · 표현 어휘력 검사 기록지

2) 특징

- 환경적 · 유전적 · 발달적 요인, 기타 장애 등으로 인해 수용 및 표현 어휘능력 지체가 예상되는 대상자에게 활용할 수 있다.
- 어휘능력 발달연령과 백분위 점수로 생활연령대에서의 상대적인 차이와 어휘발달 수준을 제시할 수 있다.
- 품사별, 의미 범주별 수행 분석을 통해 치료 진행 시 목표어휘의 선정과 치료 효과를 점검할 수 있다.

사례

김○○(남, 지적장애, 14세 7개월, 중학교 1학년, 특수학급 재학)

• 검사결과

　김○○의 어휘력을 알아보기 위해 수용 · 표현 어휘력 검사를 실시한 결과, 수용어휘점수는 원점수 54점, 등가연령 5:0~5:5개월, 백분위 점수 80%ile, −2 표준편차 이하, 표현어휘점수는 원점수 62점, 등가연령 5:6~5:11개월, 백분위 점수 20%ile, −2 표준편차 이하로 수용 및 표현 어휘능력은 발달지체로 나타났다.

7. 우리말 조음 · 음운 평가(U-TAP; 김영태, 신문자, 2004)

우리말 조음 · 음운 평가(Unimal Test of Articulation and Phonology: U-TAP)는 2~12세 아동 중 조음 · 음운에 문제를 보이는 아동을 평가하기 위한 검사도구이다.

〈표 11-9〉 우리말 조음 · 음운 평가의 개요

항목	내용
목적	• 우리나라 자음 또는 모음 말소리에 문제를 보이는 조음 · 음운장애 아동이 단어와 문장에서 산출하는 발음을 체계적으로 평가 • 생활연령에 비해 조음발달이 늦거나 조음장애로 의심되는 아동의 조음평가
적용연령	• 2세에서 12세의 아동이 주 대상이지만, 그림을 이용하여 명명하거나 설명하는 과제를 사용하기 때문에 취학전(3~6세) 아동에게 적합
결과해석	• 개별음소 발달연령, 음소정확도(모음정확도, 자음정확도)
실시상의 유의점	• 조음 · 음운장애가 기질적인 요인인지 기능적인 요인인지 확인하고, 구강 조음기관을 잘 관찰해야 함 • 언어 및 인지능력 부족이 조음평가에 영향을 미칠 수 있으므로 언어능력검사를 함께 실시하는 것이 좋음 • 그림낱말검사를 먼저 실시하며, 녹화 또는 녹음을 하면서 검사를 시작함 • 그림낱말검사를 실시할 때 반응유도문장을 들려준 후에도 아동이 오반응 혹은 무반응일 경우, 검사자가 단어를 말해 주고 모방하게 함 • 그림문장검사를 실시할 때 검사자는 자연스러운 발화모델을 주기 위해 목표문장에 익숙하거나 외워 두는 것이 좋으며, 목표발화를 포함한 그림을 지적함으로써 아동이 문장발화 시 목표단어를 말할 수 있도록 유도함

1) 구성

검사는 그림낱말검사와 그림문장검사로 구성되어 있다. 그림낱말검사는 아동이 목표단어를 쉽게 산출할 수 있는 그림들로 구성되어 있다. 각 단어는 자음검사 부분에서는 19개의 자음과 총 43개의 음소를, 모음검사에서는 단모음 10개를 검사한다. 그림문장검사는 그림낱말검사에서 사용하고 있는 30개의 목표낱말을 16개의 문장 속에 포함시켜서 검사한다. 검사자가 아동에게 이야기 그림자료를 보여 주면서 제목과 이야기 상황을 들려주면 아동이 그림을 보며 하나의 이야기로 말하거나, 이야기를 재구성하여 말하게 한다. 너무 긴 문장이 되지 않도록 평균 5개의 어절(범위 3~6개), 평균 15.5개의 음절(범위 11~23개)로 구성된 문장으로 되어 있다.

2) 특징

- 검사자료는 그동안 실제 언어치료 현장에서 사용하여 수정·보완하였고, 교사나 언어치료사들이 현장에서 편리하게 사용할 수 있도록 책자로 제작하였다.
- 검사결과를 정상아동 자료들과 비교할 수 있도록 아동 조음·음운발달 연구 결과를 부록에 제시한다.
- 아동의 자료를 통해 조음정확도(자음 음소 정확도), 개별음소의 발달연령 그리고 음운변동의 출현율을 측정하여 정상아동 자료와 비교가 가능하다.
- 그림을 이용하여 명명하거나 설명하는 과제를 사용하기 때문에 표현어휘가 부족한 유아나 그림을 사용하기에 적합하지 않은 성인에게는 모방이나 읽기를 통한 검사를 실시할 수 있다.
- 유아나 아동이 정상적인 조음발달 과정에 있는지 검사할 수 있다.
- 조음발달의 결함이 우려되는 사람(예: 언어발달지체, 기능적 조음·음운장애 등)이나 말·언어기관에 기질적인 결함이 있는 사람(예: 구개파열, 마비말장애, 뇌성마비 등)이 조음 문제가 있는지, 어느 정도인지 또는 어떤 음소에 결함이 있는지 검사한다.

낱말
개별음소 분석표

이름 _____ (남 / 여)

검사일 _____

생년월일 _____

연령 _____

검사자 _____

※ 오류분석 기록법
정조음: +   대치: 대치음소기록   왜곡: D   생략: Ø

음소정확도

	자음정확도	모음정확도
낱말수준	/43	/10
*	%	%
문장수준	/43	/10
	%	%

생활연령 자음정확도(%) 비교(낱말수준)

대상아동	자음정확도(<부록-2>참조)		
	평균	-1SD	-2SD
*			

추천사항

Copyright © 인싸이트, Inc. All rights reserved.
본 검사지의 출판권은 (주)인싸이트가 소유합니다.
저작권법에 의해 보호를 받는 저작물이므로 무단전재와 복제를 금합니다.

문장
개별음소 분석표

문장수준에서의 검사		
*(검사 시작문장) 오늘 아빠와 동물원에 가기로 했습니다.		
그림 번호	문장 번호	목표문장
1	1	나는 바지를 입고 단추를 채웁니다.
2	2	책상위에 가방이 있습니다.
	3	가방에 사탕과 연필을 넣을 거예요.
3	4	아빠와 자동차를 타고 동물원에 갑니다.
	5	잘 다녀와하면서 엄마가 뽀뽀를 해줍니다.
4	6	동물원에는 호랑이가 꼬리를 늘어뜨리고 있습니다.
5	7	나는 코끼리에게 땅콩을 줍니다.
	8	코끼리는 귀가 아주 큽니다.
6	9	나는 동물원 놀이터에서 그네를 탑니다.
	10	아빠가 토끼 풍선을 사왔습니다.
7	11	로봇 그림을 구경합니다.
	12	그림은 못 두 개에 걸려 있습니다.
	13	로봇은 긴 눈썹 괴물과 싸움을 합니다.
8	14	나무에는 참새 세 마리가 짹짹거리고.
	15	나무 아래(풀밭에는) 메뚜기가 있습니다.
9	16	엄마에게 전화를 합니다(엄마, 동물원 재미있어요.*

[그림 11-6] 우리말 조음 · 음운 평가 기록지

8. 파라다이스 유창성 검사 2판(P-FA-II; 심현섭, 신문자, 이은주, 2010)

파라다이스 유창성 검사 2판(Paradise-Fluency Assessment-II: P-FA-II)는 의사소통장애 중 유창성장애 여부와 그 정도를 파악하여 평가 및 진단함으로써 문제의 진전을 예방하고 치료계획을 수립할 수 있으며, 재평가를 통해 효과를 검증한다. 이 검사는 구어 영역뿐 아니라 의사소통 태도를 함께 평가함으로써 유창성 문제의 전반적인 평가를 가능하게 한다.

〈표 11-10〉 파라다이스 유창성 검사 2판의 개요

항목	내용
목적	• 의사소통장애 중 유창성장애 여부와 그 정도를 파악하여 평가 및 진단함으로써 문제의 진전을 예방하고 치료계획을 수립할 수 있으며, 재평가를 통해 효과를 검증한다.
적용연령	• 취학전 아동, 초등학생 및 중학생
결과해석	• 백분위 점수
실시상의 유의점	• 말을 더듬는 사람이 대답할 것으로 예측되는 답에 답하였을 경우에는 1점, 그렇지 않을 경우에는 0점을 줌 • 연령에 따른 평가과제와 검사지침을 확인 • 이 검사는 다양한 과제를 실시하므로 검사자는 실시지침과 비유창성의 유형을 숙지하여 정확하게 구별할 수 있어야 원활하게 검사를 실시하고 평가할 수 있음 • 검사과제와 연령에 따라 수집하여야 할 최소음절수를 파악하고 충분한 발화표본을 얻도록 검사자는 유도함 • 비유창성 아동은 말하기에 자신감이 없으므로 검사 실시 전 충분히 친밀감을 형성한 후 조용하고 편안한 환경에서 검사를 실시

1) 구성

각각 상황이 다른 17장면의 그림판에 총 50문항의 질문으로 구성되어 있다. 50문항은 언어적 문제해결능력을 측정하는 세 범주인 원인 이유 범주(18문항), 해결추론 범주(20문항), 단서 추측 범주(12문항)로 구성되어 있고, 17장면의 그림판은 일상 가정에서 접할 수 있는 상황(열한 가지), 학교에서 일어날 수 있는 상황(두 가지), 놀이터나 거리 등 공공장소에서 일어날 수 있는 상황(네 가지)으로 구성되어 있다.

- 구어평가
  - 목표발화가 정해진 과제: 낱말그림, 따라말하기, 읽기
  - 목표발화가 대상자에 따라 변화는 과제: 문장그림, 말하기그림, 이야기그림, 그림책, 대화
  - 부수행동 정도 평가
- 의사소통태도: 정확한 결과 분석과 치료 후 변화 확인을 위해 검사 중 녹화 또는 녹음하는 취지를 설명하고, 양해를 구한다. 이때 녹화 또는 녹음을 하더라도 부수행동이나 질적 양상, 말더듬 출현 등을 즉시 기록하면서 평가한다.

2) 특성

- 구어 영역뿐 아니라 의사소통태도를 함께 평가함으로써 유창성 문제의 전반적인 평가를 가능하게 한다.
- 연령대별로 나누어 검사과제의 종류, 문항 및 그림형식 등을 달리하여 거의 모든 연령을 대상으로 실시할 수 있다.
- 여러 가지 구어 평가의 과제를 통해 다양한 언어반응을 요구함으로써 보다 정확하게 비유창성 특성 및 정도를 파악할 수 있다.
- 공식검사 이와의 다양한 발화를 살펴보고자 하는 경우 연령별로 제시된 비공식과제를 실시할 수 있으나 결과점수(규준)가 제공되지 않는다.

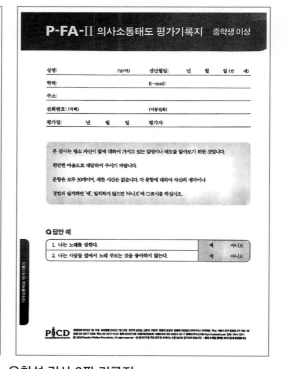

[그림 11-7] 파라다이스 유창성 검사 2판 기록지

9. 언어 문제 해결력 검사(배소영, 임선숙, 이지희, 2000)

언어 문제 해결력 검사는 5세부터 12세 아동의 논리적인 사고 과정을 언어화하는 상위 언어기술을 측정하기 위해 고안되었다. 학령기에 가까워지거나 학령기에 있는 아동을 대상으로 측정 상황에서 대답하는 능력을 평가함으로써 언어를 통한 문제해결능력을 측정하는 도구이다.

〈표 11-11〉 언어 문제 해결력 검사의 개요

항목	내용
목적	• 특정 상황에서 대답하는 능력을 평가함으로써 언어를 통한 문제해결능력을 측정
적용연령	• 5~12세
결과해석	• 백분위 점수
실시상의 유의점	• 각 문항별로 아동의 반응을 채점기준에 의거하여 0, 1, 2점 중 하나로 채점하여 총점, 세 범주에 대한 원점수, 아동이 속한 연령집단을 비교 기준으로 백분위 점수를 기록 • 총점과 세 범주의 백분위 점수대를 프로파일에 옮겨 아동의 언어 문제해결력의 강약점을 표시

점수	항목
2점	• 적절하고 자세한 정보와 언어적으로도 적절한 어휘와 어법을 사용한 경우
1점	• 정확하고 자세한 정보는 아니지만, 받아들일 만한 정보와 적절한 어휘와 어법을 사용한 경우 • 적절하고 자세한 정보의 뜻이지만, 언어적으로 불명확하거나 미숙한 표현인 경우
0점	• 적절하지 않은 정보인 경우 • 받아들일 만한 정보이지만 언어적으로 너무 불명확하거나 미숙한 표현인 경우 • 무반응인 경우

• 각 항목에 대하여 한 번씩 말해 주는 것을 원칙으로 하며, 아동이 다시 한 번 들려주기를 요청하면 한 번씩 반복하여 말해 줌

- 모든 아동에게 전체 문항을 실시하며, 질문 내용을 쉽게 설명·해석하거나 다른 말을 첨가하지 않음
- 반응 유도를 위해 그림의 구체적인 부분을 지적하거나 강조하지 않음
- 아동의 반응을 빠짐없이 그대로 기록하며, 필요시 녹음기, 녹화 등을 사용할 수 있음
- 과제 수행에 긍정적인 분위기를 지속할 수 있도록 "그래요." "그렇군요." 등으로 격려함
- 검사자는 검사에 익숙하도록 숙련 과정을 거쳐야 하며, 채점기준에 대해 정확히 알고 있어야 함
- 채점기준은 검사자의 주관적 판단에 따라 부여되는 점수가 달라지므로 검사자에 따른 점수 차가 나타날 수 있음

1) 구성

각각 상황이 다른 17장면의 그림판에 총 50문항의 질문으로 구성되어 있다. 50문항은 언어적 문제해결능력을 측정하는 세 범주인 원인이유 범주(18문항), 해결추론 범주(20문항), 단서추측 범주(12문항)로 구성되어 있고, 17장면의 그림판은 일상가정에서 접할 수 있는 상황(열한 가지), 학교에서 일어날 수 있는 상황(두 가지), 놀이터나 거리 등 공공장소에서 일어날 수 있는 상황(네 가지)으로 구성되어 있다.

2) 특징

- 특히 언어 추리력과 조직기술이 부족한 아동, 학습장애 의심 아동, 단순언어장애가 의심스러운 아동의 언어사용능력, 기타 언어장애 아동의 의사소통능력을 평가하는 데 사용할 수 있다.
- 세 가지 범주에서 개개의 백분위 점수보다 상대적 강약점을 파악하는 데 중점을 두고 있다.
- 인지능력이 양호한 학령기 발달장애 아동, 학습장애 아동, 단순 언어장애 아동, 특히 아스퍼거증후군 아동의 언어사용능력을 평가하는 데 많이 사용한다.

• 상위 언어기술과 언어를 통한 문제해결능력을 측정하고, 학령기 아동의 언어 장애 유무 판단, 동일 연령집단 내의 상대적인 위치 파악이 가능하며, 언어 사용을 지도를 위한 기초자료로 활용한다.

언어 문제 해결력 검사

NO. _____　　이　름 _____ (남 여)

검 사 일 ___.___.___　　검 사 자 _____

생년월일 ___.___.___　　검사장소 _____

연　령 ___세 ___개월　　연 락 처 _____

아동연령 :

	원점수	%ile
원인이유		
해결추론		
단서추측		
총　점		

임상적 인상 및 기타 사항

언어 문제 해결력 프로파일

원인이유										
해결추론										
단서추측										
총　점										
% ile	10	20	30	40	50	60	70	80	90	100

[그림 11-8] 언어 문제 해결력 검사 기록지

사례

김○○(남, 지적장애, 생활연령 13세, 중학교 1학년, 특수학급 재학)

• 검사 실시태도

　조용하고 밝은 장소에서 김○○이 자신의 생각이나 의견을 편안하게 표현할 수 있도록 "그래요." "잘하고 있어요."라고 격려하는 긍정적인 분위기에서 검사를 실시하였다. 1번부터 모든 문항을 모두 실시하였으며, 학생은 발음이 부정확하여 전사를 하면서 녹음기도 함께 사용하였다.

• 검사결과

　총 원점수는 51점, 백분위 28~37%ile로, 원인이유는 원점수 16점, 백분위 15~21%ile, 해결추론은 원점수 20점, 백분위 45~55%ile, 단서추측은 원점수 15점, 백분위는 37~39%ile로 나왔다. 프로파일을 작성한 결과, 원인이유와 단서추측 영역보다 해결추론 영역이 평균보다 높은 수준의 결과를 보였다.

10. 아동용 한국판 보스톤이름대기검사(K-BNT-C; 김향희, 나덕렬, 2007)

　아동용 한국판 보스톤이름대기검사(Korea version-Boston Naming Test for Children Scoring Sheet: K-BNT-C)는 신경손상환자들의 사물 이름 대기 능력을 측정하는 검사로 실어증 평가 후에 보충적으로 이름 대기 능력을 상세하게 검사할 수 있고, 치매환자의 변별진단 및 질병의 진행 상황 추적용으로도 사용할 수 있는 검사이다. 아동용 한국판 보스톤이름대기검사는 신경손상으로 인해 언어능력에 문제가 있는 아동 혹은 명명하기에 어려움이 있는 아동을 대상으로 개발되었다.

〈표 11-12〉 아동용 한국판 보스톤이름대기검사의 개요

항목	내용
목적	• 아동의 언어 산출능력의 기초가 되는 표현어휘력 측정
적용연령	• 3세~14세 11개월
결과해석	• 등가연령, 백분위 점수
실시상의 유의점	• 정반응은 정답란에 '+', 오반응은 오답란에 '−'로 기록하며, 오반응인 경우에는 오답란에 오반응을 자세하게 기록함 • 총 13개의 생활연령군에 따라 연령별 시작 문항에서 검사 시작 • 시작 문항부터 정반응 수가 연속적으로 8개 이상이면 기초선, 연속적으로 6개 문항에서 오반응을 보이면 마지막 6번째 오반응을 최고한계선으로 측정함 • 아동의 연령을 고려하여 조음발달 시기에 보일 수 있는 조음오류는 정답으로 간주함

1) 구성

이 검사도구는 1997년 출판된 한국판 보스톤이름대기검사(K-BNT)와 동일한 60개 검사문항으로 구성되어 있다. 한국판 보스톤이름대기검사의 문항은 15세 이상의 연령에 속하는 정상인을 대상으로 실시하는 것으로, 문항의 제시 순서가 맞추어져 있다. 이에 반해 아동용 한국판 보스톤이름대기검사에서는 문항이 난이도에 따라 순차적으로 배열되어 있다. [그림 11-9]는 검사진행 및 기준이 제시된 기록지이다.

[그림 11-9] 아동용 한국판 보스톤이름대기검사 기록지

2) 특징

- 실어증, 치매환자, 언어장애 등을 대상으로 하는 아동용 한국판 보스톤이름대기검사를 우리나라 아동규준에 적합하게 결과를 해석하여 아동의 언어산출 능력을 평가한다.

- 대상자에게 그림을 보여 주고 이름을 말하게 함으로써 그림에 대한 '시각적 인지력', 그림에 대응하는 '단어 인출력' 등을 측정 우리나라 아동규준에 적합하게 결과를 해석한다.

- 연습문항과 자극문항으로 이루어져 있으며 검사자가 그림판을 제시하면 피검자가 그것의 이름을 말하는 방식으로 검사가 이루어진다. 피검자의 반응에 따른 검사진행 및 채점기준은 〈표 11-13〉과 같다.

〈표 11-13〉 아동용 한국판 보스톤이름대기검사의 진행 및 채점기준

피검자 반응	진행 및 채점기준
15초 이내에 정답을 말하는 경우	정반응으로 표시(+)한 후에 다음 자극문항으로 넘어간다.
오답을 말하거나, '모른다'라고 말하는 경우	'DK(Don't Know)'로 표시한 후, 검사기록지에 제시된 '의미단서'와 '음절단서'를 차례로 주고 반응을 기록한다. 다만, '단서' 제시 후의 정반응은 총점에 포함되지 않는다.
오답을 말한 후에, 자기수정을 하여 정답이 되는 경우	'SC(Self-Correcction)'로 표시한 후, 정반응으로 간주하고 다음 자극문항으로 넘어간다.
정답을 말한 후에, 오답으로 즉각적 자기수정을 하는 경우	마지막으로 자기수정된 오답을 채점해야 하므로 오반응으로 처리한다.
다른 문항으로 넘어간 후에, 앞의 문항에 대해 정답으로 자기수정하는 경우	정답이라 할지라도 이미 15초 이상의 시간이 경과되었다면 오반응으로 처리한다. 다만, 정답으로의 즉각적인 수정이 이전 문항 제시 후 15초 이내에 이루어졌다면 정반응으로 간주할 수 있다.
무반응을 보이는 경우	15초를 기다려도 무반응을 보이면 'NR(No Response)'로 표시하고, 검사기록지에 제시된 '의미단서'와 '음절단서'를 차례로 준 다음 반응을 기록한다. 다만, '단서' 제시 후의 정반응은 총점에 포함되지 않는다.
조음오류를 보이는 경우	아동의 생활연령 및 언어발달연령을 고려하여 나타날 수 있는 조음오류는 정반응으로 간주한다.
8개 연속 정반응으로 기초선을 잡고 검사를 진행하다가, 6개 연속 오반응을 보이는 경우	검사를 중단하고, 오반응의 마지막 문항을 최종한계로 간주한다. 총점은 최종한계의 문항번호에서 오반응 수를 빼서 산출한다.

11. 학령기 아동 언어 검사(LSSC; 이윤경, 허현숙, 장승민, 2015)

학령기 아동 언어 검사(Language Scale for School-aged Children: LSSC)는 학령기 아동의 언어능력 평가를 목적으로 개발된 검사로, 일반아동의 언어발달은 물론 언어발달이 초등학생 수준에 있는 발달장애나 발달지체 아동의 언어를 평가하는 데 사용할 수 있다. 총 11개의 하위검사로 구성되며, 검사영역은 수용언어(상위개념 이해, 구문 이해, 비유문장 이해, 문법 오류 판단, 단락 듣기 이해), 표현언어(상위어 표현, 반의어 표현, 동의어 표현, 문법오류 수정, 복문 산출)가 10개의 하위검사를 포함한다. 또한 언어연령에 따라서 의미(상위개념 이해 및 상위어 표현, 반의어 표현, 동의어 표현, 비유문장 이해), 문법(구문 이해, 문법오류 판단 및 수정, 복문 산출), 화용/담화(단락 듣고 이해), 보조검사로서 청각기억(문장 따라말하기)으로 구성되어 있다.

〈표 11-14〉 학령기 아동 언어 검사의 개요

항목	내용
목적	• 현재 초등학교 재학 중인 아동의 언어능력 평가를 위해 사용할 수 있으며, 언어발달이 초등학생 수준에 있는 발달장애나 발달지체 아동의 언어평가를 목적으로 사용함
적용연령	• 초등학교 1~6학년
결과해석	• 인싸이트의 채점 프로그램을 이용 • 언어지수와 백분위 점수
실시상의 유의점	• 아동의 반응은 즉시 검사지에 정반응과 오반응 모두 그대로 기록함 • 문장 따라말하기는 채점기준에 따라 0~3점으로 채점하며, 나머지 하위검사는 각 문항별로 정반응의 경우 1점, 오반응은 0점으로 채점함 • 발달장애의 아동은 검사 실시 중간에 5~10분을 넘지 않도록 1회 내지 2회 정도의 휴식시간을 갖는 것도 좋음 • 검사자는 중립적인 태도를 유지하며 검사결과에 영향을 주지 않는 수준에서 촉진이나 강화를 제공 • 아동의 장애 유형이나 정도에 따라 실시절차나 반응양식을 수정할 수 있으며, 반응시간도 충분히 주도록 함 • 하위검사마다 학년별 시작 문항과 최고한계점이 각각 다르므로 충분히 숙지한 후에 실시

1) 구성

총 11개의 하위검사로 구성되어 있으며, 이 중 4개의 하위검사(상위개념 이해 · 상위어 표현 · 문법오류 판단 · 문법오류 수정)는 2개의 하위검사를 하나의 절차로 통

학령기 아동 언어 검사　1학년 ~ 6학년

LSSC

Language Scale for School-aged Children

연구개발 | 이윤경 · 허현숙 · 장승민

· 이름 　　　　　　　　　　· 성별　남□　여□

· 학교 / 소속 　　　　　　　· 학년

· 검사자 　　　　　　　　　· 연락처

· 검사기관

● 아동 연령 계산

	년	월	일
검사일			
생년월일			
생활연령			

● 원점수를 환산점수로 변환하기

하위검사	원점수	환산점수						
		수용언어	표현언어	전체언어	의미	문법	화용/담화	청각기억
1. 상위개념 이해								
2. 상위어 표현								
3. 반의어 표현								
4. 동의어 표현								
5. 구문 이해								
6. 비유문장 이해								
7. 문법오류 판단								
8. 문법오류 수정								
9. 복문 산출								
10. 단락 듣기 이해								
11. 문장 따라말하기								
총점								
언어지수(LQ)								
백분위수								

● 환산점수 프로파일

	수용언어					표현언어				
	상위개념이해	구문이해	비유문장이해	문법오류판단	단락듣기이해	상위어표현	반의어표현	동의어표현	문법오류수정	복문산출
환산점수										
20	·	·	·	·	·	·	·	·	·	·
19	·	·	·	·	·	·	·	·	·	·
18	·	·	·	·	·	·	·	·	·	·
17	·	·	·	·	·	·	·	·	·	·
16	·	·	·	·	·	·	·	·	·	·
15	·	·	·	·	·	·	·	·	·	·
14	·	·	·	·	·	·	·	·	·	·
13	·	·	·	·	·	·	·	·	·	·
12	·	·	·	·	·	·	·	·	·	·
11	·	·	·	·	·	·	·	·	·	·
10	·	·	·	·	·	·	·	·	·	·
9	·	·	·	·	·	·	·	·	·	·
8	·	·	·	·	·	·	·	·	·	·
7	·	·	·	·	·	·	·	·	·	·
6	·	·	·	·	·	·	·	·	·	·
5	·	·	·	·	·	·	·	·	·	·
4	·	·	·	·	·	·	·	·	·	·
3	·	·	·	·	·	·	·	·	·	·
2	·	·	·	·	·	·	·	·	·	·
1	·	·	·	·	·	·	·	·	·	·

● 언어지수 프로파일

	수용언어	표현언어	전체언어	하위검사			
				의미	문법	화용/담화	청각기억
언어지수							
150	·	·	·	·	·	·	·
140	·	·	·	·	·	·	·
130	·	·	·	·	·	·	·
120	·	·	·	·	·	·	·
110	·	·	·	·	·	·	·
100	·	·	·	·	·	·	·
90	·	·	·	·	·	·	·
80	·	·	·	·	·	·	·
70	·	·	·	·	·	·	·
60	·	·	·	·	·	·	·
50	·	·	·	·	·	·	·

[그림 11-10] 학령기 아동 언어 검사 기록지

합하여 실시하므로 총 9개의 절차를 통해 실시한다. 학령기 아동 언어 검사의 하위검사 및 검사 실시 순서는 하위검사 번호순으로 하되, 하위검사 중 상위개념 이해와 상위어 표현 그리고 문법오류 판단과 문법오류 수정은 같이 실시한다.

2) 특징

- 다문화나 저소득과 같이 환경 문제를 동반한 아동의 평가에도 사용할 수 있다.
- 언어장애 혹은 언어발달지체를 진단한다.
- 아동의 전체 언어능력과 언어양식이나 영역에 따른 강약점을 파악하고, 주요 언어기술을 평가하여 심화검사 계획 또는 중재목표를 수립하는 데 활용한다.

> **사례**
>
> ### 박○○(여, 지적장애, 생활연령 15세, 중학교 2학년, 특수학급 재학)
>
> - 검사 실시태도
> 박○○은 평소 자신의 이야기를 다른 사람들에게 표현하는 것을 좋아하지만 전달력이 부족하다. 검사 초기에는 검사에 흥미를 보이며 적극적으로 임했지만 3~4개의 하위검사가 끝난 후 집중하기 어려워했다. 하위검사가 끝난 후 5분 정도 휴식 후 검사를 다시 실시하였다.
>
> - 검사결과
> 전체 언어지수는 53으로 −2 표준편차 이하, 하위(백분위) 0.1에 해당하며 언어능력이 많이 지체된 상태이다. 영역별 언어지수 및 백분위는 수용언어지수는 45점, 백분위 0.1 이하, 표현언어지수는 64점, 백분위 0.8, 의미지수 65점, 백분위 1.0, 문법지수 48점, 백분위 0.1 이하, 담용/화용지수 55점, 백분위 0.1, 청각기억지수 55점, 백분위 0.1에 해당하였다.
>
> **전체 언어 결과**
>
> | 영역 구분 | 하위검사 | 환산
점수의 합 | 언어지수 | 백분위 | 신뢰구간 90% | 신뢰구간 95% |
> |---|---|---|---|---|---|---|
> | 전체 언어 | 전체 하위검사
(11. 문장 따라 말하기 제외) | 28 | 53 | 0.1 | 49-57 | 48-58 |

전체 언어 및 언어 영역별 언어지수 프로파일

	언어지수			영역별 지수			보조검사
	전체언어	수용언어	표현언어	의미	문법	화용/담화	청각기억
	53	45	64	65	48	55	55

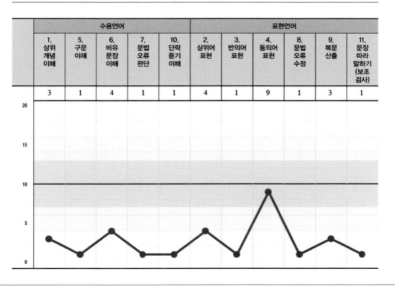

하위검사 원점수 및 환산점수

	1. 상위 개념 이해	2. 상위어 표현	3. 반의어 표현	4. 동의어 표현	5. 구문 이해	6. 비유 문장 이해	7. 문법 오류 판단	8. 문법 오류 수정	9. 복문 산출	10. 단락 듣기 이해	11. 문장 따라 말하기 (보조 검사)
원점수	14	7	5	8	21	6	14	14	8	5	29
환산점수	3	4	1	9	1	4	1	1	3	1	1

하위검사의 환산점수 프로파일

	수용언어					표현언어					
	1. 상위 개념 이해	5. 구문 이해	6. 비유 문장 이해	7. 문법 오류 판단	10. 단락 듣기 이해	2. 상위어 표현	3. 반의어 표현	4. 동의어 표현	8. 문법 오류 수정	9. 복문 산출	11. 문장 따라 말하기 (보조 검사)
	3	1	4	1	1	4	1	9	1	3	1

제**12**장
학업 영역 검사

학습목표

◆ 학령기 아동의 학업성취 수준을 알아보는 검사 종류를 알 수 있다.
◆ 학업 영역 검사도구 유형에 따른 장·단점을 파악하고, 필요에 따라 검사도구를 선정할 수 있다.
◆ 검사결과를 통해 학력등가점수, 표준점수, 백분위 점수를 산출하고 이를 해석할 수 있다.
◆ 학업 영역 검사결과를 통해 적절한 교육 프로그램을 계획할 수 있다.
◆ 교육적 중재를 실시하고 그에 따른 진전사항을 평가할 수 있다.

이 장의 중요성

특수교육대상자는 장애를 가진 학생만을 의미하는 것이 아니고, 학업성취를 위해 특수교육이 필요한 사람을 뜻한다. 그러므로 학령기의 특수교육대상자를 판별하는 과정에서 학업 영역의 진단검사는 매우 중요하다. 2017년 특수교육연차보고서에 따르면 특수교육대상자 중 학습장애로 진단·배치된 비율은 2.3%에 해당한다. 그러나 다른 장애 영역 학생들의 경우에도 현재 학업성취 수준을 파악하고 성취도의 진전과정을 모니터링하기 위해서는 지속적으로 평가를 하여야 한다. 그러므로 특수교육지원센터에서 특수교육대상자 선정을 위해 진단검사를 실시하는 경우뿐 아니라 일선 교육현장에서 학생들을 직접 지도하는 교사들의 경우에도 학업 영역 검사에 대한 전문적 지식이 요구된다.

1. 학업 영역 검사의 개요

학업 영역 검사는 주로 읽기, 쓰기, 셈하기(수학)의 하위검사로 구성된다. 이와 같은 영역의 과제를 수행하기 위해 선행적으로 지각(perception)능력이 요구된다. 이 장에서는 시지각의 발달 수준과 시각운동통합능력을 알아보는 검사를 소개하여, 읽기에 어려움이 있는 학생의 시지각 특성을 알아보도록 하였다. 학습준비도 검사는 개별 혹은 집단으로 실시 가능한 선별검사로 개발된 것이나, 최근에는 사용되는 경우가 많지 않다.

    그 외 검사들은 교육현장에서 많이 사용되는 검사이며, 학생들의 학업성취 수준을 규준에 근거하여 파악하는 데 유용한 것들이다. 교사들이 비공식적으로 개발된 도구를 활용하는 경우도 있지만, 표준화된 학업 검사를 실시하여 객관적 수준을 평가하는 것도 중요하다.

〈표 12-1〉 학업 영역 검사도구

검사도구	도구 개요
한국판 아동 시지각발달검사 3판 (K-DTVP-3)	• 아동의 시지각 결함의 유무와 정도를 객관적으로 확인 • 만 4~12세 • 일반시지각지수(GVP): 시각운동 통합지수(VMI), 운동-축소 시지각지수(MRVP)
학습준비도검사	• 지적장애, 학습장애 등 학습상의 문제를 가진 초등학교 1학년생 아동 선별 • 유치원 및 초등학교 1학년 • 표준점수
기초학습기능검사	• 아동의 학습수준이 정상과 어느 정도 떨어지는지 알아보거나 학습 집단 배치에서 어느 정도 수준의 집단에 들어가야 하는가를 결정 • 유치원부터 초등학교 6학년 • 규준점수, 백분위 점수
기초학습기능 수행평가체제(BASA): 수학, 쓰기, 읽기	• 교육과정중심측정 결과에 근거하여 아동의 진단 및 변화 측정 • 초등학교 1학년에서 3학년 • 백분위 점수, T 점수, 학년점수
읽기진단평가 (RDA)	• 24단계 읽기수준이 위계화되어 있는 비형식적 읽기검사 • 만 5세에서 고등학교 1학년 • 독립적 · 교수적 · 요주의 수준의 읽기수준 제시
국립특수교육원 기초학력검사 (KISE-BAAT)	• 학령기 아동의 읽기, 쓰기, 수학 기초학력을 평가하여 교수활동 적용 • 만 5~14세 • 백분위 점수, 학력지수, 학년규준

2. 한국판 아동 시지각발달검사 3판(K-DTVP-3; 문수백, 2016)

한국판 아동 시지각발달검사 3판(Korean Developmental Test of Visual Perception-Third Edition: K-DTVP-3)은 한국 아동들의 시지각발달을 측정하기 위해 2013년에 개정된 DTVP-3을 2016년에 표준화한 것이다.

〈표 12-2〉 한국판 아동 시지각발달검사 3판의 개요

항목	내용
목적	• 시지각 기능의 발달 수준을 측정하는 검사로, 학습장애 등 문제를 보이는 유아 및 아동의 시지각 문제를 진단
적용연령	• 만 4~12세
결과해석	• 일반시지각지수(GVP): 시각운동 통합과 운동-축소 형식에서 얻은 시지각 능력에 관한 정보를 모두 포함 • 시각운동 통합지수(VMI): 운동개입이 뚜렷한 시각과 운동능력의 협응이 필요한 과제들을 해결하며 측정된 시지각능력지수를 포함 • 운동-축소 시지각지수(MRVP): 운동 기능이 최소한으로 배제된 조건하에서 측정된 시지각능력지수를 포함 • 표준점수(M=100, SD=15), 백분위 점수
실시상의 유의점	• 한 번에 검사를 마치는 것이 좋으나, 피험자에 따라 나누어 실시할 수 있음 • 모든 하위검사는 연령에 상관없이 1번 문항부터 실시 • 의사소통에 문제가 있는 경우에도 실시 가능하며, 수화 및 제스처 등 부가적인 설명을 제시

1) 구성

시지각의 발달을 측정하기 위해 일반시지각 척도에 시각운동 통합과 운동-축소 시지각 영역으로 나누어 하위검사가 구성되어 있다. 한국판 시지각발달검사 2판 (K-DTVP-2)에서는 8개의 하위검사였으나, 한국판 아동 시지각발달검사 3판에서는 공간 위치, 공간관계, 시각-운동속도는 제외되고 5개의 하위검사로만 구성되었다.

〈표 12-3〉 한국판 아동 시지각발달검사 3판의 하위검사

종합척도		하위검사	내용
일반 시지각지수 (GVP)	시각운동 통합지수 (VMI)	눈-손 협응(Eye-Hand Coordination)	시각적 경계에 따라 정밀한 직선이 나 곡선을 그리는 능력을 측정
		따라그리기 (Copying)	그림의 특성을 재인하는 능력과 모 델을 따라 그리는 능력을 측정
	운동-축소 시지각지수 (MRVP)	도형-배경 (Figure-Ground)	혼란스럽고 복잡한 배경 속에 숨겨 진 특정 그림을 찾는 능력을 측정
		시각 통합 (Visual Closure)	불완전하게 그려진 자극 그림을 완 전하게 재인하는 능력을 측정
		형태 항상성 (Form Constancy)	하나 이상의 변별적 특징(크기, 위 치, 음영 등)에 따라 변이된 두 개의 그림을 짝짓는 능력을 측정

2) 특징

- 아동의 시지각 결함의 유무와 정도를 객관적으로 확인하고자 할 때 유용하게 사용할 수 있다.
- 의사소통에 어려움이 있는 아동도 시지각의 발달 수준을 측정하는 데 활용할 수 있다.
- 한국판 시지각발달검사 2판에서 나타난 바닥효과와 천정효과를 해결하였다.
- 검사결과에서 문제를 가진 것으로 확인된 아동에게는 교정적 프로그램을 지원할 수 있다.

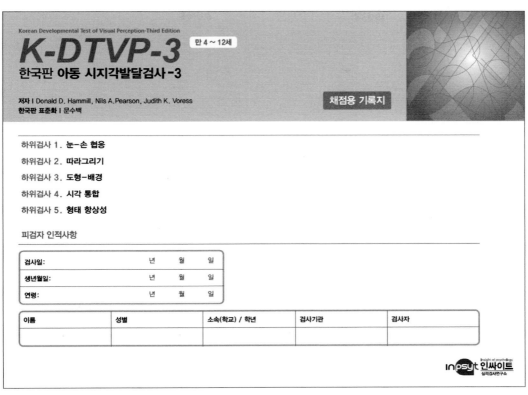

[그림 12-1] 한국판 아동 시지각발달검사 3판 기록지

3. 학습준비도검사(김정권, 여광응, 1987)

학습준비도검사는 Pate와 Webb이 1966년 표준화한 '1학년생 학습준비도 선별 검사(First Grade Screening Test: FGST)를 한국에서 표준화한 검사이다. 이 검사도 구는 지적장애, 학습지체, 정서장애 등의 학습상의 문제를 가진 아동의 조기 선 별을 위한 1차적인 선별도구로 사용될 수 있다.

〈표 12-4〉 학습준비도검사의 개요

항목	내용
목적	• 아동의 학교생활의 경험이 성공적이고 이익이 되도록 조력하기 위해 특별한 주의를 요하는 아동을 미리 선별
적용연령	• 유치원 및 초등학교 1학년
결과해석	• 남/녀, 도시/지방별 표준점수(평균 100, 표준편차 15)로 결과를 해석
실시상의 유의점	• 15명에서 25명 실시가 적당하지만 40명 이상의 집단인 경우 보조자가 있어야 함 • 실시의 시간제한은 없으며 대다수의 아동이 한 문항을 마쳤다고 생각되면 교사는 그다음 문항을 제시하면서 실시함 • 유치원 아동은 9번 문항이 끝난 후 10분 휴식을 갖는 것이 좋음 • 아동의 능력이 최대한으로 발휘한 것을 채점하므로 지우개로 수정된 것도 채점에 관계없음 • 밑줄이 한 개인 지시문은 한 번만 읽어 주고, 밑줄이 2개 있는 지시문은 두 번 읽어 줌

1) 구성

이 검사는 총 27문항이며 8개의 하위요인으로 구성되어 있다. 각 문항은 발달이론에 기초를 두고 임상경험을 통해 도출된 것들이다. 요인별 해당 문항번호와 문항 수에 대한 내용은 〈표 12-5〉와 같다.

〈표 12-5〉 학습준비도검사 하위요인별 내용 문항 수 구성

하위요인	문항 수	득점	해당 문항번호
지식	10	10	16~25
신체 발달	1	3	①, a, b, c
정서적 지각	2	2	14, 15
부모상 지각	2	2	⑧, ⑨
놀이지각	4	4	⑩~⑬
시각-운동 협응	3	3	②~④

지시 순종	3	3	⑤~⑦
기억력	2	2	26, 27
계	27	29	-

2) 특징

• 학교 학습에 문제를 가질 것으로 보이는 아동을 조기 발견하여 성공적인 교정 가능성과 다음 단계의 학습 성취율을 촉진한다.
• 실시와 채점이 간편하다.
• 1차 선별도구로 학급편성자료나 준비도검사로 사용 가능하다.
• 유치원 졸업생 또는 초등학교 1학년 초기에 사용한다.
• 1학년에 입학한 전체 아동의 하위 10% 선을 중심으로 하위에 속하는 아동을 1차로 선별하고, 10% 이상에 속하는 아동의 학력을 예언한다.
• 1학년생 학습준비도 선별검사(FGST)를 표준화한 검사이지만, 1987년에 국내에 서 제작된 것이므로 규준 해석과 적용에 있어 시대적 변화를 고려해야 한다.

4. 기초학습기능검사(박경숙, 윤점룡, 박효정, 1989)

기초학습기능검사(KEDI-Individual Basic Learning Skills Test)는 학년규준을 갖춘 개인용 기초학습기능검사로 장애아동뿐만 아니라 유치원이나 초등학교 수준의 일반아동들의 기초학습기능 또는 기초능력을 평가한다. 아동의 정보처리기능과 언어기능, 수기능을 측정하여 학습수준, 특히 아동의 선수학습능력이나 학습결손 상황의 파악, 학생들이 부딪치고 있는 학습의 어려움이나 용인 등을 밝혀내고, 개별화교육계획 작성 및 효과성을 확인, 학습의 진전도를 평가하는 데 용이하다.

〈표 12-6〉 기초학습기능검사의 개요

항목	내용
목적	• 아동의 학습수준이 정상과 어느 정도 떨어지는지 알아보거나 학습 집단 배치에서 어느 정도 수준의 집단에 들어가야 하는가를 결정 • 아동의 구체적인 개별화교육계획 작성 및 효과 확인
적용연령	• 유치원부터 초등학교 6학년
결과해석	• (연령규준 또는 학년규준의) 규준점수, 백분위 점수
실시상의 유의점	• 검사는 시간제한이 없는 능력 검사이므로 검사시간을 넉넉히 주는 것이 좋으며, 셈하기는 약 30초, 다른 소검사들은 15초 정도가 적당함 • 검사는 정보처리, 셈하기, 읽기 I , 읽기 II , 쓰기 순으로 실시함 • 소검사는 학년별 시작점 문항이 각각 다르며, 시작점 문항에서 3문항을 모두 맞추지 못하면 시작점 이전 문항에서 거꾸로 실시하여 3문항을 연속으로 맞출 때까지 실시함 • 시작점 문항부터 5문항 연속 틀리면 검사 중지함. 단, 소검사 중 쓰기검사는 7문항이 틀리면 검사를 중지함

1) 구성

[정보처리]기능에서는 모든 학습에 일반적으로 적용되는 관찰·조직·관계능력을 측정한다. [언어]기능에서는 문자와 낱말의 재인능력을 측정하는 '읽기 I '검사와 독해력을 재는 '읽기 II ', 그리고 철자의 재인능력을 측정하는 '쓰기'로 구성되어 있다. [수]기능에서는 셈하기의 기초개념에서 실생활에 필요한 수학적 지식과 개념까지 폭넓게 측정한다. 이 세 가지 기능은 아홉 가지 요소와 다섯 가지 소검사로 이루어져 있다.

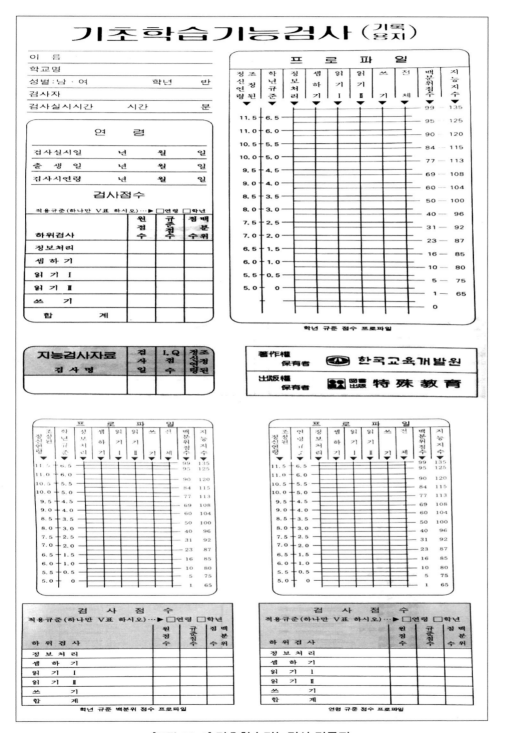

[그림 12-2] 기초학습기능검사 기록지

〈표 12-7〉 기초학습기능검사의 검사명 및 측정요소

기능	측정요소	하위검사명(소검사)
정보처리	• 관찰 • 조직 • 관계	• 정보처리
언어	• 문자와 낱말의 재인 • 철자의 재인 • 독해	• 읽기 I • 쓰기 • 읽기 II
수	• 기초개념의 이해 • 계산 • 문제해결	• 셈하기

2) 특징

- 언어기능, 수기능 및 정보처리기능이 복합된 복수심리검사이다.
- 이 검사에서 다루는 [정보처리] [언어] [수]의 세 가지 기능은 모두 학교 학습에 기초가 되는 기능이며, 학생이 얻은 점수는 유치원 및 초등학교 과정의 학년 수준을 측정할 수 있는 내용이다.
- 학년규준과 연령규준을 갖춘 개인용 학력검사로서 교수활동이 이루어진 후 수업목표의 달성도 여부를 알아보는 평가로 활용된다.
- 기초학습기능검사가 평가로서 활용 시 수업목표를 달성하기 위해 수업과정 중 이루어지면 형성평가, 수업과정이 끝난 후 이루어지면 총괄평가라고 할 수 있다.

5. 기초학습기능 수행평가체제(BASA): 수학, 쓰기, 읽기(김동일, 2007, 2008, 2000)

기초학습기능 수행평가체제(Basic Academic Skills Assessment: BASA)는 수학, 쓰기, 읽기검사로 구성되어 있다. 각 검사는 교육과정중심측정(CBM) 절차에 근거하여 제작한 검사로, 각 검사는 진단과 더불어 아동의 변화를 지속적으로 점검하는 형성평가도구로도 활용된다.

〈표 12-8〉 기초학습기능 수행평가체제의 개요

항목	내용
목적	• 아동의 기초학습 수행발달 수준과 발달 정도를 기초평가와 형성평가를 통해 반복적으로 평가하고 진전도를 측정함으로써 추후 학업에서 발생할 수 있는 문제점 예방
적용연령	• 초등학교 1~3학년
결과해석	• 백분위 점수, T 점수, 학년점수
실시상의 유의점	• 기초학습기능 수행평가체제: 수학검사 　－기초선은 세 번 실시하여 얻은 점수 중 중간값으로 결정됨 　－학년 수준과 통합수준 점수 중 자신이 원하는 수준의 검사지에서 얻은 점수들 중 중간값을 기초선으로 삼고, 형성평가를 실시할 때도 선택한 수준의 검사지를 이용함 　－검사결과 백분위가 15% 이하인 경우에는 아래 학년수준의 검사를 실시함 • 기초학습기능 수행평가체제: 쓰기검사 　－아동의 기초선을 확인하기 위한 기초평가는 1회 실시를 원칙으로 하되, 아동의 검사 수행태도에 근거하여 재검사를 실시할 수 있으며, 그중 높은 점수를 채택함 　－재검사에서 사용될 이야기 서두는 형성평가용 이야기 중 하나를 선택함 　－검사지의 여백이 부족할 경우, 준비된 여분의 종이를 제공함 • 기초학습기능 수행평가체제: 읽기검사 　－읽기검사자료는 각각 학생용과 검사자용으로 이루어져 있음 　－기초평가용으로 제작된 읽기검사를 3회 실시하여 중간값을 기초선으로 결정함

1) 구성

(1) 기초학습기능 수행평가체제: 수학검사

초등학교 1~3학년 아동을 대상으로 수학 학습부진을 진단하기 위한 검사로, 1, 2, 3학년 교과서와 익힘책을 분석하여 네 단계의 검사를 개발하였다. 초등 1학년 학생에게는 1단계와 통합단계, 2학년에게는 2단계와 통합단계, 3학년 이상 학생에게는 3단계와 통합단계 검사를 실시한다.

〈표 12-9〉 기초학습기능 수행평가체제: 수학검사의 단계 및 대상

검사단계	학년
1단계 검사	1학년 수준
2단계 검사	2학년 수준
3단계 검사	3학년 이상 수준
통합단계 검사	1, 2, 3년 모든 학년 수준

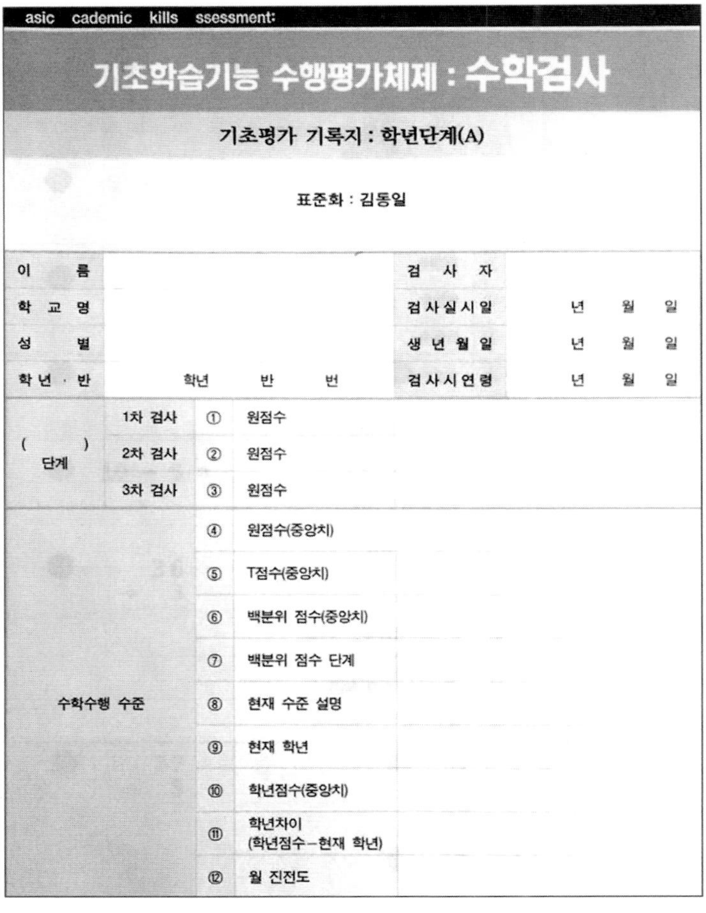

asic cademic kills ssessment:

기초학습기능 수행평가체제 : 수학검사

기초평가 기록지 : 학년단계(A)

표준화 : 김동일

이 름		검 사 자	
학 교 명		검사실시일	년 월 일
성 별		생 년 월 일	년 월 일
학 년 · 반	학년 반 번	검사시연령	년 월 일

( ) 단계	1차 검사	①	원점수	
	2차 검사	②	원점수	
	3차 검사	③	원점수	
수학수행 수준		④	원점수(중앙치)	
		⑤	T점수(중앙치)	
		⑥	백분위 점수(중앙치)	
		⑦	백분위 점수 단계	
		⑧	현재 수준 설명	
		⑨	현재 학년	
		⑩	학년점수(중앙치)	
		⑪	학년차이 (학년점수−현재 학년)	
		⑫	월 진전도	

[그림 12-3] 기초학습기능 수행평가체제: 수학검사 기록지

(2) 기초학습기능 수행평가체제: 쓰기검사

초등학교 1~6학년 아동을 대상으로 쓰기문제를 진단하기 위한 검사로, 주어진 시간 내에 얼마나 많은 글자를 정확하게 쓰는가를 측정한다. 기초평가와 형성평가로 구성되어 있다.

asic cademic kills ssessment:

기초학습기능 수행평가체제 : 쓰기검사

기초평가 기록지

표준화 : 김동일

이 름		검 사 자	
성 별	남 · 여	검사실시일	년 월 일
학 교 명		생 년 월 일	년 월 일
학 년 · 반	학년 반 번	검사시연령	년 월 일

쓰기 유창성 수준	①	원점수	
	②	T점수	
	③	백분위 점수	
	④	백분위 점수 단계	
	⑤	현재 수준 설명	
	⑥	현재 학년	
	⑦	학년점수	
	⑧	학년차이(학년점수−현재 학년)	
	⑨	월 진전도	

정성적 평가 결과		영 역	수 준	평가기준
	⑩	형 식		
	⑪	조 직		
	⑫	문 체		
	⑬	표 현		
	⑭	내 용		
	⑮	주 제		
	⑯	총 평		

[그림 12-4] 기초학습기능 수행평가체제: 쓰기검사 기록지

(3) 기초학습기능 수행평가체제: 읽기검사

초등학교 1학년 아동을 대상으로 읽기곤란이나 읽기장애를 진단하기 위한 검사이다. 기초평가[읽기검사자료 1(읽기유창성), 읽기검사자료 2(빈칸 채우기)]와 형성평가로 구성되어 있다.

basic Academic Skills Assessment: READING

기초학습기능 수행평가체제 : 읽기검사

기초평가 기록지

표준화 : 김동일

이 름			검 사 자			
학 교 명			검사실시일	년	월	일
성 별			생 년 월 일	년	월	일
학 년 · 반		학년 반 번	검사시연령	년	월	일
읽기검사 1회	①	원점수				
읽기검사 2회	②	원점수				
읽기검사 3회	③	원점수				
읽기수행 수준	④	원점수(중앙치)				
	⑤	T점수(중앙치)				
	⑥	백분위 점수(중앙치)				
	⑦	백분위 점수 단계				
	⑧	현재 수준 설명				
	⑨	현재 학년				
	⑩	학년점수(중앙치)				
	⑪	학년차이 (학년점수-현재 학년)				
	⑫	월 진전도				
빈칸 채우기	⑬	원점수				
	⑭	백분위 점수				
	⑮	T점수				
	⑯	학년점수				

[그림 12-5] 기초학습기능 수행평가체제: 읽기검사 기록지

2) 특징

- 사용이 간편하다.
- 시간이나 비용에 있어 효과적이다.
- 형성평가로 활용 가능하다(교육적 정보 제공으로 진도, 교수계획 등의 수립에 도움).
- 학습의 효과를 확인 가능하다.
- 상대적인 위치를 알 수 있다.

6. 읽기진단평가(RDA; 김윤옥, 2017)

읽기진단평가(Readability Diagnostic Assessment: RDA)는 만 5세에서 고등학교 1학년 수준까지 24단계의 읽기수준으로 위계화되어 있는 학년 참조 검사이다. 이 검사는 주로 비형식적 읽기검사로 문자 해호화(decoding)와 이해력을 평가 대상으로 한다.

〈표 12-10〉 읽기진단평가의 개요

항목	내용
목적	• 특수교육대상자 선정을 위해 학업성취도 평가에 필요한 읽기 문제 및 수준 파악 • 학생이 가진 강점과 약점을 파악하여 교수계획을 수립하고, 읽기의 수행수준 및 향상 정도 파악
적용연령	• 만 5세~고등학교 1학년
결과해석	• 읽기수준(독립적 수준, 교수적 수준, 요주의 수준) 제시
실시상의 유의점	• 아동이 쉽게 읽을 수 있다고 생각되는 학년의 문장으로부터 시작함 • 입으로 읽기를 먼저 실시함 • 듣기 · 이해를 70% 이상을 맞히면 다음 학년 단계로 진행함 • 질문에 답하기 위해 읽은 문장을 다시 보거나 이야기해 주는 것은 허용하지 않음 • 아동이 3~4초 이내에 파악한 단어를 말하지 못하면, 그 단어에 대해 아동이 원하는 만큼 무제한의 시간을 주고 반응을 기록함

1) 구성

이 검사는 네 가지 영역(입으로 읽기, 눈으로 읽기, 듣기 · 이해, 단어파악)으로 읽기 수준을 파악하도록 구성되어 있는데, 이에 대한 구체적인 내용은 〈표 12-11〉과 같다. 이해 영역에 대한 평가내용이 눈으로 읽고 이해하는 것과 듣고 이해하는 것으로 구성됨에 따라 하위검사는 네 가지 유형이 된다.

〈표 12-11〉 읽기진단평가의 내용 구성

구성영역	평가내용	평가방법
입으로 읽기	얼마나 정확하고 빠르고 유창하게 읽는지 평가	읽는 속도, 정확도, 읽기 특성 파악
눈으로 읽기	글의 이해에 초점	눈으로 읽기의 특성과 초인지적 읽기능력 관찰 가능
듣기	듣기 이해에 초점	듣기 이해 질문의 응답에서 학년수준에의 적절함, 기억/이해/추론 질문에서의 어려움 등을 관찰 및 분석
이해	눈으로 읽기와 듣기 이해에서 방금 읽은 문장 단락에 대해 질문하기로 이해력 파악에 초점	개방형 질문 사용, 기억, 이해, 추리력 사고에 대한 질문
단어파악	비형식적 읽기검사의 수준을 파악하고 단어 파악의 수준을 알아보기 위함	짧은 시간에 단어를 보고 어떤 단어인지 파악하는 능력을 관찰

K-10
기록지

읽기진단평가

연구개발 | 김윤옥

이름		성별	남☐　여☐
생년월일	년　　월	일 (음력/양력)	
학교/학년			
검사일자	년　　월	일	
검사자			

읽기 학년 수준 개괄 표

학년 - 학기	입으로 읽기	눈으로 읽기	듣기이해	단어파악	학년 - 학기
10 - 2	•	•	•	•	10 - 2
10 - 1	•	•	•	•	10 - 1
9 - 2	•	•	•	•	9 - 2
9 - 1	•	•	•	•	9 - 1
8 - 2	•	•	•	•	8 - 2
8 - 1	•	•	•	•	8 - 1
7 - 2	•	•	•	•	7 - 2
7 - 1	•	•	•	•	7 - 1
6 - 2	•	•	•	•	6 - 2
6 - 1	•	•	•	•	6 - 1
5 - 2	•	•	•	•	5 - 2
5 - 1	•	•	•	•	5 - 1
4 - 2	•	•	•	•	4 - 2
4 - 1	•	•	•	•	4 - 1
3 - 2	•	•	•	•	3 - 2
3 - 1	•	•	•	•	3 - 1
2 - 2	•	•	•	•	2 - 2
2 - 1	•	•	•	•	2 - 1
1 - 2	•	•	•	•	1 - 2
1 - 1	•	•	•	•	1 - 1
K - 4	•	•	•	•	K - 4
K - 3	•	•	•	•	K - 3
K - 2	•	•	•	•	K - 2
K - 1	•	•	•	•	K - 1

읽기능력 원점수

초등 2학년 2학기~고등 1학년 : (눈으로 읽기 정답 수) × 10 = _____
K~3 ~ 초등 2학년 1학기 : (눈으로 읽기 정답 수) × 20 = _____
※ 백분위 점수 환산은 전문가 지침서 부록 참조

[그림 12-6] 읽기진단평가 기록지

2) 특징

- 교육과정중심 읽기진단검사이므로 읽기의 수준을 학년별로 파악할 수 있다. 다만 교육과정 개편과 교과서 개정으로 인해 학년에 해당하는 적용 내용이 다를 수 있다.
- 준거 참조 검사이므로, 개별화교육계획(IEP) 목표를 제시할 수 있다.
- 비표준화 검사이므로 검사 실시에 소요되는 시간이 길지 않고, 일반 교실수업에 대안적으로 활용되는 교재로 제작이 가능하다.
- 아동이 가지고 있는 이해의 유형을 제시하고, 아동의 읽기 속도에 대한 정보를 알 수 있다.

7. 국립특수교육원 기초학력검사(KISE-BAAT; 박경숙, 김계옥, 송영준, 정동영, 정인숙, 2005)

국립특수교육원 기초학력검사(Korea Institute for Special Education-Basic Academic Achievement Tests: KISE-BAAT)는 읽기, 쓰기, 수학 기초학력을 평가하는 데 필요한 기초적인 요소들을 포함한 기초학력 평가도구이다.

〈표 12-12〉 국립특수교육원 기초학력검사의 개요

항목	내용
목적	• 국어와 수학에서 부진을 나타내는 아동과 청소년 선별 및 진단 • 부진을 나타내는 영역과 수준을 파악하여 아동의 교육계획 수립과 적용에 필요한 정보 제공
적용연령	• 만 5~14세
결과해석	• 백분위 점수, 학력지수, 학년규준

실시상의 유의점	• 초등학교 4학년 이상인 아동의 경우 선수기능검사를 생략함 • 한 번의 회기에 검사 전체를 실시하는 것이 좋으나, 피검사자 검사 전체를 실시하기 어려운 경우 하위영역별로 분리해서 일주일 내 두 번째 검사를 실시함 • 어린 아동 및 특수아동의 경우 검사의 계속적인 진행이 어렵다고 판단되면, 검사를 중지했다가 다시 진행하는데, 중지했던 곳을 기록해 두고, 중지이유와 중지기간 동안 나타난 피검사자의 행동을 기록함 • 검사의 순서는 선수기능검사부터 시작하여 정해진 순서대로 실시해야 하지만 피검사자가 특정 검사영역을 기피하거나 싫증 내는 경우 순서를 변경할 수 있음 • 만 5~6세의 어린 아동과 특수아동, 읽기 또는 수학능력에 부진함이 있다고 판단되는 경우 모든 검사영역은 1번 문항부터 실시함 • 4학년 이상의 아동은 영역별로 검사지에 표시되어 있는 시작 문항부터 실시하나, 연속적으로 3개 문항에 대해 정답을 제시하지 못하면 시작 문항부터 역순으로 실시함 • 한 검사영역에서 연속적으로 5문항 이상 정답을 제시하지 못하면 검사를 중지함 • 지적장애가 아니라 정서불안 및 기타 정서 문제가 판단될 경우 검사를 중단함 • 말하기 어려운 피검사자는 손으로 짚어 보게 하고, 쓰기동작이 어려운 경우에는 검사자가 대필할 수 있음 • 연결어를 사용하면 연결어 없이 다시 해 보게 하고, 비속어를 쓰지 않도록 안내함 • 피검사자가 쓰는 순서를 보고 채점함 • 부정의 답안일 경우 긍정문을 쓰도록 유도함

1) 구성

(1) 읽기

[그림 12-7] 국립특수교육원 기초학력검사(읽기) 기록지

(2) 쓰기

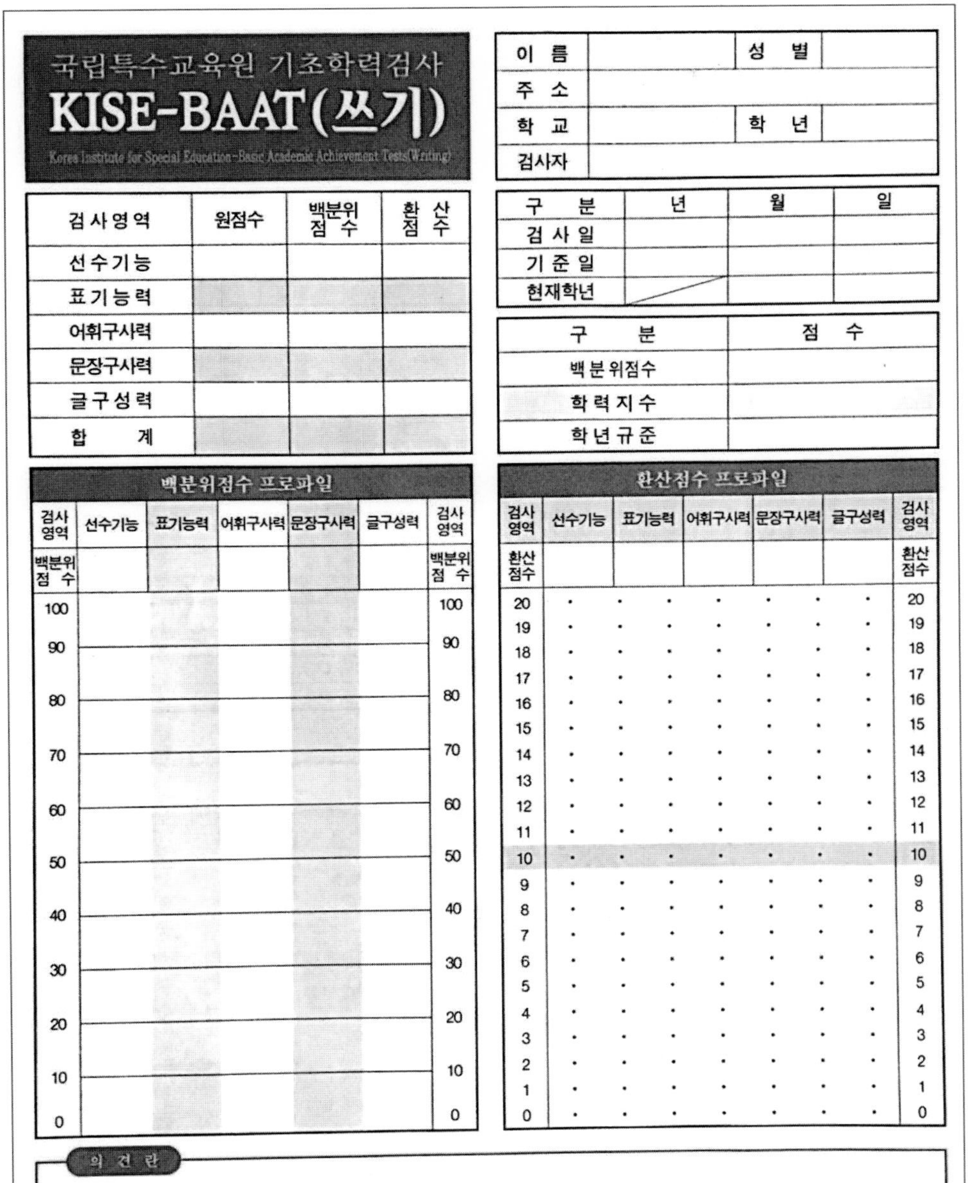

[그림 12-8] 국립특수교육원 기초학력검사(쓰기) 기록지

(3) 수학

국립특수교육원 기초학력검사

KISE-BAAT(수학)

Korea Institute for Special Education-Basic Academic Achievement Tests(Math)

이 름		성 별	
주 소			
학 교		학 년	
검사자			

검 사 영 역	원점수	백분위 점 수	환 산 점 수
수			
도 형			
연 산			
측 정			
확률과 통계			
문 제 해 결			
합 계			

구 분	년	월	일
검 사 일			
기 준 일			
현재학년			

구 분	점 수
백 분 위점수	
학 력 지 수	
학 년 규 준	

백분위점수 프로파일

검사영역	수	도형	연산	측정	확률과통계	문제해결	검사영역
백분위 점 수							백분위 점 수
100							100
90							90
80							80
70							70
60							60
50							50
40							40
30							30
20							20
10							10
0							0

환산점수 프로파일

검사영역	수	도형	연산	측정	확률과통계	문제해결	검사영역
환산점수							환산점수
20	·	·	·	·	·	·	20
19	·	·	·	·	·	·	19
18	·	·	·	·	·	·	18
17	·	·	·	·	·	·	17
16	·	·	·	·	·	·	16
15	·	·	·	·	·	·	15
14	·	·	·	·	·	·	14
13	·	·	·	·	·	·	13
12	·	·	·	·	·	·	12
11	·	·	·	·	·	·	11
10	·	·	·	·	·	·	10
9	·	·	·	·	·	·	9
8	·	·	·	·	·	·	8
7	·	·	·	·	·	·	7
6	·	·	·	·	·	·	6
5	·	·	·	·	·	·	5
4	·	·	·	·	·	·	4
3	·	·	·	·	·	·	3
2	·	·	·	·	·	·	2
1	·	·	·	·	·	·	1
0	·	·	·	·	·	·	0

의 견 란

저작권 보유자 : 국립특수교육원

[그림 12-9] 국립특수교육원 기초학력검사(수학) 기록지

📝 〈표 12-13〉 국립특수교육원 기초학력검사의 수학검사 영역

영역	내용
수	범 자연
	분수와 소수
	비와 백분율
도형	도형
연산	덧셈
	뺄셈
	곱셈
	나눗셈
	암산
측정	측정
	시간과 화폐
	어림
확률과 통계	확률과 통계
문제해결	문제해결

2) 특징

- 학생의 교육 출발점에서 출발점 행동을 진단한다.
- 교수를 진행하는 동안 교수활동 개선을 위한 정보를 제공하며 교수활동의 효과 판정을 위한 정보를 제공한다.
- 학습장애 아동을 포함하여 학교 학습에서 부진을 나타내는 아동과 학습에 곤란을 겪고 있는 아동을 선별하고 장애아동과 관련된 개별화교육을 계획, 적용하고 평가하는 데 지표가 된다.
- 학생의 학력진단을 통해 학년수준, 연령수준 및 특정 영역이나 특정 목표의 습득과 실태를 진단한다.
- 학생에게 어느 학년수준의 교육과정을 적용할 것인가에 대한 정보를 제공하여 학습진단의 배치를 용이하게 지원한다.

- 학생의 특정 목표의 습득 성공과 실패를 드러내어 장·단기 교육목표의 설정과 장·단점의 기술, 즉 개별화교육계획의 수립과 적용을 지원한다.
- 교과의 교수–학습목표를 제대로 학습하고 있는지를 점검하는 학업성취도 평가도구로 활용 가능하다.
- 규준 참조 검사이며 개인용 검사이다.
- 가형과 나형 2종의 동형 검사이다.
- 범교과적 접근을 하는 검사도구이다.

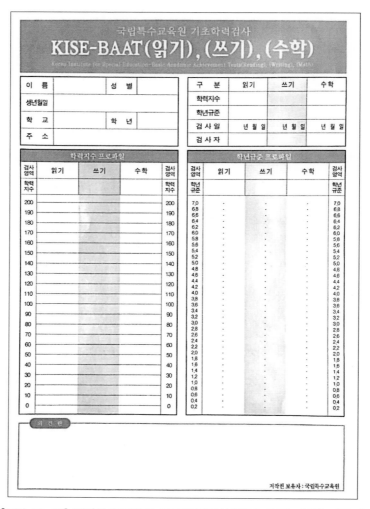

[그림 12-10] 국립특수교육원 기초학력검사(읽기, 쓰기, 수학) 기록지

제**13**장

사회 · 정서적 영역 발달 검사

학습목표

◆ 사회 · 정서적 발달검사의 유형을 알 수 있다.
◆ 유아 및 아동 · 청소년의 행동평가척도 실시방법 및 결과를 해석할 수 있다.
◆ 자폐성장애 행동 특성에 대한 척도 유형을 알고 실시방법을 익힌다.
◆ 표준점수(예: T 점수)의 적용사례를 통해 해석과 의미를 알 수 있다.

이 장의 중요성

아동의 사회 · 정서적 발달을 양적으로 측정하는 것이 쉬운 일이 아니며, 타당성을 확보하기도 어렵다. 그렇기 때문에 이를 진단하기 방법으로 표준화된 검사 외에 면담 혹은 관찰이 활용되기도 한다. 아동과 직접 면담하는 경우에는 의사소통 능력이 갖추어져야 하므로, 특수아동의 경우에는 부모 및 양육자와 면담하거나 아동의 행동을 관찰하여 진단하기도 한다. 그러므로 아동의 사회 · 정서적 영역에 대한 발달을 측정하기 위해서는 표준화된 검사 척도들과 비공식적인 방법들을 병행 실시하여 다양한 정보를 활용하는 것이 중요하다.

1. 사회 · 정서적 영역 발달 검사의 개요

영유아기의 발달 검사에서 사회적 상호작용 행동에 해당하는 의사소통과 친사회적 기술 등을 포함하여 다루고 있으며, 실제로 여러 영역의 발달이 상호 연관되어 있기도 하다. 또한 사회적 적응행동검사에서도 문제행동과 심리적 부적응 및 품행의 문제를 포함한다. 그러나 특수교육대상자의 사회 · 정서적 영역의 문제는 하나의 장애로 분류되는 경우보다 다른 주된 장애에 수반되어 문제가 되는 경우가 많으므로, 이에 대한 체계적인 진단은 매우 시급하다고 볼 수 있다.

사회 · 정서적 영역 발달을 측정할 수 있는 공식적 표준화된 검사는 많지 않고, 그나마 자폐성장애를 진단하기 위한 도구들이 대부분이다. 다음의 내용에서 다루게 되는 검사도구들도 행동평가척도(CBCL)만 정서 · 행동에 관련된 척도이고 나머지는 자폐성장애 행동을 진단하는 도구들이다.

〈표 13-1〉 사회 · 정서적 영역 발달 검사도구

검사도구	도구 개요
유아행동평가척도 (CBCL 1.5-5)	• 유아기에 나타나는 정서행동 문제를 평가 • 18개월~만 5세 • 원점수, T 점수, 백분위
ASEBA 아동 · 청소년 행동평가척도 (ASEBA CBCL 6-18)	• 아동과 청소년의 정서 · 행동 문제를 평가하여 조기에 감별 및 진단 • 6~18세 • 문제행동척도(문제행동증후군 척도, DSM 진단척도, 문제행동 특수 척도), 적응척도
한국판 아동기 자폐 평정 척도 2판 (K-CARS2)	• 자폐성장애를 지닌 사람을 판별하고 다른 장애와 구별하는 데 도움을 주는 평가체계 • 전 연령 • 항목점수는 정도, 총점은 전반적인 심각도, 표준점수는 비교 및 변화 측정에 유용
이화-자폐아동 행동발달 평가 도구 (E-CLAC)	• 정상아동과 자폐아동의 행동발달 및 병리성 수준을 평가하는 면접용 도구 • 자폐성장애로 문제가 되는 연령으로, 만 1~6세 • 발달용 사이코그램과 병리 사이코그램
한국 자폐증 진단검사 (K-ADS)	• 자폐증으로 의심되는 아동 및 청소년 진단 • 만 3~21세 • 표준점수, 백분위 점수, 자폐지수

2. 유아행동평가척도(CBCL 1.5-5; 오경자, 김영아, 2009)

유아행동평가척도(Child Behavior Checklist for ages 1.5–5: CBCL 1.5–5)는 18개월에서 만 5세의 유아를 대상으로 부모의 보고를 통해 문제행동을 측정하고 평가하기 위해 개발된 검사도구이다. 임상현장에서 개개인의 문제행동뿐 아니라 일반 지역사회 내 아동을 대상으로 하는 여러 연구에도 널리 활용되고 있다.

〈표 13-2〉 유아행동평가척도의 개요

항목	내용
목적	• 부모 보고를 통해 유아기에 나타나는 정서행동 문제를 평가하여 문제를 조기에 발견 및 진단하며, 적응의 경과를 비교 판단하는 데 활용함 • 발달과정에 전반적으로 영향을 미치는 언어발달을 평가하기 위한 언어발달검사가 36개월 이전 유아를 대상으로 포함되어 있어 어휘력과 함께 유아기 적응 상황을 살펴보고 문제를 진단할 수 있음 • 동일한 아동의 행동에 대해 각 부모 또는 교사의 평가는 다를 수 있으므로 다차원적 평가 정보 수집 가능 • 초기 면담을 효과적으로 진행하기 위해 면담도구의 역할 • 병원, 유치원, 유아원, 상담기관 등 다양하게 평가 활용
적용연령	• 18개월~만 5세
결과해석	• 홈페이지(www.aseba.or.kr)에 검사지의 문항 순서대로 기록된 점수를 해당 화면에 검사자가 직접 입력 • 문제행동증후군척도, DSM 방식척도의 점수 및 그래프, 문제가 있는 문항, 18~36개월 아동의 경우 언어발달검사 결과 제시 • 원점수, T 점수, 백분위
실시상의 유의점	• 검사문항에서 대상 유아에게 관찰할 기회가 없었던 경우는 '관찰할 기회가 없었다.'라고 씀 • 같은 연령대 아이들에게서 일반적으로 기대할 수 있는 모습을 비교 기준으로 하여 판단을 내려서 평가함 • 만 6세는 원칙적으로 CBCL 6–18을 실시해야 하지만, 아직 학교에 다니지 않고 유치원에 다니고 있다면 실시 가능함 • 언어발달검사(LSD)는 18개월부터 만 3세 이하의 유아를 대상으로 하지만, 만 3세 이상이더라도 언어발달에 문제가 있는 아이의 경우 실시함

1) 구성

행동평가척도는 문제행동을 평가하는 100개 문항으로 각 문항에 대하여 지난 6개월 내에 유아가 그 행동을 보였는지를 판단하여 3점 척도로 평가한다. 내재화 문제행동, 외현화 문제행동, 문제행동 총점과 5개의 DSM 방식척도 점수를 산출한다.

언어발달검사는 18개월부터 만 3세까지의 유아의 경우 추가로 포함한다. 어휘력과 문장길이 검사로 구성되어 있다.

〈표 13-3〉 행동평가척도와 언어발달검사의 구성

행동평가척도					
증후군 척도	총문제 행동	내재화척도	정서적 반응성	총점	총점 (총 문제행동 점수)
			불안/우울		
			신체증상		
			위축		
		외현화척도	주의집중문제	총점	
			공격행동		
		총점	수면문제		
			기타문제		
DSM 방식척도	DSM 정서문제				
	DSM 불안문제				
	DSM 전반적 발달문제				
	DSM 주의력결핍/과잉행동문제				
	DSM 반항행동문제				
언어발달검사(LDS)					
어휘력척도	14개 범주로 구성된 310개의 문항 중 유아가 알고 사용하는 단어의 수				
문장길이척도	5문장에 사용된 어절의 수의 평균				

2) 특징

- 동일한 유아의 행동에 대해 각 부모 또는 교사의 평가는 다를 수 있으므로 다차원적 평가와 정보 수집이 가능하다.
- 초기 면담을 효과적으로 진행하기 위해 면담도구의 역할을 한다.
- 병원, 유치원, 유아원, 상담기관 등의 평가에 다양하게 활용 가능하다.

[그림 13-1] 유아행동평가척도 기록지

3. ASEBA 아동 · 청소년 행동평가척도(ASEBA CBCL 6-18; 오경자, 김영아, 2010)

아동 · 청소년의 정서 및 행동 발달을 평가하기 위해 Aschenbach와 Edelbrock이 1983년에 CBCL(Child Behavior Checklist)과 YSR(Youth Self-Report)을 개발하였고, 이를 우리나라에서도 K-CBCL과 K-YSR로 표준화하여 사용해 왔다. Achenbach 연구팀이 전 연령대에 걸쳐 행동문제를 평가하는 ASEBA(Achenbach System of Empirically Based Assessment) 시스템을 구축하였고, 아동 · 청소년기의 행동평가척도들은 ASEBA 학령기용(School-Age Forms) 검사로 명명되었다. 2001년 전반적으로 개편된 미국판 ASEBA 학령기용 세 가지 검사(CBCL 6-18, YSR, TRF)를 한국판으로 표준화하여 개발한 것이다.

◆ 〈표 13-4〉 ASEBA 아동 · 청소년 행동평가척도의 개요

항목	내용
목적	• 아동 및 청소년의 정서 · 행동적 문제와 상태를 파악하여 중재하기 위해 사용
적용연령	• 6~18세
결과해석	• 척도점수(원점수, 백분위, T 점수) • 상위척도인 문제행동총점, 내재화, 외현화 척도 경우 　－임상범위: T 점수 64 이상 　－준임상범위: T 점수 60~63 　－정상범위: T 점수 60 미만 • 하위척도인 문제행동증후군 척도, DSM 진단척도 및 문제행동 특수척도 경우 　－임상범위: T 점수 70 이상 　－준임상범위: T 점수 65~69 　－정상범위: T 점수 70 미만
실시상의 유의점	• 작성자가 부모 및 교사인 경우(CBCL 6-18, TRF) 　－어떤 항목이 대상 아동 · 청소년에게 해당되지 않을 경우, 가장 가까운 빈도를 표시를 하고, 이유를 옆에 씀 　－같은 연령대 아이들에게서 일반적으로 기대할 수 있는 모습에 근거하여 평가가 이루어져야 함

> • 작성자가 청소년 본인일 경우(YSR)
> –어떤 항목이 본인에게 해당되지 않을 경우, 빈도를 표시하고 이유를 옆에 씀
> –본인이 그런 행동을 했는지 확신이 없는 경우에도 최대한 가까운 응답을 기록함
> –특정한 친구들을 비교 대상으로 하지 않고, 일반적인 또래 친구들에게서 나타날 수 있는 모습에 근거해서 평가함

1) 구성

(1) 문제행동척도

문제행동척도는 문제행동증후군 척도, DSM 진단척도, 문제행동 특수척도로 구성되어 있다. 문제행동증후군 척도는 증후군 소척도 8개, 기타문제와 이들 하위척도의 합으로 구성되는 상위척도인 내재화, 외현화, 총 문제행동점수(문제행동총점)으로 구성된다. DSM 진단척도는 DSM 진단기준에 맞추어 문제행동 문항을 분류한 DSM 진단방식의 6개 척도가 포함된다. 문제행동 특수척도는 CBCL 6-18, TRF에는 강박증상, 외상후스트레스문제, 인지속도 부진의 세 가지 문제행동 특수척도가 제공되며, YSR에서는 이 중 강박증상, 외상후스트레스문제만이 제공된다.

◆ 〈표 13-5〉 문제행동척도의 내용

척도		요인명
문제행동증후군 척도	내재화	신체증상
		불안/우울
		위축/우울
	외현화	사회적 미성숙
		사고문제
		주의집중문제
		기타문제
	문제행동 총점(내재화＋외현화)	

DSM 진단척도	DSM 정서문제
	DSM 불안문제
	DSM 신체화문제
	DSM ADHD
	DSM 반항행동문제
	DSM 품행문제
문제행동 특수척도	강박증상
	외상후스트레스문제
	인지속도 부진

(2) 적응척도

적응척도는 아동 · 청소년이 집, 학교 등에서 가족 및 친구와 관계를 유지하고 학업을 수행하는 면에서 어느 정도 적응수준을 보이고 있는지 평가한다. CBCL 6-18 적응척도 총점은 사회성, 학업수행 척도의 합으로 계산되고, YSR 적응척도 총점은 사회성, 성적 척도의 합으로 계산된다. TRF는 성적 척도와 성실, 행동 적절성, 학습, 밝은 정서 평가문항의 합으로 구성된 학교적응 척도로 구성되어 있고, 적응척도 총점은 따로 계산하지 않는다.

◆〈표 13-6〉 적응척도의 구성

구분	척도명
CBCL 6-18	사회성
	학업수행
	적응척도 총점(사회성+학업수행)
YSR	사회성
	성적
	적응척도 총점(사회성+성적)
	긍정자원척도(문제행동척도 중 긍정적 행동과 관련된 14개 문항의 합)
TRF	성적
	학교적응

2) 특징

- 아동·청소년기의 행동 문제들을 평가하여 문제를 조기에 감별하고, 진단에 활용하며 적응의 경과를 비교 판단하는 데 활용하기 위해 개발하였다.
- 기본적으로 1명 이상의 보고자에 의한 다각적 평가를 통합하여 개인에 대한 전반적 이해에 도움을 준다.
- 다양한 평가자가 다양한 환경적 맥락에서 평가를 할 경우 평가자 간 관점의 차이를 알 수 있다.
- 아동·청소년의 문제행동을 유발하는 요인이 어떤 것인지를 탐색하는 데 있어 이해의 폭을 넓힐 수 있다.
- 아동·청소년의 정서 및 행동 문제가 학업성취뿐만 아니라 다른 학교생활을 어렵게 하는 것을 방지하기 위해 학생의 상태를 파악하여 중재한다.

사례

박○○(남, 학습장애, 생활연령 15세, 중학교 2학년, 특수학급 재학)

- 검사 실시태도

중학교 2학년 특수학급에 재학 중인 이○○ 학생은 학습장애로 선정되어 ADHD 약을 복용한 경험이 있다. TRF는 2년간 이○○ 학생을 지도한 특수학급 담임이 작성하였고, YSR은 본인이 직접 특수학급에서 작성하였다. 이○○은 기록지 작성 시 이해가 어려운 내용은 특수교사에게 질문하며 성실히 응답하였다.

- TRF 결과
  - 문제행동증후군 척도

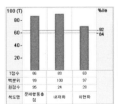
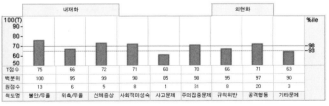

문제행동 총점은 T 점수=86점으로 임상범위이며, 내재화 척도는 T 점수=89, 외현화 척도는 T 점수=69로 모두 임상범위에 속하는 것으로 나타났다. 현재 임상범위에 해당하는 문제행동 증후군은 [불안/우울, 신체증상, 사회적 미성숙, 주의집중문제, 공격행동]이며, 준임상범위에 해당하는 문제행동증후군은 [위축/우울, 규칙위반]으로 보인다.

－DSM 진단척도

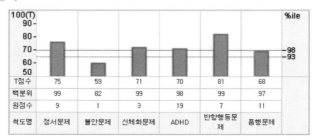

현재 임상범위에 해당하는 것으로 보이는 DSM 진단기준 문제행동은 [정서문제, 신체화문제, ADHD, 반항행동문제]이며, 준임상범위에 해당하는 DSM 진단기준 문제행동은 [품행문제]로 나타나고 있다.

－문제행동 특수척도

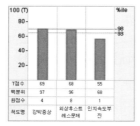

강박증상은 T 점수=69로 준임상범위이며, 외상후스트레스문제는 준임상범위, 인지속도 부진은 T 점수=55로 정상범위이다.

－적응척도

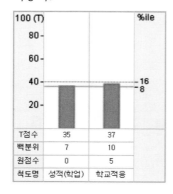
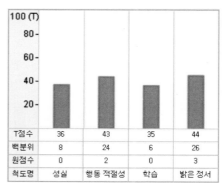

성적(학업)은 T 점수=35로 임상범위, 학교적응은 T 점수=37으로 준임상범위이다.

- YSR 결과
 - 문제행동증후군 척도
  문제행동 총점은 T 점수=50으로 정상범위이며, 내재화 척도는 T 점수=46, 외현화 척도는 T 점수=53으로 모두 정상범위로 나타났다. 현재 임상범위에 해당하는 것으로 보이는 문제행동 증후군은 [없음]이며, 준임상범위에 해당하는 문제행동 증후군도 [없음]으로 나타났다.
 - DSM 진단척도
  현재 임상범위에 해당하는 것으로 보이는 DSM 진단기준 문제행동은 [없음]이며, 준임상범위에 해당하는 DSM 진단기준 문제행동도 [없음]으로 나타났다.
 - 문제행동 특수척도
  강박증상은 T 점수=50으로 정상범위, 외상후스트레스문제는 T 점수=53으로 정상범위이다.
 - 적응척도
  적응척도 총점은 T 점수=37으로 준임상범위이다. 사회성 척도는 T 점수=43으로 정상범위, 성적(학업)척도는 T 점수=20으로 임상범위이다.

4. 한국판 아동기 자폐 평정 척도 2판(K-CARS2; 이소현, 윤선아, 신민섭, 2019)

한국판 아동기 자폐 평정 척도 2판(Korean Childhood Autism Rating Scale, Second Edition: K-CARS2)은 영유아, 아동, 청소년, 대학생, 성인을 대상으로 자폐성장애(autism spectrum disorders: ASDs)를 판별하고, 다른 장애와 구별하기 위해 개발된 평가체계이다. 국내의 자폐성장애인을 대상으로 표준화하여 초판에 비해 검사 대상연령이 확대되고, 고기능 자폐나 아스퍼거장애를 식별하기 위해 평정체계를 분리하였다.

〈표 13-7〉 한국판 아동기 자폐 평정 척도 2판의 개요

항목	내용
목적	• 자폐성장애를 판별하고, 대상자의 자폐적 특성과 정도를 확인
적용연령	• 전 연령
결과해석	• 수준별 기준점수

원점수(총점)	증상의 정도
15~29.5	증상이 없거나 최소한의 자폐 관련 행동
30~36.5	경도에서 중등도 수준의 자폐 관련 행동
37~60	중도 수준의 자폐 관련 행동

결과해석	• 표준점수(T 점수, 백분위 점수)
실시상의 유의점	• 15개의 항목 점수와 총점으로 특정 증상에서의 정도와 전반적인 심각도를 알 수 있음 • 분할점을 기준으로 해석하는데, 이를 엄격하게 적용하기보다는 다양한 정보를 종합적으로 고려해야 함 • 장애를 진단할 때 수준별 기준점수만을 공식적인 양적 근거로 사용해서는 안 됨

1) 구성

한국판 아동기 자폐 평정 척도 2판은 세 가지 양식(표준형 평가지, 고기능형 평가지, 부모/양육자 질문지)으로 구성되어 있으며, 15개의 항목에 대해 1~4점으로 평정하게 되어 있다.

〈표 13-8〉 한국판 아동기 자폐 평정 척도 2판의 구성

구성	내용
표준형 평가지 (K-CARS2-ST)	• 초판을 개정하여 다시 명명한 것 • 6세 이하 아동에게 사용되며, 6세 이상이더라도 IQ가 79 이하이거나 주목할 만한 의사소통 결함을 지닌 아동에게 사용하는 평가지

고기능형 평가지 (K-CARS2-HF)	• 고기능형 평가지로, 개정판에 새롭게 추가 • IQ 80 이상이고 구어가 유창한 6세 이상의 아동을 대상으로 사용하는 평가지
부모/양육자 질문지 (K-CARS2-QPC)	• 표준형 평가지, 고기능형 평가지와 공통적으로 실시하는 검사지 • 행동관찰과 양육자 면담 검사지

〈표 13-9〉 평가지의 항목 내용

항목	표준형 평가지(ST)	고기능형 평가지(HF)
1	사람과의 관계	사회-정서 이해
2	모방	정서 표현 및 정서 조절
3	정서 반응	사람과의 관계
4	신체 사용	신체 사용
5	사물 사용	놀이에서의 사물 사용
6	변화에 대한 적응	변화에 대한 적응/제한된 관심
7	시각 반응	시각 반응
8	청각 반응	청각 반응
9	미각, 후각, 촉각 반응 및 사용	미각, 후각, 촉각 반응 및 사용
10	두려움 또는 불안	두려움 또는 불안
11	구어 의사소통	구어 의사소통
12	비구어 의사소통	비구어 의사소통
13	활동 수준	사고/인지적 통합 기술
14	지적 반응 수준 및 일관성	지적 반응 수준 및 일관성
15	전반적 인상	전반적 인상

[그림 13-2] 한국판 아동기 자폐 평정 척도 2판 기록지

2) 특징

- 아동, 청소년, 성인을 포함하여 모든 연령의 대상자에게 적용이 가능하다.
- 직접적인 행동관찰과 부모 및 양육자 면담을 통해 객관적이고 수량화된 평정 척도로 활용이 가능하다.
- 고기능형 평가지가 추가되어 자폐성장애에 대한 다양한 행동 특성을 진단하는 데 유용하다.
- 간략하면서도 신뢰할 만한 종합적 정보를 제공한다.

5. 이화-자폐아동 행동발달 평가 도구(E-CLAC; 김태련, 박량규, 1992)

이화-자폐아동 행동발달 평가 도구(EWHA-Check List for Autistic Children: E-CLAC)는 우리나라 아동의 행동발달규준과 병리성 수준을 평가함으로써 정상아는 물론 자폐아 행동발달 및 병리성 수준을 평가하는 데 도움을 주고자 개발된 검사이다.

〈표 13-10〉 이화-자폐아동 행동발달 평가 도구의 개요

항목	내용
목적	• 자폐로 의심되거나 자폐성장애, 지적장애, 기타 발달장애 아동의 행동발달 및 병리성 수준을 평가하여 치료교육의 근거 제시
적용연령	• 자폐성장애가 문제가 되는 연령으로, 만 1~6세
결과해석	• 문항별로 1~5단계로 제시된 보기에서 아동의 행동 특성과 가장 부합한 것을 확인 • 척도문항의 경우 관찰의 편의를 위해 발달용 사이코그램과 병리 사이코그램 활용
실시상의 유의점	• 아동의 일반적인 행동 특징과 발달 상태를 전체적으로 파악하는 것이므로 검사의 평가자는 그 아동의 일상생활 전반을 가장 잘 알고 있는 부모나 부모 대리자가 적합함 • 검사자는 문항이 측정하고자 하는 내용을 정확하게 평가자에게 전달하고 대답을 이끌어 내야 함 • 평가 순서는 번호순으로 하는 것이 원칙이나, 평가가 어려운 경우는 물음표 표시를 하여 나중에 상담하여 평가함 • 대상아동이 완전히 달성하여 통과한 곳이 기본적인 평가 단계가 되며, 단계를 결정하기 어려운 경우에는 기본적으로 밑의 단계로 평가함 • 평가자의 대상아동에 대한 평가는 단기간의 관찰을 기초로 하는 것이 아니고 1개월 정도의 평균적인 상태를 파악하는 것이 필요함

1) 구성

각 문항이 5단계로 측정되고, 척도문항 43문항과 비척도문항 13문항으로 구성 되어 이를 근거로 사이코그램을 그린다. 1~24문항까지 각 척도 영역의 결과로 제 시되는 원형 사이코그램을 통해 개개인의 행동발달과 기능발달을 한눈에 관찰하 고, 정상발달단계와 비교할 수 있다. 사이코그램만으로 아동의 행동을 일률적으로 해석해서는 안 되며, 각 영역별 단계를 유의해서 해석해야 한다. 발달단계를 척도 상에 확대시켜 가장 낮은 발달 수준인 1단계부터 가장 높은 5단계까지 구성한다.

〈표 13-11〉 이화–자폐아동 행동발달 평가 도구의 구성

문항	구성
척도문항	• 식사습관 3문항, 배설습관 3문항, 수면습관 1문항, 착 · 탈의 3문항, 위생 2문항, 놀이 4문항, 집단에의 적응 1문항, 대인관계 4문항, 언어 5문항, 지 시따르기 1문항, 행동 5문항, 운동성 4문항, 안전관리 1문항 • 이 중 발달문항은 18개, 병리문항은 25개
비척도 문항	• 수면습관 1문항, 놀이 1문항, 운동성 1문항, 감정표현 3문항, 감각습관 7문항 • 이 중 수면습관과 운동성 문항은 모두 병리 문항 • 놀이 문항은 정상놀이와 이상놀이로 나누어져 있음 • 감정표현 문항은 정상성과 이상성으로 나누어져 있음 • 감각습관 문항은 모두 병리성이지만 무반응, 고통, 매혹으로 구분되어 있음

2) 특징

• 면접용 자폐아동 행동발달 평가도구로서 초기 면접 시 저항, 주의산만 등으로 검사 실시가 불가능한 자폐아를 대상으로 실시할 수 있다.
• 부모나 부모대리자를 통해 아동의 행동발달 상태를 객관적으로 평가하는 것 이므로 시간적, 경제적 손실을 최소화하면서 실시할 수 있는 도구이다.
• 자폐 및 발달장애 아동의 일반적인 행동 특징과 지능수준을 측정한다.

이화 – 자폐아동 행동발달 평가 도구

E – CLAC

EHWA – Check List for Autistic Children

이 름 ______ 성 별 남 · 여

소 속 ______ 주 소 ______

평 가 일 ______ 평가장소 ______

생년월일 ______ 연 령 ______

진 단 력 ______

평가기관 ______ 평 가 자 ______

평가방법

본 척도는 두 가지 유형의 문항으로 구성되어 있다.

⊙ 첫번째 종류의 문항은 척도 문항으로, 각 단계를 발달순서에 따라 5단계로 나누어, 그 중에 하나만을 선택하도록 되어 있다.

	제1단계	제2단계	제3단계	제4단계	제5단계
(2) 편식의 정도	먹으려는 의욕이 없다. ○	식사라고 정해진 것을 먹지 않는다. ○	먹는 것만 정해 놓고 먹는다. ✓	좋고 싫어하는 것이 있다. ○	좋고 싫어하는 것이 거의 없다 ○

⊙ 두번째 종류의 문항은 비척도 문항으로, 해당되는 모든 문항에 표하도록 되어 있다.

	해당되는 모든 문항에 표를 하시오.
(45) 특수한 운동	•몸흔들기를한다. ○ •머리부딪치기를한다. ✓ •빙빙돌기를한다. ○ •팔다리흔들기를한다. ○ •얼굴찡그리기를한다. ○ •묘한걸음걸이를한다. ○ •이상한손동작을한다. ✓ •이상한발동작을한다. ○ •기타

[그림 13-3] 이화–자폐아동 행동발달 평가 도구 기록지

6. 한국 자폐증 진단검사(K-ADS; 강위영, 윤치연, 2004)

한국 자폐증 진단검사(Korea Autism Diagnostic Scale: K-ADS)는 자폐증으로 의심되는 만 3세부터 21세까지의 아동 및 청소년의 자폐증을 진단하기 위한 검사이다.

〈표 13-12〉 한국 자폐증 진단검사의 개요

항목	내용
목적	• 자폐가 의심되는 아동 및 청소년의 자폐 증상 및 심도를 평가하고, 치료와 교육의 효과를 알아보기 위해 사용
적용연령	• 만 3~21세
결과해석	• 하위검사별 표준점수(평균 100, 표준편차 15), 백분위 점수 • 자폐지수(평균 100, 표준편차 15)와 백분위 점수
실시상의 유의점	• 각 문항의 행동의 발생빈도에 따라 0(전혀 발견하지 못함), 1(드물게 발견함), 2(때때로 발견함) 또는 3(자주 발견함)으로 평정함 • 모든 문항을 체크해야 하며, 확실하게 알지 못할 경우는 약 6시간 관찰 후 체크해야 함 • 언어를 사용하지 않을 경우에는 '의사소통' 하위검사는 생략함

1) 구성

피검자와 적어도 2주 이상 정규적으로 접촉해 온 부모, 교사 또는 치료사가 실시하는 0~3점 평정척도이다. 상동행동(14개), 의사소통(14개), 사회적 상호작용(14개)으로 구성되어 총 42개 문항이다.

2) 특징

• 관찰 가능하고 측정 가능한 행동들로 구성되어 있어 자폐장애를 진단하고 판별하는 데 효과적이다.
• 하위검사별로 표준점수를 산출하고 이를 토대로 자폐지수를 산출하도록 되어 있어 어떤 영역에서 문제가 심한지를 알 수 있고, 전체적인 자폐 심도를 알 수 있다.
• 자폐증의 진단과 평가는 물론 치료와 교육 효과를 알아보는 데 유용하게 사용된다.
• 상동행동, 의사소통, 사회적 상호작용 등 3개의 하위검사로 이루어져 있으며, 검사문항은 각 하위검사별 14개로 총 42문항으로 구성되어 있다.

한국 자폐증 진단검사
Korean Autism Diagnostic Scale

I. 인적사항

성 명 _____　　성별 (남, 여)　　　　검 사 일 　20　년　　월　　일
주 소 _____　　　　　　　　　　　　생년월일 　　　년　　월　　일
학 교 _____　　학 년 _____　　　　연 령 　　　　세　　　월
아버지 직업 _____　교육정도 _____　검사자 성명 _____
어머니 직업 _____　교육정도 _____　검사자 교육정도 _____졸업
피면접자 성명 _____　관계 _____　　검사자 임상경력 _____년

II. 검사결과

하위검사	원점수	표준점수	백분위
상동행동	___	___	___
의사소통	___	___	___
사회적상호작용	___	___	___
표 준 점 수 합 계	___		
자 폐 지 수	___		

III. 결과해석

하위검사 표준점수	자폐 지수	정도	자폐 확률
17-19	131+	아주 심함	매우 높음
15-16	121-130	심 함	높 음
13-14	111-120	보통 상	평균 이상
8-12	90-110	보통정도	평 균
6-7	80-89	보통 하	평균 이하
4-5	70-79	약 함	낮 음
1-3	≤ 69	아주 약함	매우 낮음

IV. 검사프로파일

표준점수	상동행동	의사소통	사회적상호작용	자폐지수	기타지수	검사이름
					160	
					155	
20					150	
19					145	
18					140	
17					135	
16					130	
15					125	
14					120	
13					115	
12					110	
11					105	
10					100	
9					95	
8					90	
7					85	
6					80	
5					75	
4					70	
3					65	
2					60	
1					55	

[그림 13-4] 한국 자폐증 진단검사 기록지

강옥려, 여승수, 우정한, 양민화(2017). 읽기곤란 및 난독증 선별 척도의 측정학적 적합성 연구. 한국초등교육, 28(4), 163-177.

강위영, 윤치연(2004). 한국 자폐증 진단검사(K-ADS). 부산: 테스피아.

곽금주, 오상우, 김청택(2011). 한국 웩슬러 아동지능검사 4판(K-WISC-IV). 서울: 인싸이트.

교육인적자원부(2007). 장애인 등에 대한 특수교육법. 서울: 교육인적자원부.

권대훈(2008). 교육평가. 서울: 학지사.

김동일(2000). 기초학습기능 수행평가체제(BASA): 읽기. 서울: 인싸이트.

김동일(2007). 기초학습기능 수행평가체제(BASA): 수학. 서울: 인싸이트.

김동일(2008). 기초학습기능 수행평가체제(BASA): 쓰기. 서울: 인싸이트.

김동일, 박희찬, 김정일(2017). 지역사회적응검사 2판(CISA-2). 서울: 인싸이트.

김승국, 김옥기(1995). 사회성숙도검사(SMS). 서울: 중앙적성출판사.

김영태, 김경희, 윤혜련, 김화수(2003). 영·유아 언어발달 검사(SELSI). 서울: 도서출판 특수교육.

김영태, 성태제, 이윤경(2003). 취학전 아동의 수용언어 및 표현언어 발달척도(PRES). 서울: 서울장애인종합복지관.

김영태, 신문자(2004). 우리말 조음·음운 평가(U-TAP). 서울: 인싸이트.

김영태, 장혜성, 임선숙, 백현정(1995). 그림어휘력검사. 서울: 서울장애인종합복지관.

김영태, 홍경훈, 김경희, 장혜성, 이주연(2009). 수용·표현 어휘력 검사(REVT). 서울: 서울장애인종합복지관.

김윤옥(2017). 읽기진단평가(RDA). 서울: 인싸이트.

김은아, 강완(2010). 학업 성취도 도구의 내용 타당도 분석: 수학과 3-가를 중심으로. 한국초등교육수학학회지, 14(2), 177-196.

김정권, 여광응(1987). 학습준비도검사. 서울: 도서출판 특수교육.

김정미, 신희선(2010). 한국판 아동발달검사(K-CDI). 서울: 인싸이트.

김태련, 박랑규(1992). 이화-자폐아동 행동발달 평가 도구(E-CLAC). 서울: 도서출판 특수교육.

김향희, 나덕렬(2007). 아동용 한국판 보스톤이름대기검사(K-BNT-C). 서울: 인싸이트.

문수백(2014). 한국 카우프만 아동지능검사 2판(KABC-II). 서울: 인싸이트.

문수백(2016). 한국판 아동 시지각발달검사 3판(K-DTVP-3). 서울: 인싸이트.

문수백, 이영재, 여광응, 조석희(2007). 종합인지기능 진단검사(CAS). 서울: 인싸이트.

박경숙, 김계옥, 송영준, 정동영, 정인숙(2005). 국립특수교육원 기초학력검사(KISE-BAAT).
    경기: 국립특수교육원.

박경숙, 김계옥, 송영준, 정동영, 정인숙(2009). 국립특수교육원 기초학력검사(KNISE-BAAT).
    경기: 국립특수교육원.

박경숙, 윤점룡, 박효정(1989). 기초학습기능검사. 서울: 한국교육개발원.

박경숙, 정동영, 정인숙(2002). 국립특수교육원 한국형 개인 지능검사(KISE-KIT). 서울: 교육
    과학사.

박혜원, 이경옥, 안동현(2016). 한국 웩슬러 유아지능검사 4판(K-WPPSI-IV). 서울: 인싸이트.

배선희(2015). 교사용 유아 정서행동 진단도구 개발. 충남대학교 교육대학원 석사학위논문.

배소영, 임선숙, 이지희(2000). 언어 문제 해결력 검사. 서울: 서울장애인종합복지관.

배소영, 임선숙, 이지희, 장혜성(2004). 구문의미 이해력 검사(KOSECT). 서울: 서울장애인종
    합복지관.

백은희, 이병인, 조수제(2007). 한국판 적응행동검사 개정판(K-SIB-R). 서울: 인싸이트.

서봉연, 정보인(1983). 한국판 그림지능검사(K-PTI). 서울: 중앙적성출판사.

신민섭, 조수철(2010). 한국판 라이터 비언어성 지능검사 개정판(K-Leiter-R). 서울: 인싸이트.

심현섭, 신문자, 이은주(2010). 파라다이스 유창성 검사 2판(P-FA-II). 서울: 파라다이스복지
    재단.

여승수(2012). 중재반응모형 활용을 위한 수학 CBM 검사의 신뢰도 및 예측 타당도 검사.
    학습장애연구, 9, 89-105.

여승수(2018). 읽기 장애 조기 선별검사의 측정학적 적합성 연구. 아산재단 연구총서 제431집.
    서울: 집문당.

오경자, 김영아(2009). 유아행동평가척도(CBCL 1.5-5) 매뉴얼 개정판. 서울: 휴노컨설팅.

오경자, 김영아(2010). ASEBA 아동·청소년 행동평가척도(ASEBA CBCL 6-18) 매뉴얼. 서울:
    휴노컨설팅.

이소현, 윤선아, 신민섭(2019). 한국판 아동기 자폐 평정 척도 2판(K-CARS2). 서울: 인싸이트.

이영철, 허계형, 문현미, 이상복, 정갑순(2008). 영유아를 위한 사정, 평가 및 프로그램 체계(AEPS).
    서울: 굿에듀북.

이윤경, 허현숙, 장승민(2015). 학령기 아동 언어 검사(LSSC). 서울: 인싸이트.

장혜성, 서소정, 하지영(2011). 영아선별・교육진단검사(DEP). 서울: 인싸이트.

장혜성, 임선숙, 백현정(1992). 언어이해・인지력 검사. 서울: 서울장애인종합복지관.

전병운, 조광순, 이기현, 이은상, 임재택(2004). 한국판 유아 발달 선별 검사 3판(K-DIAL-3). 서울: 도서출판 특수교육.

정인숙, 강영택, 김계옥, 박경숙, 정동영(2003). 국립특수교육원 적응행동검사(KISE-SAB). 경기: 국립특수교육원.

황순택, 김지혜, 박광배, 최진영, 홍상황(2012). 한국 웩슬러 성인지능검사 4판(K-WAIS-IV). 서울: 인싸이트.

Bloom, B. S. (1956). *Taxonomy of educational objectives: The classification of educational goals* (Cognitive domain ed.). Londom, UK: Longman.

Cohen, L. G., & Spenciner, L. J. (1998). *Assessment of children and youth*. Glenview, IL: Addison Wesley Longman.

Cohen, L. G., & Spenciner, L. J. (2007). *Assessment of children and youth with special needs* (3rd ed.). Boston, MA: Allyn and Bacon.

Cross, C. T., & Donovan, M. S. (2002). *Minority student in special and gifted education*. Washington, DC: National Academic Press.

Davis, L. L. (1992). Instrument review: Getting the most from your panel of experts. *Applied Nursing Research, 5,* 194-197.

Devellis, R. F. (2016). *Scale development: Theory and applications* (vol. 26, 3rd ed.). Thousand Oaks, CA: Sage publications.

Fuchs, L. S., Fuchs, D., Hosp, M. K., & Jenkins, J. R. (2001). Oral reading fluency as an indicator of reading competence: A theoretical, empirical, and historical analysis. *Scientific Studies of Reading, 5*(3), 239-256.

Hopkins, K. D. (1998). *Educational and psychological measurement and evaluation* (8th ed.). Boston, MA: Allyn & Bacon.

Hosp, J. L., Hosp, M. K., Howell, K. W., & Allison, R. (2014). *The ABCs of curriculum-based evaluation: A practical guide to effective decision making*. New York, NY: Guilford Publications.

Hosp, M. K., Hosp, J. L., & Howell, K. W. (2016). *The ABCs of CBM: A practical guide to curriculum-based measurement*. New York, NY: Guilford Publications.

Kuder, G. F., & Richardson, M. W. (1937). The theory of the estimation of test reliability.

Psychometrika, 2(3), 151—160.

Lynn, M. R. (1986). Determination and quantification of content validity. *Nursing Research, 35*, 382—385.

McMillan, J. H. (2013). *Classroom assessment. Principles and practices for effective instruction.* Boston, MA: Allyn and Bacon.

Mohan, R. (2016). *Measurement, evaluation and assessment in education.* New Delhi: PHI Learning.

Salvia, J., Ysseldyke, J., & Witmer, S. (2007). *Assessment: In special and inclusive education.* Boston, MA: Cengage Learning.

Spearman, C. (1907). Demonstration of formulae for true measurement of correlation. *The American Journal of Psychology, 18*(2), 161—169.

Spinelli, C. G. (2012). *Classroom assessment for students in special and general education, 3/e.* Kerala: Pearson Education India.

Thompson, S., Morse, A. B., & Thurlow, M. (2002). A summary of research on the effects of test accommodations: 1999 through 2001. NCEO technical report.

Vallecorsa, A., DeBettencourt, L. U., Zigmond, N., & Davis, A. C. (2000). *Students with mild disabilities in general education settings: A guide for special educators.* Saddle River, NJ: Prentice Hall.

찾아보기

여승수(Yeo, Seungsoo)

미국 미네소타 대학교(University of Minnesota at Twin Cities) 특수교육 전공 철학박사(Ph.D.)

전 인제대학교 특수교육과 교수

인제대학교 인문사회과학대학 부학장

한국교육개발원 부연구위원

안산 고잔초등학교 특수교사

안산 성포초등학교 특수교사

현 부산교육대학교 초등특수교육 전공 교수

유은정(Yoo, Eun Jung)

대구대학교 특수교육학 언어청각장애아교육 전공 박사

전 부산특수교육연구소 소장

대구대학교 재활과학연구소 연구교수

대구대학교, 부산대학교 등 외래교수

현 인제대학교 특수교육과 교수

특수교육 평가의 이해

· 이론과 실제 ·

Understanding Evaluation in Special Education
- Theory and Practice -

2019년 2월 28일 1판 1쇄 발행
2020년 9월 10일 1판 2쇄 발행

지은이 • 여승수 · 유은정
펴낸이 • 김진환
펴낸곳 • (주) 학지사

04031 서울특별시 마포구 양화로 15길 20 마인드월드빌딩
대표전화 • 02)330-5114   팩스 • 02)324-2345
등록번호 • 제313-2006-000265호

홈페이지 • http://www.hakjisa.co.kr
페이스북 • https://www.facebook.com/hakjisabook

ISBN 978-89-997-1527-3 93370

정가 18,000원

저자와의 협약으로 인지는 생략합니다.
파본은 구입처에서 교환해 드립니다.

이 책을 무단으로 전재하거나 복제할 경우 저작권법에 따라 처벌을 받게 됩니다.

이 도서의 국립중앙도서관 출판시도서목록(CIP)은 서지정보유통지원
시스템 홈페이지(http://seoji.nl.go.kr)와 국가자료공동목록시스템
(http://www.nl.go.kr/kolisnet)에서 이용하실 수 있습니다.
(CIP 제어번호: CIP2019007307)

출판 · 교육 · 미디어기업 학지사

간호보건의학출판 학지사메디컬 www.hakjisamd.co.kr
심리검사연구소 인싸이트 www.inpsyt.co.kr
학술논문서비스 뉴논문 www.newnonmun.com
원격교육연수원 카운피아 www.counpia.com